"十三五"国家重点图书出版规划项目
交通运输科技丛书·公路基础设施建设与养护
港珠澳大桥跨海集群工程建设关键技术与创新成果书系
国家科技支撑计划资助项目（2011BAG07B01）

沉管隧道抗震关键技术与创新

Key Technology and Creation for
Seismic Resistance of Immersed Tunnels

徐国平 袁 勇 苏权科 等 著

内 容 提 要

本书为"十三五"国家重点图书出版规划项目、交通运输科技丛书之一。本书以我国重大工程项目——港珠澳大桥的建设为背景,展现了沉管隧道工程的抗震设计理论和技术创新研究。全书内容紧扣港珠澳沉管隧道超长、厚软基、全回淤、节段式管节结构的特点,就沉管隧道地震动力参数、地震动力响应分析方法、接头静力和动力性能、地层-隧道多点振动台试验、抗震设计方法等方面,分别进行了理论、试验和数值分析研究。

本书可供从事隧道工程研究、设计、施工和管理的工程技术人员、教师和研究生学习参考。

Abstract

This book is one of the Transportation Science and Technology Series supported by "13th Five-Year" National Key Book Publishing Planning Project. It focuses on the seismic performance of the immersed tunnel, achieved with the construction of Hong Kong-Zhuhai-Macao Bridge, a major project in China. The presented research features on the characteristics of the immersed tunnel, being of ultra-long distance, assembled with segmental elements resting on the foundation of thick soft soil, covering by full siltation during its service life. Theoretical and numerical analyses are illustrated in detail on the dynamic properties of tunnel imbedded in foundation and the approach of seismic response for long tunnel. Multi-shaking-table test modelled soil-tunnel interaction under earthquake is described. Experimental investigations demonstrated the mechanical properties of element joint under static or dynamic loadings. These works constitute the overall of contemporary achievements on seismic design of immersed tunnel.

This book is available as a reference for engineers, teachers and graduate students engaged in tunnel engineering research, design, construction and management.

交通运输科技丛书编审委员会

(委员排名不分先后)

顾　问：陈　健　周　伟　成　平　姜明宝

主　任：庞　松

副主任：洪晓枫　袁　鹏

委　员：石宝林　张劲泉　赵之忠　关昌余　张华庆

　　　　郑健龙　沙爱民　唐伯明　孙玉清　费维军

　　　　王　炜　孙立军　蒋树屏　韩　敏　张喜刚

　　　　吴　澎　刘怀汉　汪双杰　廖朝华　金　凌

　　　　李爱民　曹　迪　田俊峰　苏权科　严云福

港珠澳大桥跨海集群工程建设关键技术与创新成果书系编审委员会

顾　　　问：冯正霖
主　　　任：周海涛
副　主　任：袁　鹏　朱永灵

执 行 总 编：苏权科
副　总　编：徐国平　时蓓玲　孟凡超　王胜年　柴　瑞

委　　　员：（按专业分组）
　　岛隧工程：孙　钧　钱七虎　郑颖人　徐　光　王汝凯
　　　　　　　李永盛　陈韶章　刘千伟　麦远俭　白植悌
　　　　　　　林　鸣　杨光华　贺维国　陈　鸿
　　桥梁工程：项海帆　王景全　杨盛福　凤懋润　侯金龙
　　　　　　　陈冠雄　史永吉　李守善　邵长宇　张喜刚
　　　　　　　张起森　丁小军　章登精
　　结构耐久性：孙　伟　缪昌文　潘德强　邵新鹏　水中和
　　　　　　　丁建彤
　　建设管理：张劲泉　李爱民　钟建驰　曹文宏　万焕通
　　　　　　　牟学东　王富民　郑顺潮　林　强　胡　明
　　　　　　　李春风　汪水银

《沉管隧道抗震关键技术与创新》
编 写 组

组　　长：徐国平　袁　勇　苏权科
副 组 长：楼梦麟　黄茂松　李贞新　陈之毅
编写人员：陈　越　苏宗贤　禹海涛　柴　瑞　李　翀
　　　　　燕　晓　董　云　邵新刚　刘鸿哲　萧文浩
　　　　　蒋至彦　沈　昊

总 序
General Preface

科技是国家强盛之基,创新是民族进步之魂。中华民族正处在全面建成小康社会的决胜阶段,比以往任何时候都更加需要强大的科技创新力量。党的十八大以来,以习近平同志为总书记的党中央做出了实施创新驱动发展战略的重大部署。党的十八届五中全会提出必须牢固树立并切实贯彻创新、协调、绿色、开放、共享的发展理念,进一步发挥科技创新在全面创新中的引领作用。在最近召开的全国科技创新大会上,习近平总书记指出要在我国发展新的历史起点上,把科技创新摆在更加重要的位置,吹响了建设世界科技强国的号角。大会强调,实现"两个一百年"奋斗目标,实现中华民族伟大复兴的中国梦,必须坚持走中国特色自主创新道路,面向世界科技前沿、面向经济主战场、面向国家重大需求。这是党中央综合分析国内外大势、立足我国发展全局提出的重大战略目标和战略部署,为加快推进我国科技创新指明了战略方向。

科技创新为我国交通运输事业发展提供了不竭的动力。交通运输部党组坚决贯彻落实中央战略部署,将科技创新摆在交通运输现代化建设全局的突出位置,坚持面向需求、面向世界、面向未来,把智慧交通建设作为主战场,深入实施创新驱动发展战略,以科技创新引领交通运输的全面创新。通过全行业广大科研工作者长期不懈的努力,交通运输科技创新取得了重大进展与突出成效,在黄金水道能力提升、跨海集群工程建设、沥青路面新材料、智能化水面溢油处置、饱和潜水成套技术等方面取得了一系列具有国际领先水平的重大成果,培养了一批高素质的科技创新人才,支撑了行业持续快速发展。同时,通过科技示范工程、科技成果推广计划、专项行动计划、科技成果推广目录等,推广应用了千余项科研成果,有力促进了科研向现实生产力转化。组织出版"交通运输建设科技丛书",是推进科技成果公开、加强科技成果推广应用的一项重要举措。"十二五"期间,该丛书共出版72册,全部列入"十二五"国家重点图书出版规划项目,其中12册获得国家出版基金支持，6册获中华优秀出版物奖图书提名奖，行业影响力和社会知名度不断扩大，逐渐成为交通运输高端学术交流和科技成果公开的重要平台。

"十三五"时期，交通运输改革发展任务更加艰巨繁重，政策制定、基础设施建设、运输管理等领域更加迫切需要科技创新提供有力支撑。为适应形势变化的需要，在以往工作的基础上，我们将组织出版"交通运输科技丛书"，其覆盖内容由建设技术扩展到交通运输科学技术各领域，汇集交通运输行业高水平的学术专著，及时集中展示交通运输重大科技成果，将对提升交通运输决策管理水平、促进高层次学术交流、技术传播和专业人才培养发挥积极作用。

当前，全党全国各族人民正在为全面建成小康社会、实现中华民族伟大复兴的中国梦而团结奋斗。交通运输肩负着经济社会发展先行官的政治使命和重大任务，并力争在第二个百年目标实现之前建成世界交通强国，我们迫切需要以科技创新推动转型升级。创新的事业呼唤创新的人才。希望广大科技工作者牢牢抓住科技创新的重要历史机遇，紧密结合交通运输发展的中心任务，锐意进取、锐意创新，以科技创新的丰硕成果为建设综合交通、智慧交通、绿色交通、平安交通贡献新的更大的力量！

2016年6月24日

序 Preface

2003年,港珠澳大桥工程研究启动。2009年,为应对由美国次贷危机引发的全球金融危机,保持粤、港、澳三地经济社会稳定,中央政府决定加快推进港珠澳大桥建设。港珠澳大桥跨越珠江口伶仃洋海域,东接香港特别行政区,西接广东省珠海市和澳门特别行政区,是"一国两制"框架下粤、港、澳三地合作建设的重大交通基础设施工程。港珠澳大桥建设规模宏大,建设条件复杂,工程技术难度、生态保护要求很高。

2010年9月,由科技部支持立项的"十二五"国家科技支撑计划"港珠澳大桥跨海集群工程建设关键技术研究与示范"项目启动实施。国家科技支撑计划,以重大公益技术及产业共性技术研究开发与应用示范为重点,结合重大工程建设和重大装备开发,加强集成创新和引进消化吸收再创新,重点解决涉及全局性、跨行业、跨地区的重大技术问题,着力攻克一批关键技术,突破瓶颈制约,提升产业竞争力,为我国经济社会协调发展提供支撑。

港珠澳大桥国家科技支撑计划项目共设五个课题,包含隧道、人工岛、桥梁、混凝土结构耐久性和建设管理等方面的研究内容,既是港珠澳大桥在建设过程中急需解决的技术难题,又是交通运输行业建设未来发展需要突破的技术瓶颈,其研究成果不但能为港珠澳大桥建设提供技术支撑,还可为规划研究中的深圳至中山通道、渤海湾通道、琼州海峡通道等重大工程提供技术储备。

2015年底,国家科技支撑计划项目顺利通过了科技部验收。在此基础上,港珠澳大桥管理局结合生产实践,进一步组织相关研究单位对以国家科技支撑计划项目为主的研究成果进行了深化梳理,总结形成了"港珠澳大桥跨海集群工程建设关键技术与创新成果书系"。书系被纳入了"交通运输科技丛书",由人民交通出版社股份有限公司组织出版,以期更好地面向读者,进一步推进科技成果公开,进一步加强科技成果交流。

值此书系出版之际,祝愿广大交通运输科技工作者和建设者秉承优良传统,按照党的十八大报告"科技创新是提高社会生产力和综合国力的战略支撑,必须摆在国家发展全局的核心位置"的要求,努力提高科技创新能力,努力推进交通运输行业转型升级,为实现"人便于行、货畅其流"的梦想,为实现中华民族伟大复兴而努力!

港珠澳大桥国家科技支撑计划项目领导小组组长
本书系编审委员会主任

2016 年 9 月

前言 Foreword

随着经济、社会高速发展,我国交通基础设施建设发展迅猛,一大批跨海大桥、越江隧道等重大跨海通道工程正在加快建设之中。可以看到,随着跨海越江工程的大规模建设,地震作用在结构设计中变得越来越重要,且面临新的挑战。

以港珠澳跨海工程为例,该项目海底隧道段采用沉管法施工,总长 6 766.5 m,为目前世界上最长的沉管隧道之一。由于地处外海,水深大、结构顶部回淤厚度大,因此,水压、覆土压力巨大,且地震与海底洋流的流固耦合作用对结构安全性能构成了极大的威胁。同时,作为沉管隧道最薄弱环节的管节接头,由于其刚度远小于标准管节刚度,成为控制沉管隧道抗震安全性与耐久性的关键。

针对上述工程建设及运营条件对沉管隧道抗震安全性能与有效减震控制措施所提出的更高要求,特立项开展了国家科技支撑计划项目(课题编号:2011BAG07B01)"多点非一致地震激励下超长沉管隧道设计方法与振动台试验模拟技术研究"。其主要内容包括以沉管隧道土-结构动力相互作用的三维仿真分析和振动台模型试验研究为基础,通过理论分析和参数研究,提出沉管隧道土-结构动力相互作用的实用快速计算方法;基于沉管隧道土-结构动力相互作用研究的成果,在综合考虑多点非一致地震激励效应以及管节接头动力性能分析模型基础上,提出多点非一致激励下超长沉管隧道地震响应快速分析方法;通过数值模拟手段进行不同减震控制技术的沉管隧道地震响应研究,研发沉管隧道减震控制技术;采用同济大学研制的多点激励多功能地震模拟系统,进行外海厚软基大回淤超长沉管隧道多点非一致地震激励下振动台模型试验模拟技术研究,探讨管节接头部位的抗震安全性,直观再现沉管隧道结构的抗震性能。

本书就是根据上述研究成果编写而成,全书共分为 6 章。第 1 章综述了沉管隧道抗震研究现状及发展趋势,提出了迫切需要解决的关键科学与技术问题;第 2 章介绍了沉管隧道横向地震反应分析方法;第 3 章阐述了沉管隧道地震作用下沿隧道纵向整体结构响应的简化分析方法，基于质点-弹簧模型提出了沉管隧道纵向地震响应的频域分析方法；第4章介绍了沉管隧道三维地震响应分析方法，基于三维精细化有限元模型分析了沉管隧道与人工岛连接部位的复杂地震反应；第5章论述了沉管隧道大比尺管节接头力学性能试验，形成了沉管隧道接头力学性能试验技术；第6章系统阐述了超长沉管隧道多点非一致激励振动台模型试验模拟技术的集成研发。

本项研究重点实现考虑土-结构动力相互作用以及多点非一致地震激励下的超长沉管隧道设计方法与振动台试验模拟技术突破，为港珠澳大桥建设提供有力的科技支撑，对于提升我国跨海集群工程建设创新能力和技术竞争力、促进交通行业科技进步和技术创新具有重大意义。

本书可供从事隧道工程研究、设计、施工和管理的工程技术人员、教师和研究生学习参考。由于时间仓促，且水平有限，书中不妥之处在所难免，望读者批评指正。

作　者

2017年5月

目 录
Contents

第1章 绪论 ··· 1
  1.1 概述 ··· 1
  1.2 港珠澳大桥沉管隧道 ·· 2
    1.2.1 隧道设计方案 ··· 3
    1.2.2 接头构造 ··· 4
  1.3 沉管隧道地震响应分析 ·· 5
    1.3.1 沉管隧道土-结构动力相互作用快速实用计算方法 ············· 5
    1.3.2 非一致地震激励下沉管隧道地震响应快速分析方法 ············ 5
  1.4 沉管隧道结构的抗震设计 ··· 6
  1.5 沉管隧道地震响应的试验模拟方法 ··· 7
  1.6 本书主要内容 ··· 9
  本章参考文献 ·· 10

第2章 沉管隧道横向地震反应分析方法 ·· 12
  2.1 自由场变形法 ·· 12
  2.2 土-结构拟静力相互作用法 ··· 14
  2.3 反应位移法 ··· 17
  2.4 本章小结 ·· 19
  本章参考文献 ·· 19

第3章 超长沉管隧道纵向地震响应分析的简化方法 ··························· 21
  3.1 沉管隧道地震响应分析的简化模型 ·· 21
    3.1.1 地基土层模型与参数 ·· 21
    3.1.2 沉管基础动力刚度的快速计算方法 ······························· 24
    3.1.3 沉管隧道体系的多点激励输入方法 ······························· 26
    3.1.4 基于优化方法的 Rayleigh 阻尼矩阵 ······························ 29
  3.2 沉管隧道纵向地震响应的频域分析方法 ································· 34

1

          3.2.1 沉管隧道纵向反应位移法·· 34
          3.2.2 基于动力 Winkler 地基梁模型的频域分析方法························ 39
    3.3 沉管隧道土-结构动力相互作用参数·· 40
          3.3.1 基于海绵边界动力有限元法的验证·· 41
          3.3.2 分层地基上沉管管节的动刚度系数和阻尼系数·························· 45
    3.4 工程应用·· 49
          3.4.1 工程场地特性·· 49
          3.4.2 计算模型及参数··· 49
          3.4.3 地震响应结果和讨论·· 52
    3.5 本章小结·· 63
    本章参考文献·· 64

第 4 章 超长沉管隧道局部三维地震响应分析··· 66
    4.1 沉管隧道三维地震响应分析方法·· 66
          4.1.1 有限土层计算范围··· 66
          4.1.2 计算网格划分的要求·· 71
          4.1.3 Rayleigh 阻尼矩阵比例系数的确定······································· 71
          4.1.4 多向地震动输入的竖向人工边界和阻尼比例系数的设定··············· 74
          4.1.5 饱和多孔介质对土层地震反应的影响···································· 74
          4.1.6 海水动水压力对土层地震反应的影响···································· 75
    4.2 超长沉管隧道地震反应分段计算的近似方法···································· 77
          4.2.1 平坦场地上沉管隧道相互影响范围······································· 78
          4.2.2 斜坡场地上沉管隧道相互影响范围······································· 80
    4.3 沉管隧道地震反应的局部三维有限元精细化分析······························· 82
          4.3.1 局部沉管隧道地震反应计算的三维有限元精细化模型················· 83
          4.3.2 东人工岛-沉管隧道局部体系地震反应分析······························ 92
          4.3.3 西人工岛-沉管隧道局部体系地震反应分析···························· 120
    4.4 本章小结·· 124
    本章参考文献·· 125

第 5 章 沉管隧道管节接头抗震性能研究·· 126
    5.1 沉管隧道管节接头·· 126
          5.1.1 管节接头类型·· 126
          5.1.2 管节接头构造·· 131
    5.2 管节接头力学模型··· 135

5.2.1　简化假定 …………………………………………………………………… 135
   5.2.2　力学模型 …………………………………………………………………… 136
   5.2.3　刚度解析表达式 …………………………………………………………… 136
 5.3　管节接头抗震性能试验 ……………………………………………………………… 139
   5.3.1　大比尺管节接头力学性能试验设计 ……………………………………… 139
   5.3.2　接头压弯力学性能 ………………………………………………………… 144
   5.3.3　接头压剪力学性能 ………………………………………………………… 147
   5.3.4　接头压剪破坏能力 ………………………………………………………… 154
 5.4　管节接头减震耗能装置试验 ………………………………………………………… 155
   5.4.1　限位拉杆设计及其减震作用 ……………………………………………… 155
   5.4.2　屈曲约束金属阻尼器设计及其耗能作用 ………………………………… 158
 5.5　本章小结 ……………………………………………………………………………… 162
 本章参考文献 ……………………………………………………………………………… 163

第6章　沉管隧道多点振动台模型试验技术　164
 6.1　地下结构振动台试验现状调研 ……………………………………………………… 164
 6.2　离散多点输入机制 …………………………………………………………………… 166
   6.2.1　离散多点输入与连续输入等效性的解析表达 …………………………… 167
   6.2.2　离散多点输入研究方案设计 ……………………………………………… 169
   6.2.3　离散多点输入机制的最优方案 …………………………………………… 170
 6.3　"重力场失真"条件下的动力相似律 ……………………………………………… 173
   6.3.1　以土-结构相对刚度比为控制指标的动力相似比设计方法 …………… 173
   6.3.2　动力相似比设计方案 ……………………………………………………… 176
 6.4　超长沉管隧道振动台试验的模型箱设计 …………………………………………… 176
   6.4.1　箱体结构形式 ……………………………………………………………… 176
   6.4.2　主动-随动箱体间的振动传递机构 ……………………………………… 179
   6.4.3　箱体的边界消能模式 ……………………………………………………… 179
   6.4.4　随动箱的支撑托架与减摩系统 …………………………………………… 181
 6.5　沉管隧道结构模型的等效与设计 …………………………………………………… 184
   6.5.1　模型土设计 ………………………………………………………………… 184
   6.5.2　模型管节的设计方法 ……………………………………………………… 186
   6.5.3　海底基床-隧道结构安装 ………………………………………………… 189
 6.6　工程应用 ……………………………………………………………………………… 190
   6.6.1　港珠澳大桥超长沉管隧道多点振动台模型试验方案 …………………… 190

6.6.2　多点振动台试验数据及分析 ·················· 194
　6.7　本章小结 ································· 218
　本章参考文献 ··································· 219
索引 ······································· 220

第1章 绪 论

1.1 概 述

沉管隧道具有对地质水文条件适应能力强、浅埋时与两岸道路衔接坡度小、管节防水性能好、管节横断面布局灵活、建设工期短、造价低、施工作业条件可控等优点,自发明以来的百年间有许多应用案例(陈韶章,2002[1];ITA,2011[2])。我国也有不少城市采用,最具代表性的如已经建成的香港红磡海底隧道(1972)、台湾高雄公路隧道(1984)、广州珠江隧道(1993)、宁波甬江隧道(1995)、上海外环隧道(2003)、天津海河隧道(2011),正在建设的港珠澳大桥海底沉管隧道,以及近期拟建的广东深中海底沉管隧道和辽宁大连湾海底沉管隧道等。

通常认为,隧道是一种比地面结构抗震性能好的结构,且其抗震能力随埋深的增加而有所增加(Hashash等,2001)[3]。因此以前一般情况下地下结构是不进行抗震设计的。然而日本 Yoshikawa(1981)[4]对于铁路隧道震害调查的研究认为,如果隧道坐落在地震断裂带、有特殊的地质或构造条件并且经历强烈地震,那么隧道仍将可能被破坏。近几十年来隧道震害,尤其是1995年的阪神地震中地下铁道车站的震害表明,地下结构不进行抗震设计的认识是片面的。

沉管隧道埋置较浅,一般都修建在软弱地层中。地震作用下地基土体、管体结构和隧道接头之间存在相互作用。沉管隧道由于其重要性及在水下的特殊性,一旦破坏将产生灾难性后果,且难于修复,因此,沉管隧道的抗震技术研究至关重要。

早期隧道抗震研究采用波动理论或振动力学方法,重点研究沿隧道纵向和横向的地震反应问题,特别关注当隧道工程穿越突变地质环境以及液化地层时的抗震性能和防震减震技术。日本在这一领域已做出很有影响的研究工作(西村昭彦等,1996[5];太田拡等,1996[6];中村晋,1997[7];竹脇尚信等,1996[8];高田至郎,1997[9]),我国的研究以水工地下洞室抗震为代表(林皋,1990[10,11];林皋等,1996[12])。

近年来,国内外沉管隧道抗震数值分析的研究从不同侧面分析了沉管隧道接头地震响应规律及特征。如 Kiyomiya(1995)[13]基于如下假定:①地层的自振特性不受隧道存在的影响;②地层剪切振动的基本振型对隧道在地震中产生的应变起主导作用;③隧道自身惯性力对其动力特性的影响很小,在分析中可不予考虑;④隧道的变形按沿其长度方向上的地层变形计算,并视隧道为一弹性地基梁,分别按沿隧道轴向和垂直于隧道轴向内的水平振动进行分析,提出了沉管隧道地震反应分析的多质点-弹簧模型。严松宏等(2003)[14]在此模型基础上,针对南京沉管隧道进行纵向抗震分析,计算中基于经验估计分别考虑接头刚接、铰接和弹性连接三种情况,结果表明弹性接头性能较好,此外还对一些影响参数,如阻尼比(0.01~0.30)、地基抗力系数和隧道刚度等进行了研究。韩大建等(1999)[15-17]结合广州某水下沉管隧道提出等效质点系模型,即仅考虑土体的一阶振型和频率采用等效质点体系模拟,从而确定土层的位移分布,施加于隧道的简化梁-弹簧体系中;此外,还针对珠江沉管隧道分别采用动力时程方法和行波法进行分析,两种方法结果基本一致。Anastasopoulos等(2007)[18]对强震区深水条件下某沉管隧道建立了精细化接头模型并进行非线性抗震分析。丁峻宏等(2006)[19]提出了基于显式有限元和高性能计算的大规模数值模拟仿真方法,建立了包括地基土、沉管隧道以及柔性接头在内的全三维分析模型,并进行了大规模的地震响应计算。

在抗震设计规范方面,日本、美国等修订了地下结构相关抗震设计规范,如日本川岛一彦编制的《地下構造物の耐震設計》(1994)[20]和美国的 *Earthquake Design Criteria for Subways*(1969)[21]等,同济大学等单位率先编制了上海市工程建设规范《地下铁道建筑结构抗震设计规范》(DG/T J08-2064—2009)[22]和国家标准《城市轨道交通结构抗震设计规范》(GB 50909—2013)[23],这些工作为开展地下结构抗震设计奠定了基础。但截至目前,国内外还没有出台专门针对沉管隧道结构的抗震设计标准或规范。

港珠澳大桥跨越珠江口伶仃洋海域,是连接香港特别行政区、广东省珠海市、澳门特别行政区的大型跨海通道。港珠澳大桥海中桥隧主体工程范围为:自港粤分界线起,采用桥隧人工岛组合方式,全长约29.6km,其中海底隧道采用沉管隧道方案,全长约6.7km,为目前世界上最长的沉管隧道之一。该隧道采用节段式管节,且具有管节长度长、水深大、管顶回淤厚度大、地基软弱且不均匀、沉降控制难、岛隧接合部受力和施工复杂等特点。

我国是典型多地震国家,外海长大沉管隧道的抗震安全性理应成为最关注的问题之一。保证超长、厚软土地基全回淤、节段式管节结构的沉管隧道的抗震安全性是国际土木工程界尚未触及的难题。本书以港珠澳大桥沉管隧道抗震课题为背景,系统阐述目前沉管隧道抗震设计与分析中迫切需要解决的关键问题,探讨沉管隧道抗震研究新进展与新技术。

1.2 港珠澳大桥沉管隧道

港珠澳大桥工程位于珠江三角洲,东连香港,西接珠海、澳门,是集大桥、深海人工岛和海底沉管隧道于一体的超大型跨海通道。连接东西人工岛的沉管隧道采用节段式钢筋混凝土预制管节,具有管节长度长、沉放水深大、管节对接及接头水密性和耐久性要求高、管顶回淤厚、地基软弱不均且沉降控制难等特点,为目前世界上长度最长、综合难度最大的沉管隧道之一。

1.2.1 隧道设计方案

隧道由5段组成,自东向西依次为东人工岛敞开段、东人工岛现浇暗埋段、海底沉管段、西人工岛现浇暗埋段、西人工岛敞开段。隧道总长6 766.5m,其中隧道封闭段长6 265m,沉管段长5 664m。隧道平面布置方案如图1-1所示。隧道纵断面为W线形,进出口纵坡为±2.98%,最小纵坡为±0.3%。隧道纵断面布置方案如图1-2所示。沉管隧道标准管节为8×22.5m的节段式管节,管节分节的方案为:由东向西,112.5m + 112.5m + 180m + 175m + (5 + 2 + 172)m + 26 × 180m + 112.5m + 112.5m,共33个管节,管节编号为E33~E1。

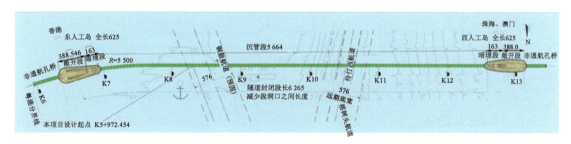

图1-1 隧道平面布置图[24](尺寸单位:m)

图1-2 隧道纵断面布置图[24](尺寸单位:m)

沉管管节横截面采用两孔一管廊形式,标准管节结构横截面如图1-3所示,与沉管段紧邻的暗埋段管节横截面如图1-4所示。沉管隧道最大沉放水深44.5m。为承受如此大的水压,同时考虑防渗、抗裂和耐久性要求,采用强度等级C50的钢筋混凝土预制管节,顶底板和外墙厚度超过1.5m。

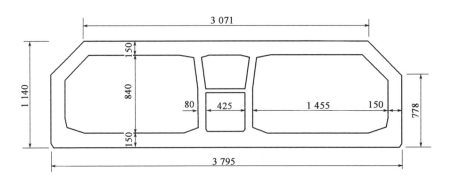

图 1-3 沉管段管节结构横截面图[24]（尺寸单位：cm）

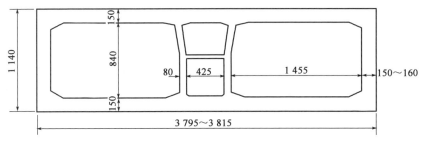

图 1-4 暗埋段管节结构横截面图[24]（尺寸单位：cm）

1.2.2 接头构造

沉管隧道管节接头的布置如图 1-5 所示，由沿隧道管节横断面周边布置的柔性 GINA 止水带和 OMEGA 止水带、置于底板压舱混凝土中的两组水平混凝土剪力键、置于中隔墙的两组竖向混凝土剪力键和置于外墙内侧的两组竖向钢剪力键组成。管节接头采用 Trelleborg 公司提供的 GINA 止水带，包括四种硬度型号，针对不同的水深使用不同的 GINA 型号。

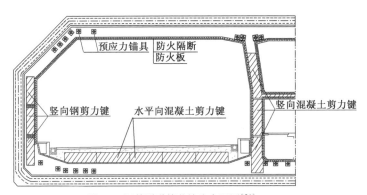

图 1-5 沉管隧道管节接头布置图[24]

节段接头的布置如图 1-6 所示，采用凹凸剪力键的方式将相邻节段合并起来。施工时，通过张拉纵向临时预应力索，将 8 个节段连接成一个标准管节。

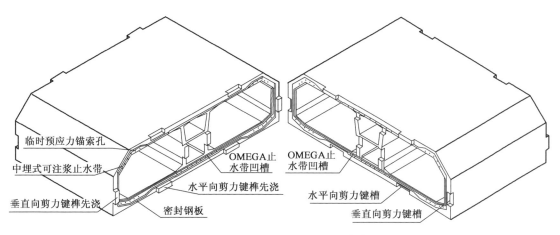

图 1-6 沉管隧道节段接头布置图[24]

1.3 沉管隧道地震响应分析

1.3.1 沉管隧道土-结构动力相互作用快速实用计算方法

目前考虑地下结构与土体动力相互作用的计算方法可大致划分为两类：整体动力分析法和拟静力法。其中，整体动力分析法考虑的因素最全面，能够对沉管隧道抗震分析提供详细和精确的解答，但由于计算量较大且对于模型的处理比较复杂，比如对于地震荷载作用下土体的动力非线性本构理论问题，也需要开展大量深入的研究，因此不易为工程实践采用。而拟静力法中的一些方法或是对模型进行了过多假设，精度不够，或是考虑的因素不全面。反应位移法作为拟静力法中的一种，能够反映隧道结构的变形主要取决于周围地层变形这一特性，因此不失为一种快速有效的简化计算方法，但其计算结果与整体动力分析法相比仍有较大程度的出入，原因主要在于土层弹簧刚度的取值还存在着很大的不确定性。同时地震荷载的设定方法目前还不统一，表现为上覆土的惯性力、土体剪力的考虑还不是很清晰。到目前为止，我国仍然没有一种快速实用的沉管隧道抗震设计分析方法。

土体刚度系数和阻尼系数的确定是快速实用计算方法建立的关键问题，以往的刚度系数和阻尼系数表达式过于简单，不能体现土体的动力特性。实际上，土体动力参数的值跟外部激励荷载的频率有很大关系，为此，如何确定土体刚度系数和阻尼系数的频域表达式，或是如何采用理论或试验的方法改进现有的弹簧刚度计算以及统一地震荷载的设定，使其计算结果更趋于实际情况，是颇具研究价值的一个方面。

1.3.2 非一致地震激励下沉管隧道地震响应快速分析方法

通常，沉管隧道结构沿纵向尺度达数公里长。而对于长隧道结构，大量研究表明，当结构的长度达到或超过地震波长的1/4时,就不可以认为结构的所有支承点是一致运动的,而必须考虑它们之间的运动相位差,即所谓的行波效应。同时,由于隧道沿线的地形地质条件发生很复杂的变化,隧道本身在空间上也高低起伏,地震波在隧道纵向各点引起的振动也存在一定的差异,因此需要迫切开展非一致地震激励下超长沉管隧道地震响应的研究工作。

非一致地震地面运动的输入分两类:实际非一致地震地面运动时程记录群和人工产生的时程群。前者除需要在相同的强震震级、相同震中距、震波传播路径上有相同的土层结构和性质,以及结构基础有相同的场地土类型之外,还需要间距为接近结构尺度的强震台站阵列(密集台阵)记录。由于同时满足这些要求的记录几乎没有,故导致所有非一致地震反应的研究都不能使用实际非一致地震地面运动时程记录群。因而如何有效地模拟地震波在介质中的传播,即建立合理的输入地震动空间变化模型,是解决多点非一致输入的关键问题。

同时,沉管隧道管节接头动力性能以及季节变化等对隧道结构地震响应影响也很大,因此,如何在考虑这些因素的基础上建立能够合理模拟多点非一致激励下沉管隧道地震响应过程的力学分析模型,成为快速分析方法亟待解决的主要技术难点。此外,沉管隧道多点地震响应分析模型的计算规模巨大,提出高效的计算方法是实现多点非一致激励下沉管隧道地震响应分析、认识沉管隧道地震响应机理的另一技术难点。

1.4　沉管隧道结构的抗震设计

20世纪70年代后期,日本开始对水下隧道和沉埋隧道等地下结构进行抗震设计。近年来,随着地下结构数量的增多和震害的频繁出现,其抗减震问题日益受到高度重视。

沉管隧道管节接头是沉管管节之间的连接构件。由于管节接头的刚度比正常管节的刚度小得多,整个沉管隧道的不均匀沉降等变形都集中到接头部位,使得管节接头成为受力和变形的焦点。正常管节的强度和刚度大,耐久性、安全性均较好,因此,管节接头成为整个沉管隧道中最薄弱且非常关键的环节,同时也是制约沉管隧道结构抗震设计的关键。

表征沉管隧道管节接头力学性能的重要参数是接头刚度。目前,管节接头刚度的取值尚无现成的公式或图表可循,一般是通过经验估计或建立三维数值模型计算得到。一方面,经验估计的方法缺乏理论依据;另一方面,所建立的三维数值计算模型严格地取决于计算参数的选取,而且由于沉管隧道管节接头构造复杂,如果要精确地反映管节接头力学性能,需要建立庞大的管节接头三维精细化模型,从而费时费力。即便如此,由于沉管隧道管节接头刚度是随弯矩、剪力、轴力变化的,因而还需考虑边界约束的影响。因此,如何建立合理的沉管隧道管节接头力学模型及刚度表达,是指导沉管隧道结构设计的坚实基础。

在对沉管隧道进行地震响应分析时,为简化计算,通常用弹簧单元来模拟沉管隧道管节接头的作用。管节接头纵向抗拉压刚度、水平和竖向抗弯刚度由 GINA 止水带提供;水平和竖向抗剪刚度分别由水平和竖向剪力键提供。研究表明,沉管隧道管节接头的力学性能以及与周边地基抗力系数的比值,对沉管隧道地震响应有很大的影响。沉管隧道管节间采用柔性连接方式,可有效地降低接头内力,提高隧道在地震作用下的安全与稳定性。若对隧道所处地层地基进行适当处理,增大地基的动弹性模量,则可有效地降低隧道接头在地震作用下的内力和相对位移。同时,增大沉管隧道周围土体的柔性,可有效地降低隧道接头在地震作用下的内力和相对位移,使管节接头的强度和防水性能得到保证。

目前国内外沉管隧道调查表明,构件耐久性能低和局部应力集中是导致沉管隧道接头结构破坏的主要原因,而 GINA 止水带失效所导致的渗漏是导致接头止水失效的最主要原因。如何提出用于评估接头极限承载力和极限张开量等抗震性能控制指标,是沉管隧道减震控制的一大技术难点。另外,通过沉管隧道接头模型试验手段来真实准确地描述接头在反复荷载作用下的力-位移关系曲线与沉管隧道接头的滞回关系,是检验接头在地震作用下的减震效果的根本前提,也是评估接头极限承载力与极限张开量等抗震性能控制指标的重要技术基础,同时也是需要着重解决的技术难点。

1.5 沉管隧道地震响应的试验模拟方法

随着地下结构抗震问题日益受到关注,针对土-地下结构相互作用等关键问题研究的不断深入,已经建立了许多地下结构抗震分析方法,但是不同研究者采用不同的简化方法,由此得到的结论也各不相同。为验证理论分析的合理性,研究土-结构动力相互作用及地下结构的破坏机理和破坏模式等,模型试验是一条切实可行的途径。国内外学者对地下结构的抗震问题也进行了大量的试验研究,这些研究对了解地下结构地震响应特点、验证所建立方法的可靠性等起到了十分积极的作用。

目前,沉管隧道地震响应的模型试验主要包括离心机模型试验和振动台模型试验。由于振动台试验法能较好地把握地下结构的地震反应特性以及地下结构与地基之间的相互作用特性等问题,而且也可为数值模拟的可靠性提供验证,因此得到了比较广泛的应用,如 Okamoto 等(1973)[25]曾进行了水底隧道的模型试验。但对沉管隧道进行多点非一致地震激励下的振动台试验研究国内外还未见报道。同时,振动台阵系统为试验研究开辟了一定的自由空间,研究人员可以采用大尺寸结构模型进行试验研究,在一定程度上可以摆脱小尺寸模型带来的种种限制。另一方面,目前台阵试验技术正处于起步阶段,仅有桥梁结构进行过多点非一致激励的振动台模型试验,在隧道结构方面没有成熟的经验可供借鉴和参考。袁勇等(2014)[26]围绕港珠澳超长沉管隧道工程中的抗震问题,首次推导出任意动载作用下隧道结构动力响应的解析表达式,并推导出四台面振动台作用下长隧道结构的动力响应解析表达式,用于指导四台面离散多点地震动输入机制的研究。

由于问题的极其复杂性,目前还没有哪一种手段能够完全实现对地下结构动力反应进行全面而真实的解释和模拟,缺少相应的文献资料对理论分析和数值分析结果进行验证。因此,模型试验对课题的研究就显得尤为重要,应当通过模型试验结果来部分地或定性地解释物理机制、推断变化过程、总结特性规律和分析灾变后果,从而验证理论和数值分析结果。

地下结构振动台模型试验除需考虑一般地面结构试验涉及的难题外,还需考虑与其自身特点有关的许多难题。这些试验技术难点主要包括相似理论设计、结构材料与场地土性态的模拟、模型箱设计、传感器的设置与量测信息的采集和分析等。这些难题目前在地下结构振动台模拟试验中还有待提出解决方法,由试验结果估计原型反应的可靠程度将取决于模型试验设计的技巧。针对超长沉管隧道在多点非一致地震激励下的振动台试验研究,可以归纳出以下几个亟待解决的难题。

(1) 离散多点地震动输入方式设计

和桥梁不同,隧道结构埋置于土层中且沿纵向是连续的,实际的地震动输入方式应该是连续多点非一致激励,这和目前离散多点的振动台试验设备正好矛盾。因而,多点非一致激励地震下沉管隧道的振动台试验最大的技术难点是,如何确定合理的离散多点地震动输入方式来近似模拟实际的连续多点非一致激励作用。这部分研究工作是振动台试验的大前提,也是模型试验设计成功的保障,首先需要从根本上弄清楚离散多点地震动的输入机制。

(2) 相似理论设计

沉管隧道的模型试验中,相似比例问题包括三个层面的含义,即隧道结构模型与原型的相似、场地土模型与原型的相似,以及隧道结构模型与场地土模型动力相互作用相似。通常振动台模型相似理论设计基于 Buckingham-π 定理即量纲分析法,以几何相似比、密度相似比和弹性模量相似比三个独立变量为基本已知量,根据量纲分析确定其余各未知量的相似比关系。但是由于土的复杂性和特殊性,不可能使所有条件都满足相似比关系。而且如果要模拟全长沉管隧道,决定了模型几何比尺将很小,从而将会导致重力失真严重,且易超出振动台最大额定加速度。因此,选择能够合理地表述土体、结构原型与模型相似,以及土-结构动力相互作用相似关系的关键变量,而对一些非关键相似比容许失真,才是真正实现沉管隧道振动台模型试验相似理论设计的有效途径。

(3) 模型箱设计

沉管隧道模型箱的设计目标必须保证:结构牢固,以免箱体在激振过程中失稳破坏;边界条件明确,并应力求使模型土与边界面的接触条件可模拟原型场地土的地震响应特点;模型土数量适度,以免整个试验系统的重量超出振动台的最大承载能力;避免模型箱与模型土因自振频率相近而发生共振。为实现以上目标,需要对模型箱的边界、几何尺寸、刚度进行综合评价和分析,以确定合理的模型箱设计方案。此外,如何设计模型箱结构将 4 个振动台的离散输入,通过土箱传递近似为连续的非一致输入,以模拟隧道真实的非一致激励下地震响应,也是振动台模型试验需要攻克的另一大技术难题。

除了以上阐述的三个关键技术难点外,根据实际工程的特点,在进行沉管隧道振动台模型试验方案设计时,还需要考虑基槽的大断面放坡开挖、不同地基处理方式、隧道顶部全回淤、岛隧接合部的处理等因素的影响。

1.6 本书主要内容

本书以港珠澳大桥沉管隧道抗震课题为背景,针对目前沉管隧道抗震设计与分析中的关键技术进行系统阐述,各章节主要内容如下。

(1) 沉管隧道横向地震反应分析方法

在总结国内外地下结构抗震研究工作的基础上,对沉管隧道横向地震反应的设计思想和分析方法进行系统的阐述,包括自由场变形法、土-结构拟静力相互作用法和反应位移法在内的简化抗震分析方法的计算模型及其计算假定,并讨论了其应用条件和适用性。

(2) 超长沉管隧道纵向地震响应分析的简化方法

详细介绍了沉管隧道地震作用下沿隧道纵向整体结构响应的简化分析方法,包括:介绍了沉管隧道纵向地震响应分析的质点-弹簧模型及其参数计算,提出了沉管基础动力刚度的快速计算方法,考察了多点激励下沉管隧道体系的地震动输入方法,并提出了计算 Rayleigh(瑞利)阻尼矩阵频率参数的优化方法。以土体和沉管隧道纵向地震响应分析的质点-弹簧模型为基础,通过快速 Fourier(傅里叶)变换建立了沉管隧道纵向地震响应分析的频域反应位移法;在此基础上考虑隧道结构惯性以及土-结构动力相互作用参数对外部激励频率依赖性的影响,基于动力 Winkler(温克勒)地基梁模型,建立了超长沉管隧道纵向地震响应的频域分析方法。对分层地基上沉管隧道土-结构动力相互作用参数开展研究,提出了分层地基的等效均质模式。分别利用沉管隧道纵向地震响应分析的反应位移法和基于动力 Winkler 地基梁的频域分析方法,对港珠澳大桥海底沉管隧道进行了纵向抗震计算,重点探讨工程设计中所关心的土体地震反应、隧道管节地震内力和接头地震变形等问题。

(3) 超长沉管隧道局部三维地震反应分析

详细介绍了沉管隧道三维地震响应分析方法,对三维土-结构动力相互作用问题整体分析中的几个特殊问题开展相应的研究,提出了在三维有限元精细化建模和计算时应特别需要关注的有关结论和建议。通过整体简化模型的数值计算,讨论沉管隧道管节间的相互作用影响,提出了超长沉管隧道分段局部建模的计算方案。以港珠澳大桥超长沉管隧道为背景,针对东、西人工岛与沉管隧道连接的特殊部位,分别建立了东人工岛-沉管隧道-土层和西人工岛-沉管隧道-土层两个局部精细化有限元计算模型,深入考察与人工岛相连的沉管及其两端管节接头的地震反应特点,分析了沉管隧道的抗震性能。

(4) 沉管隧道管节接头抗震性能研究

系统调研了沉管隧道管节接头类型和构造,在此基础上建立了柔性管节接头的简化力学模型并推导了接头刚度的解析表达式。设计了沉管隧道大比尺管节接头力学性能试验,开发了适用于隧道结构的大型门式通用反力架系统和基于图像处理技术的非接触式观测系统,并进行了沉管隧道大比尺管节接头力学性能试验,得到了不同轴向压力下接头力学参数的变化规律。通过研究不同形式减震接头的减震效果,形成了基于限位拉杆和屈曲约束金属阻尼器的沉管隧道减震控制技术。

(5) 沉管隧道多点振动台模型试验技术

在对国内外地下结构振动台模型试验研究现状调研的基础上,集成研发了超长沉管隧道多点非一致激励振动台模型试验模拟技术,包括离散多点输入机制、"重力场失真"条件下的动力相似理论、节段式模型箱设计、模型土配置以及结构模型设计等,并将其应用于实际工程——港珠澳大桥超长沉管隧道,通过振动台试验揭示了多点非一致激励输入条件下自由场和沉管隧道结构的地震动响应规律,为实际工程的抗震设计提供了试验数据支持。

本章参考文献

[1] 陈韶章. 沉管隧道设计与施工[M]. 北京:科学出版社, 2002.

[2] International Tunneling Association. ITA working group 11 for immersed and floating tunnels. An Owner's Guide to Immersed Tunnels[R]. International Tunnelling and Underground Space Association, ITA report N0007/OCT, 2011.

[3] Hashash Y M A, Hook J J, Schmidt B, et al. Seismic design and analysis of underground structures[J]. Tunnelling and Underground Space Technology, 2001, 16(4): 247-293.

[4] Yoshikawa K. Investigations about past earthquake disasters of railway tunnels[J]. Railway Technical Research Institute, Quarterly Reports, 1981, 22(3).

[5] 西村昭彦,澤田亮,等. 兵庫県南部地震における鉄道開削トンネルの被害解析[C]//第31回地盤工学会研究発表会,1996:2 245-2 246.

[6] 太田拡,西田允俊,等. 兵庫県南部地震による地下構造物の被害メカニズムについて[C]//第31回地盤工学会研究発表会,1996:2 243-2 244.

[7] 中村晋. 地下鉄の被害と解析. 阪神,淡路大震災に学ぶ,ライフライン地震防災シンポジウム,1997(3):63.

[8] 竹脇尚信,大槻明,等. 兵庫県南部地震による地下鉄構造物の被害メカニズムの一考察[R]. 阪神・淡路大震災に関する学術講演会,土木学会,1996.

[9] 高田至郎. 淡路大震災における地下鉄大開駅の被災と地震応答解析による破壊メカニズムの検討[R]. 建設工学研究所報告,阪神淡路大震災特集号.

[10] 林皋.地下结构抗震分析综述(上)[J].世界地震工程,1990(2):1-10.

[11] 林皋.地下结构抗震分析综述(下)[J].世界地震工程,1990(3):1-10.

[12] 林皋,梁青槐.地下结构的抗震设计[J].土木工程学报,1996(2):15-24.

[13] Kiyomiya O. Earthquake-resistant design features of immersed tunnels in Japan [J]. Tunnelling and Underground Space Technology, 1995, 10(4): 463-475.

[14] 严松宏,高波,潘昌实.地震作用下沉管隧道接头力学性能分析[J].岩石力学与工程学报,2003, 22 (2): 286-289.

[15] 韩大建,周阿兴.沉管隧道地震响应分析的等效质点系模型探讨[J].华南理工大学学报,1999, 27 (11): 108-114.

[16] 韩大建,周阿兴,黄炎生.珠江水下沉管隧道的抗震分析与设计(Ⅰ)-时程响应法[J].华南理工大学学报,1999, 27(11): 115-121.

[17] 韩大建,唐增洪.珠江水下沉管隧道的抗震分析与设计(Ⅱ)-行波法[J].华南理工大学学报,1999, 27 (11): 122-130.

[18] Anastasopoulos I, Gerolymos N, Drosos V, et al. Nonlinear response of deep immersed tunnel to strong seismic shaking [J]. Journal of Geotechnical and Geoenvironmental Engineering, ASCE, 2007, 133 (9): 1 067-1 090.

[19] Ding J H, Jin X L, Guo Y Z, et al. Numerical simulation for large-scale seismic response analysis of immersed tunnel [J]. Engineering Structures, 2006(28): 1 367-1 377.

[20] 川岛一彦.地下構造物の耐震設計[M].日本:鹿島出版会,1994.

[21] Kuesel T R. Earthquake design criteria for subways[J]. Journal of the structural division, 1969.

[22] 上海市工程建设规范.DG/T J08-2064—2009 地铁铁道建筑结构抗震设计规范[S].上海:上海市建筑建材业市场管理总站, 2009.

[23] 中华人民共和国国家标准.GB 50909—2013 城市轨道交通结构抗震设计规范[S].北京:中国计划出版社,2013.

[24] 中交公路规划设计院有限公司.港珠澳大桥主体工程初步设计 第四篇 隧道[R].珠海,2009.

[25] Okamoto S, Tamura C, Kato K, et al. Behaviors of submerged tunnels during earthquakes[C]Proceedings of the Fifth World Conference on Earthquake Engineering. 1973(1): 544-553.

[26] Yu H T, Yuan Y. Analytical solution for an infinite Euler-Bernoulli beam on a visco-elastic foundation subjected to arbitrary dynamic loads [J]. Journal of Engineering Mechanics, ASCE, 2014, 140(3): 542-551.

第 2 章 沉管隧道横向地震反应分析方法

隧道结构横断面抗震分析方法主要包括拟静力法和动力时程分析法。拟静力法,即将随时间变化的地震作用或者地层位移用等效静荷载或者静地层位移代替,然后采用静力计算模型分析结构内力及变形。动力时程分析法是一种缜密的分析手段,主要用于深入分析结构的地震响应,但其计算量较大且对于模型的处理比较复杂。我国隧道结构抗震设计方法一直以动土压力的等效静力法为主。美国、日本等国家提出了一些实用的拟静力抗震设计方法,如 1969 年美国在建设旧金山海湾地区快速地铁运输系统(BART)时提出了自由场变形法(Kuesel,1969)[1],之后又提出土-结构拟静力相互作用法(Wang,1993)[2];1970 年日本学者从地震观测资料着手,通过现场观测和模型试验建立了数学模型,结合波的多重反射理论提出了反应位移法(川岛一彦,1994)[3]。本章简要叙述这些简化抗震分析方法的计算模型及其计算假定,并讨论其应用条件和适用性。

2.1 自由场变形法

自由场变形是指结构不存在的情况下由地震波引起的地层变形。将地层自由场变形直接施加于隧道结构上的地震响应分析模式即为自由场变形法,它提供了地震变形对隧道结构作用的静力等效计算方式,但忽略了隧道结构与周围土体的相互作用。自由场变形法隐含的假定为:①隧道结构为线弹性体;②忽略结构的惯性力作用;③忽略结构与土体之间的相互作用。

沉管隧道横断面通常为矩形,因此本章的横断面抗震计算分析以矩形框架结构为例。矩形地下结构在地震所致地层剪切变形作用下将承受横向推压变形力,如图 2-1 所示。自由场位移法中假设结构横向推压变形和土体的自由场剪切变形相等,可表示为:

$$\Delta_{\text{diff}} = \Delta_A - \Delta_B = \gamma H \tag{2-1}$$

$$\gamma = \frac{c_s}{v_s}\cos^2\varphi \tag{2-2}$$

式中,Δ_{diff} 为隧道结构顶、底板位置的自由场土体变形 Δ_A 和 Δ_B 之差;γ 为隧道结构所在位置的自由场土体剪切应变;H 为隧道结构高度;c_s 为 S 波传播的视波速;v_s 为 S 波峰值颗粒速度;φ 为入射波方向与隧道轴线的夹角。

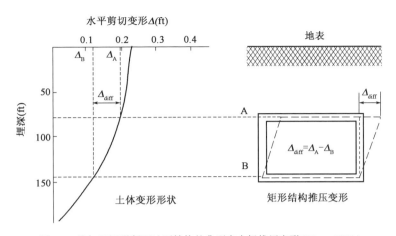

图 2-1　施加于矩形断面地下结构的典型自由场推压变形(Wang,1993)

注:1ft = 0.304 8m。

矩形框架结构的推压变形可以利用静力等效荷载方法将其施加于结构上,如图 2-2 所示。一般可以分为两种荷载施加模式:①对于深埋结构,可将大部分推压变形归结于结构顶板外表面处的剪切力作用,因此荷载可以简化为一个作用于顶板与侧墙连接点处的集中力[图 2-2a)];②对于浅埋结构,可将导致结构产生推压变形的主要外部控制力视为沿结构侧墙分布的法向土压力,因此荷载可简化为一种倒三角形压力分布模式[图 2-2b)]。通常,倒三角形压力分布模式提供了计算结构底部角点弯矩承载力的临界值,而集中力模式则给出了计算顶板与侧墙角点弯矩响应的临界值。

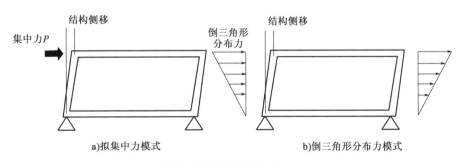

图 2-2　自由场变形法的计算模型(Wang,1993)

以上的方法适用于埋置于均质土层的地下结构,如果结构位于软硬土层接触面上,上述分析必须考虑两种土层接触面区域地面运动和剪切变形的变化。

袁勇等(2009)[4]研究表明,当地震引起的地面变形较小时(如较低的震动强度、非常坚硬的地面、结构相对周围介质刚度较柔),自由场变形法是一种简单和有效的设计工具。然而,在很多情况下,特别是对于软土,由于自由场变形非常大,因而该法将给出过于保守的设计。例如,对于处于软土中的矩形地下结构,为了抵抗静载通常所设计的结构刚度较大,因此,地震下允许产生的推压变形较小。

2.2 土-结构拟静力相互作用法

土-结构拟静力相互作用法认为,地下结构的存在将对其周围土层的变形产生影响,地层和地下结构在地震作用下存在着复杂的相互作用,因此地下结构将不完全承受自由场的变形。一般地,当地下结构的刚度相对周围土体较大时,结构自身将抵抗而非适应地层产生的变形;另一方面,当地下结构刚度相对周围地层较柔时,结构周围土体的变形可能大于自由场变形。地下结构和周围土体之间的相对刚度(刚度比)对于结构的响应起着至关重要的作用。该方法假定:①忽略土体与结构的动力惯性效应;②结构和土体均为线弹性体。

刚度较大的矩形框架结构将产生极小的变形,这使得基于自由场应变设计的结构过于保守。土-结构相互作用问题的闭合形式解适用于圆形隧道,却不适于矩形隧道。这是由于矩形结构的影响因素较多,包括土与结构之间的相对刚度、结构的几何形式、输入地震波运动和隧道的埋深。其中,最为重要的因素是土体相对结构的剪切刚度(如柔度比)。

考虑单剪作用下土柱中的矩形土体单元,如图 2-3 所示。假设土体单元的宽度为 L,高度为 H,并与矩形框架结构的尺寸相当。在四周剪应力 τ 作用下,土体单元产生的剪应变 γ 为:

$$\gamma = \frac{\Delta}{H} = \frac{\tau}{G_\mathrm{m}} \tag{2-3}$$

式中,Δ 为土体单元在高度 H 上的剪切相对位移;G_m 为土体的剪切模量。那么土体单元剪切变形的刚度可以表示为剪应力与剪应变之比,即:

$$\frac{\tau}{\gamma} = \frac{\tau}{\Delta/H} = G_\mathrm{m} \tag{2-4}$$

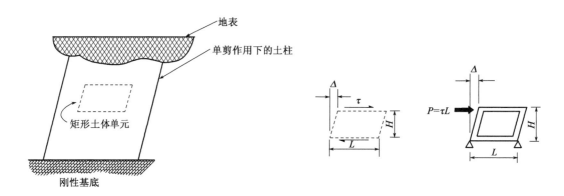

a)自由场土体的剪切变形　　　　　　　　b)矩形框架结构的推压变形

图 2-3　土与矩形框架结构之间的相对刚度(Wang,1993)

当矩形框架结构受到相同的剪应力 τ 作用时,所施加的剪应力在力学上可以等效为一个集中力 P,它等于剪应力 τ 和结构断面宽度 L 的乘积。则结构剪应变可以表示为:

$$\gamma = \frac{\Delta}{H} = \frac{P/S_1}{H} = \frac{\tau L}{S_1 H} \tag{2-5}$$

式中，S_1 为结构产生单位推压变形所需的力。于是，结构推压变形的刚度为：

$$\frac{\tau}{\gamma} = \frac{\tau}{\Delta/H} = \frac{S_1 H}{L} \tag{2-6}$$

用式(2-4)除以式(2-6)，得到土和结构的相对刚度(即结构的柔度比 F)为：

$$F = \frac{G_m L}{S_1 H} \tag{2-7}$$

对于任意的矩形框架结构，柔度比可以根据传统结构理论对框架进行分析得到。例如，对于顶板和底板具有相同惯性矩 I_L 以及侧墙惯性矩为 I_H 的单跨框架结构，其柔度比可由式(2-8)计算：

$$F = \frac{G_m}{24}\left(\frac{H^2 L}{E I_H} + \frac{H L^2}{E I_L}\right) \tag{2-8}$$

式中，E 为框架结构平面应变的弹性模量。

对于顶板惯性矩为 I_R、底板惯性矩为 I_L 和侧墙惯性矩为 I_H 的单跨框架结构，其柔度比为：

$$F = \frac{G_m}{12}\left(\frac{H L^2}{E I_R}\Psi\right) \tag{2-9}$$

其中

$$\Psi = \frac{(1+a_2)(a_1+3a_2)^2 + (a_1+a_2)(1+3a_2)^2}{(1+a_1+6a_2)^2} \tag{2-10}$$

$$a_1 = \frac{I_R}{I_L} \qquad a_2 = \frac{I_R}{I_H}\frac{H}{L} \tag{2-11}$$

矩形隧道断面的推压变形比 R 定义为结构推压变形与自由场变形之比：

$$R = \frac{\Delta_{stru}}{\Delta_{ff}} = \frac{\frac{\Delta_{stru}}{H}}{\frac{\Delta_{ff}}{H}} = \frac{\gamma_{stru}}{\gamma_{ff}} \tag{2-12}$$

Wang(1993)[2]在完全滑移且柔度比 F 相同的情况下，考虑不同尺寸，将圆形隧道和矩形隧道之间的变形比 R 进行了比较。对于给定的柔度比，矩形隧道的正则化变形比圆形隧道低约10%，如图2-4所示。需要注意的是，图中圆形隧道的计算结果为解析解，矩形隧道的结果则通过有限元数值分析获得。

基于 Wang(1993)[2]所做的工作，Penzien(2000)[5]提出了一种评估远场剪应力作用下矩形隧道推压变形的近似方法。Penzien 指出，结构的变形取决于土体与结构之间的相对刚度(刚度比)。相对刚度定义为 k_{stru}/k_{soil}，即结构的刚度 k_{stru} 与土体刚度 k_{soil} 的比值。k_{stru} 等于结构产生单位位移所需施加在结构周边的均布剪应力幅值；$k_{soil} = G_m/H$，其中 G_m 为土体的剪切模量，H 为结构高度。结构的正则化变形或结构变形 Δ_{stru}，与自由场地层变形 Δ_{ff} 之比，即 $\Delta_{stru}/\Delta_{ff}$，可由下式得到：

$$\frac{\Delta_{stru}}{\Delta_{ff}} = \frac{4(1-\nu)}{1+(3-4\nu)\dfrac{k_{stru}}{k_{soil}}} \tag{2-13}$$

式中，ν 为土层泊松比。

从上式可以看出，对于给定的自由场土层变形 Δ_{ff}，结构的变形 Δ_{stru} 是刚度比 k_{stru}/k_{soil} 的函数。当结构刚度相比周围地层较大时，如 $k_{stru} \gg k_{soil}$，k_{stru}/k_{soil} 比值很大，结构变形 Δ_{stru} 趋于 0，这对应于位于软土中坚硬结构的情况，此时在外部载荷作用下无论周围地层如何变形，结构的形状始终保持不变。相反，如果结构相对周围地层较柔，如 $k_{stru} \ll k_{soil}$，k_{stru}/k_{soil} 比值很小，结构变形 Δ_{stru} 趋于 $4(1-\nu)\Delta_{ff}$，此时的解答对应于有孔洞地层的变形。需要注意的是，$4(1-\nu)\Delta_{ff}$ 是远场恒定剪切荷载作用下圆形孔洞变形的精确解，但对于矩形孔洞则是近似解。

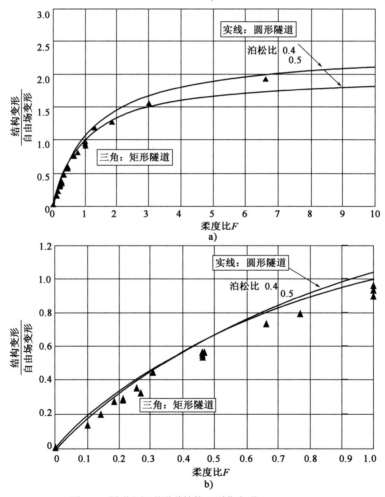

图 2-4 圆形和矩形隧道结构正则化变形（Wang, 1993）

Wang(1993)[2]通过有限元方法求得的矩形隧道推压变形比是柔度比的函数,但未提供结构推压变形的解析解。此外,Wang 的方程中均没有包含土体与结构的泊松比。因此,无法将 Penzien 的解析结果与 Wang 的数值结果进行对比和验证。

Wang 和 Penzien 的方法均可应用于均质土层中隧道结构的抗震设计。对于计算所得的结构推压变形,可以将其等效为静力载荷作用于结构上,施加方式和自由场变形法相同,即倒三角形分布力模式和集中力模式。如果隧道结构处于硬土层和软土层的接触面时,分析中还必须考虑两种土层之间接触面上的地层运动和剪切变形的变化。

袁勇等(2009)[4]研究表明,土-结构拟静力相互作用法在浅埋结构刚度较小或与周围地层刚度接近时,所得的结构变形、内力分布形式和内力大小均与基准值一致,但当结构刚度较大时会过高地估计结构受到的内力和变形。因此该法适用于结构刚度较小或与周围地层刚度接近的情况。此外,倒三角形分布力模式优于集中力模式。

2.3 反应位移法

反应位移法的主要思想是认为地下结构在地震时的响应取决于周围地层的运动,将地层在地震时产生的位移差(相对位移)通过地基弹簧以静荷载的形式作用在结构上,从而求得结构物的内力等。反应位移法假定:①结构与土体均为各向同性的线弹性体;②忽略土体之间的相互影响。

在用反应位移法进行地下结构横断面抗震计算的模型中,隧道结构用梁单元模拟,而梁单元由剪切弹簧和法向弹簧与周围地层相连接,如图 2-5 所示。

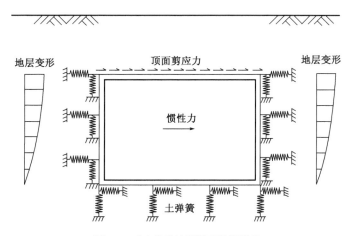

图 2-5　反应位移法横断面计算模型

(1)地层的变形模式

采用反应位移法进行抗震计算时,假定地层变形模式如图 2-6 所示,并按式(2-14)计算地层变形:

$$u_a(z) = \frac{2}{\pi^2} \cdot S_V \cdot T_S \cdot \cos\left(\frac{\pi z}{2H}\right)$$
$$u_t(x,z) = u_a(z) \cdot \sin\left(\frac{2\pi x}{L}\right) \tag{2-14}$$

式中,$u_a(z)$ 为距地表面 z 处地层的水平位移幅值;$u_t(x,z)$ 为距地表面 z 处地层沿水平向的位移分布;S_V 为震动基准面速度反应谱;T_S 为地层的固有周期;H 为震动基准面处深度;L 为地层震动的波长。

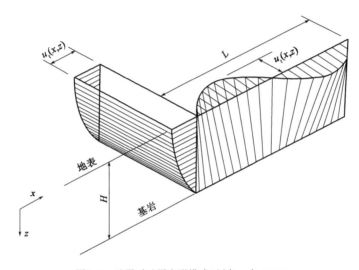

图 2-6 地震时地层变形模式(川岛一彦,1994)

(2)地层固有周期 T_S

地层的固有周期,一般根据建设地点的剪切波速计算。由多层构成的地层固有周期特征值 $T_G = 4\sum_{i=1}^{n} h_i/v_{si}$。但由于地震发生时的地层应变大于勘测时的地层应变,考虑应变水平,取 $T_S = 1.25 T_G$,即:

$$T_S = 5\sum_{i=1}^{n} \frac{h_i}{v_{si}} \tag{2-15}$$

式中,h_i 为各土层的厚度;v_{si} 为对应各土层的剪切波速。

(3)震动基准面速度反应谱 S_V

震动基准面速度反应谱 S_V 表示为:

$$S_V = k_h \cdot S_v \tag{2-16}$$

式中,k_h 为设计水平地震系数;S_v 为单位水平地震系数的速度反应谱。设计水平地震系数 k_h 可按式(2-17)计算:

$$k_h = C_G \cdot C_U \cdot k_{h0} \tag{2-17}$$

式中,k_{h0} 为标准设计水平地震系数;C_U 为埋深修正系数;C_G 为场地修正系数。

(4) 荷载的确定

反应位移法中结构惯性力计算和等效静力法相同,周围介质在地震作用下产生变位对结构侧壁的作用以及结构周围剪应力可采用下式计算:

$$p(z) = k_\mathrm{H}[u(z) - u(z_\mathrm{B})]$$
$$\tau = \frac{G_\mathrm{d}}{\pi H} \cdot S_\mathrm{V} \cdot T_\mathrm{S} \cdot \sin\left(\frac{\pi z}{2H}\right) \tag{2-18}$$

式中,$p(z)$为距地表面深度为z处地震时单位面积上的土压力;z_B为地下结构底面处深度;k_H为地震时单位面积上的水平地基弹簧系数;τ为距地表面深度为z处地震时周边单位面积上的剪力;G_d为地基的动剪切模量,按下式计算:

$$G_\mathrm{d} = \rho_\mathrm{m} v_\mathrm{s}^2 \tag{2-19}$$

式中,ρ_m为土体密度;v_s为土层中剪切波的传播速度。

袁勇等(2009)[4]研究表明,反应位移法在不同结构刚度的情况下计算所得的结构内力分布形式和内力大小均与基准值相吻合,因此适用于不同刚度浅埋框架结构的抗震分析。

2.4 本章小结

本章在总结国内外地下结构抗震研究工作的基础上,对沉管隧道横向地震反应的设计思想和分析方法进行系统的阐述,主要包括自由场变形法、土-结构拟静力相互作用法和反应位移法。

由于各种拟静力法的简化模式和计算假定存在差异,因此,这些简化抗震分析方法的应用条件和适用性必然存在差异。自由场变形法对于隧道结构刚度比地面大时偏于安全,且易于流程化,但对于隧道结构刚度比地面小时不安全,对于隧道结构刚度比地面大很多时过于保守,对于高度变化的地面状况不够精确,因此,适用于和地面有相同刚度的隧道结构。土与结构拟静力相互作用法能够较好地模拟土与结构相互作用,结构响应计算较精确,能够求解具有复杂结构形式和地质条件的问题,但需要较复杂和耗时的计算分析,且地震输入参数的不确定性对分析结果影响巨大,因此该法适用于结构刚度较小或与周围地层刚度接近的情况。此外,倒三角形分布力模式优于集中力模式。反应位移法能够较好地考虑土与结构相互作用,且能够求解具有复杂结构形式和地质条件的问题,因此适用于不同刚度浅埋框架结构的抗震分析。

本章参考文献

[1] Kuesel T R. Earthquake design criteria for subways[J]. Journal of the structural division, 1969.

[2] Wang J N. Seismic design of tunnels: a simple state-of-the-art design approach[M]. Parsons Brinckerhoff, 1993.

[3] 川島一彦. 地下構造物の耐震設計[M]. 日本:鹿島出版会,1994.

[4] 袁勇,禹海涛,陈之毅. 软土浅埋框架结构抗震计算方法评价[J]. 振动与冲击,2009,28(8):50-56.

[5] Penzien J. Seismically Induced Raking of Tunnel Linings [J]. Earthquake Engineering and Structure Dynamics,2000(29):683-691.

第3章 超长沉管隧道纵向地震响应分析的简化方法

本章详细介绍沉管隧道地震作用下沿隧道纵向(隧道轴线方向)整体结构响应的简化分析方法。首先,针对沉管隧道地震响应的特点,介绍沉管隧道纵向地震响应分析的质点-弹簧模型及其参数计算,借鉴已有文献研究成果提出沉管基础动力刚度的快速计算方法,考察多点地震激励下沉管隧道体系的地震动输入方法,并提出计算Rayleigh阻尼矩阵频率参数的优化方法。然后,以土体和沉管隧道纵向地震响应分析的质点-弹簧模型为基础,通过快速Fourier变换(FFT)建立沉管隧道纵向地震响应分析的频域反应位移法;在此基础上,考虑隧道结构惯性力和土-结构动力相互作用参数对外部激励频率依赖性的影响,基于动力Winkler地基梁模型,建立超长沉管隧道纵向地震响应的频域分析方法。此外,对分层地基上沉管隧道土-结构动力相互作用参数开展研究,提出分层地基的等效均质模式。最后,分别利用沉管隧道纵向地震响应分析的反应位移法和基于动力Winkler地基梁的频域分析方法,对港珠澳大桥海底沉管隧道进行纵向抗震计算,重点探讨工程设计中所关心的土体地震反应、隧道管节地震内力和接头地震变形等问题。

3.1 沉管隧道地震响应分析的简化模型

3.1.1 地基土层模型与参数

1) 土层质点-弹簧模型

在对一座沉管隧道进行振动台模型试验和地震观测的基础上,日本学者田村重四郎和冈本舜三(1973)[1]首先提出用于沉管隧道地震响应分析的质点-弹簧模型。该计算模型成功地应用于日本东京港沉管隧道抗震设计中,至今仍得到广泛的使用。

(1) 基本假定

地基土层的自振特性不受隧道存在的影响,土层剪切振动的基本振型对隧道在地震中产生的应变起主导作用;隧道的自身惯性力对其动力性态的影响很小,分析中可不予考虑;隧道变形可根据周围土层变形计算,并视隧道为一弹性地基梁。

(2) 计算模型

该模型分别对隧道纵向和横向的水平振动进行分析。模型中,将土层沿隧道纵向划分成一系列垂直于隧道轴线的切片单元,每一切片单元简化成与其具有等效固有周期的单质点-弹簧体系,然后将相邻土质点之间用弹簧连接,从而形成质点-弹簧模型;将隧道简化为一弹性地基梁,并通过土弹簧和周围土层相连,如图3-1所示。图中,M_e 和 K_3 分别为等效单质点-弹簧体系的土质点质量和弹簧刚度,K_2 为相邻土质点之间的连接弹簧刚度,K_1 为土和隧道之间相互作用的弹簧刚度。

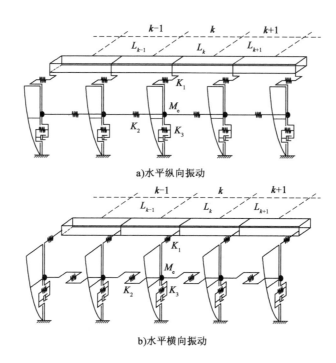

a) 水平纵向振动

b) 水平横向振动

图3-1 沉管隧道纵向质点-弹簧模型(川岛一彦,1994)[2]

2) 模型参数

(1) 等效单质点-弹簧体系

等效单质点-弹簧体系的土质点质量等于土切片单元的一阶振型有效质量。单位长度土切片的一阶振型有效质量 M_e 按式(3-1)计算。

$$M_e = \frac{\left(\sum_{i=1}^{n} m_i \phi_i\right)^2}{\sum_{i=1}^{n} m_i \phi_i^2} \tag{3-1}$$

式中,m_i 为第 i 层土的质量;ϕ_i 为第 i 层土的一阶振型。第 k 个土质点的质量 M_k 等于单位长度土切片的一阶振型有效质量 M_e 与土切片长度 L_k 的乘积,即:

$$M_k = M_e L_k \tag{3-2}$$

弹簧刚度系数 K_{3k} 按照等效单质点-弹簧体系的固有周期等于土切片单元的一阶振动周期来计算,即:

$$K_{3k} = M_k \left(\frac{2\pi}{T_k}\right)^2 = M_k \omega_k^2 \qquad (3-3)$$

式中,T_k 和 ω_k 分别为第 k 个土切片单元一阶剪切振动的周期和频率。

(2) 相邻土质点之间的连接弹簧

土质点之间的横向弹簧刚度系数 K_{2t} 等于使相邻质点产生单位横向相对位移需要的作用力,如图 3-2a) 所示。由一阶振型分析求出各土层的振型位移 δ_i,再由各土层的剪切模量计算产生单位横向相对位移所需的力,即:

$$K_{2t} = \frac{1}{L_k} \sum_{i=1}^{n} G_i A_i \delta_i \qquad (3-4)$$

式中,G_i 和 A_i 分别为第 i 层土的剪切模量和截面面积。

土质点之间的纵向弹簧刚度系数 K_{2l} 等于使相邻质点产生单位纵向相对位移需要的作用力,如图 3-2b) 所示。由一阶振型分析求出各土层的振型位移 δ_i,再由各土层的弹性模量计算产生单位纵向相对位移所需的力,即:

$$K_{2l} = \frac{1}{L_k} \sum_{i=1}^{n} E_i A_i \delta_i \qquad (3-5)$$

式中,E_i 为第 i 层土的剪切模量。

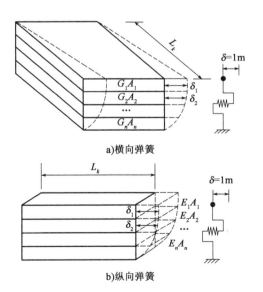

图 3-2 相邻土质点之间弹簧刚度的确定(川岛一彦,1994)[2]

(3) 土和隧道之间相互作用的弹簧

一般情况下,土和沉管隧道结构之间相互作用的弹簧刚度 K_1 等于作用在隧道处的力 P

与它所引起的位移 δ 之比,即:

$$K_1 = \frac{P}{\delta} \tag{3-6}$$

图3-3为土层发生横向和纵向运动时土和隧道之间相互作用弹簧刚度的计算示意图。横向弹簧刚度可采用平面应变有限元法计算,纵向弹簧刚度可采用三维有限元法计算。

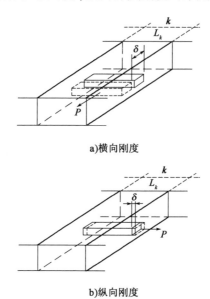

图3-3 土和隧道之间相互作用弹簧刚度的确定(川岛一彦,1994)[2]

3.1.2 沉管基础动力刚度的快速计算方法

采用式(3-6)所述方法计算沉管隧道土-结构相互作用的刚度需要用到有限元建模,尤其对水平纵向刚度更需建立三维有限元模型,计算费时费力。Gazetas等(1985~1991)[3-7]系统地研究了埋置于均质半无限土体中任意形状的刚性基础在不同模式下的振动。基于大量的分析结果,通过广泛而严格的参数研究,并辅以模型试验证明,形成了一整套计算各种谐振动模式下的动刚度和阻尼系数的简化公式[8]。这些公式是基于均质半空间表面刚性圆形基础的静力解析解,经过形状、埋深和动力修正得到的。本节在Gazetas等学者的研究基础上,提出沉管隧道土-结构动力相互作用刚度系数计算的简化方法,将沉管隧道视为置于弹性半空间地基中的埋置基础,参考基于有限元、边界元等方法的数值解及部分试验结果,归纳出能快速准确地计算沉管基础动力刚度的公式。

如图3-4所示,均质半无限土体中埋置基础的动刚度 $\tilde{K}_{emb}$ 可以表示为:

$$\tilde{K}_{emb} = k(\omega) \cdot K_{emb} \tag{3-7}$$

式中,K_{emb} 为埋置基础的静刚度;$k(\omega)$ 为动力刚度系数;ω 为外部激励频率。

第3章 超长沉管隧道纵向地震响应分析的简化方法

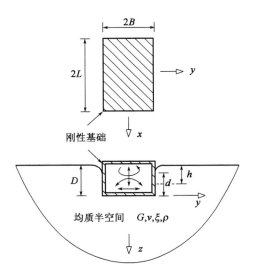

图 3-4 均质半无限土体中的埋置刚性基础(Gazetas,1991)[8]

埋置基础的静刚度 K_{emb} 可以表示为:

$$K_{emb} = K_{sur} \cdot I_{tre} \cdot I_{wall} \tag{3-8}$$

式中,K_{sur} 为表置基础的静刚度;I_{tre} 为埋置基础基槽系数;I_{wall} 为埋置基础侧墙系数。

不同平动模式下,表置基础的静刚度 K_{sur} 由式(3-9)计算:

$$\left. \begin{array}{l} K_{z,sur} = \dfrac{2GL}{1-\nu} S_z \\[6pt] K_{y,sur} = \dfrac{2GL}{2-\nu} S_y \\[6pt] K_{x,sur} = \dfrac{2GL}{2-\nu} S_x \end{array} \right\} \tag{3-9}$$

式中,G 为地基土的剪切模量,对于层状地基土,可根据层厚的权重系数将其简化成均匀地基进行计算;ν 为土层泊松比;L 为基础的半长;S_z、S_y 和 S_x 为基础的形状系数,由式(3-10)计算:

$$\left. \begin{array}{l} S_z = 0.73 + 1.54 \left(\dfrac{A_b}{4L^2} \right)^{0.75} \\[6pt] S_y = 2 + 2.5 \left(\dfrac{A_b}{4L^2} \right)^{0.85} \\[6pt] S_x = S_y - \dfrac{0.1(2-\nu)}{0.75-\nu} \left(1 - \dfrac{B}{L} \right) \end{array} \right\} \tag{3-10}$$

式中,B 为基础的半宽;A_b 为基础底面面积。

埋置基础基槽系数 I_{tre} 由式(3-11)给出：

$$\left.\begin{array}{l} I_{z,tre} = 1 + \dfrac{1}{21} \cdot \dfrac{D}{B}\left(1 + \dfrac{4}{3} \cdot \dfrac{A_b}{4L^2}\right) \\ I_{x,tre} = I_{y,tre} = 1 + 0.15\left(\dfrac{D}{B}\right)^{0.5} \end{array}\right\} \quad (3\text{-}11)$$

式中，D 为基础埋深。

埋置基础侧墙系数 I_{wall} 由式(3-12)给出：

$$\left.\begin{array}{l} I_{z,wall} = 1 + 0.2\left(\dfrac{A_w}{A_b}\right)^{\frac{2}{3}} \\ I_{x,wall} = I_{y,wall} = 1 + 0.52\left(\dfrac{h}{B}\dfrac{A_w}{L^2}\right)^{0.4} \end{array}\right\} \quad (3\text{-}12)$$

式中，A_w 为基础侧墙与土体的有效接触面积；h 为地表到基础侧墙与土体的有效接触深度 d 一半位置处的距离，如图3-4所示。

动力刚度系数 $k(\omega)$ 与基础的形状、埋深和外部激励频率以及土体性质有关。Gazetas(1991)[8]给出了不同振动模式下的动力刚度系数曲线，便于查取计算。对于完全埋置的沉箱基础，Gerolymos 和 Gazetas(2006)[9]通过曲线拟合，给出了水平运动下动力刚度系数的具体表达式：

$$k(\omega) \approx 1 + a_0 \dfrac{D}{B}\left[\left(0.08 - 0.0074\dfrac{D}{B}\right)a_0^2 - \left(0.31 - 0.0416\dfrac{D}{B}\right)a_0 - 0.0442\dfrac{D}{B} + 0.14\right] \quad (3\text{-}13)$$

式中，a_0 为无量纲频率，按下式计算：

$$a_0 = \dfrac{\omega B}{v_s} \quad (3\text{-}14)$$

对于地震引起的基础运动，外部激励频率 ω 可取自由场反应的主要频率。对于层状地基，土体剪切波速 v_s 可采用厚度加权换算的等效剪切波速 v_{se}，其计算公式为：

$$v_{se} = \dfrac{H}{\sum\limits_{i=1}^{n}\dfrac{h_i}{v_{si}}} \quad (3\text{-}15)$$

式中，H 为地基土的总厚度；h_i 为第 i 层土的厚度；v_{si} 为第 i 层土的剪切波速。

3.1.3 沉管隧道体系的多点激励输入方法

对于大跨桥梁、长隧道和地下管道等空间尺度较大的结构，地震时地震波在结构基础面上的传播要经历一定的时间，即同一时刻结构各支承点所承受的地面运动是不同的，这就是所谓的多点地震输入问题。对于超长沉管隧道体系来说，由于隧道纵向距离较长，地震波传播到隧道分布范围内的基岩面的时刻也是不一样的，即在同一时刻基岩面上各点的地震激励也是不同的。为此,需要建立沉管隧道土-结构相互作用体系的多点激励输入方法。

Clough 和 Penzien(1975)[10]提出了多自由度体系多点输入时的动力运动方程,并给出了求解方法。他们通过引入拟静力位移概念和影响矩阵[R],实现了地震动多点输入算法。其基本思路是:首先,在惯性参考系中建立结构有限元体系的动力平衡方程,将结构节点分为支承节点和非支承节点,并以此把动力平衡方程改写为分块矩阵的表达形式;然后引入节点的拟静力位移概念,将结构节点的反应分解为拟静力项和相对动力项,代入原结构体系的动力平衡方程中,经整理并消项后,得到与结构一致激励的、动力运动方程形式上完全一致的、多点激励的动力运动方程,此时方程的右端变为以影响矩阵表达的地震动输入,影响矩阵的物理含义是"支承节点上施加单位位移时非支承节点上产生的节点位移";最后,利用标准方法求出结构体系的相对动力反应项,再叠加上节点与多点输入地震动相关的拟静力项的反应,即可得到结构体系总的反应。

地震荷载作用下,结构体系动力反应的控制方程为:

$$[M]\{\ddot{u}(t)\} + [C]\{\dot{u}(t)\} + [K]\{u(t)\} = \{p(t)\} \tag{3-16}$$

式中,$[M]$、$[C]$ 和 $[K]$ 分别为结构体系的质量矩阵、阻尼矩阵和刚度矩阵;$\{u(t)\}$ 为结构体系总的位移向量;$\{p(t)\}$ 为作用于结构上的动荷载。

为了便于说明问题,将节点位移分为两类,即结构体系基底面节点的位移 $u_b(t)$ 和除基底面节点之外的其他节点的位移 $u_s(t)$;对应地,将结构体系的质量矩阵、阻尼矩阵和刚度矩阵分块,则式(3-16)改写为:

$$\begin{bmatrix} M_{ss} & M_{sb} \\ M_{bs} & M_{bb} \end{bmatrix} \begin{Bmatrix} \ddot{u}_s(t) \\ \ddot{u}_b(t) \end{Bmatrix} + \begin{bmatrix} C_{ss} & C_{sb} \\ C_{bs} & C_{bb} \end{bmatrix} \begin{Bmatrix} \dot{u}_s(t) \\ \dot{u}_b(t) \end{Bmatrix} + \begin{bmatrix} K_{ss} & K_{sb} \\ K_{bs} & K_{bb} \end{bmatrix} \begin{Bmatrix} u_s(t) \\ u_b(t) \end{Bmatrix} = \begin{Bmatrix} p_s(t) \\ p_b(t) \end{Bmatrix} \tag{3-17}$$

式中,$p_b(t)$ 为地震作用时基底面支承节点处的约束反力;$p_s(t)$ 为作用在结构除支承节点以外其他节点的荷载,只考虑地震作用时,有 $p_s(t) = 0$。

结构位移可以再分为两部分:第一部分为拟静力位移,即将支承位移当作静位移时引起的结构位移;第二部分为动力位移,即由于惯性力等引起的结构相对于支承位移的动位移。于是有:

$$\begin{Bmatrix} u_s(t) \\ u_b(t) \end{Bmatrix} = \begin{Bmatrix} u_s^{qs}(t) \\ u_b^{qs}(t) \end{Bmatrix} + \begin{Bmatrix} u_s^d(t) \\ 0 \end{Bmatrix} \tag{3-18}$$

根据拟静力位移的定义,有:

$$\{u_s^{qs}(t)\} = [R]\{u_b^{qs}(t)\} = [R]\{u_b(t)\} \tag{3-19}$$

其中拟静力矩阵(也称影响矩阵)$[R]$ 为:

$$[R] = -[K_{ss}]^{-1}[K_{sb}] \tag{3-20}$$

注意到基底面支承节点位移是由地震激励引起,有 $\{u_g(t)\} = \{u_b(t)\}$。将式(3-18)~

式(3-20)代入式(3-17)中的第一组方程,有:

$$[M_{ss}]\{\ddot{u}_s^d(t)\} + [C_{ss}]\{\dot{u}_s^d(t)\} + [K_{ss}]\{u_s^d(t)\}$$
$$= -([M_{ss}][R] + [M_{sb}])\{\ddot{u}_g(t)\} - ([C_{ss}][R] + [C_{sb}])\{\dot{u}_g(t)\} \quad (3-21)$$

实际上,结构的阻尼力和惯性力相比一般较小,可忽略不计。又注意到,采用集中质量法进行计算时,结构的质量矩阵为对角阵,有$[M_{sb}]=0$,$[M_{ss}]$为对角阵,则式(3-21)简化为:

$$[M_{ss}]\{\ddot{u}_s^d(t)\} + [C_{ss}]\{\dot{u}_s^d(t)\} + [K_{ss}]\{u_s^d(t)\} = -[M_{ss}][R]\{\ddot{u}_g(t)\} \quad (3-22)$$

式中,$\{\ddot{u}_g(t)\}$为基底面支承节点处的输入地震加速度向量。这样,就建立了地震动多点激励下结构体系的运动方程,同样适用于经离散化后的土-隧道体系的多点激励地震反应分析。

当结构体系取为土-隧道相互作用体系时,基底面即为基岩面,式中的$\{\ddot{u}_g(t)\}$即为基岩面节点处的输入加速度向量。当仅考虑沿隧道纵向 x 方向的地震激励时,有:

$$\{\ddot{u}_g(t)\} = \{a_{g1}(t) \ 0 \ 0 \ a_{g2}(t) \ 0 \ 0 \ \cdots \ a_{gi}(t) \ 0 \ 0 \ \cdots \ a_{gm}(t) \ 0 \ 0\}^T$$
$$(3-23)$$

式中,$a_{gi}(t)$为第 i 支承节点处基岩沿隧道纵向的地震加速度;m 为支承节点总数。此即仅考虑沿隧道纵向地震作用时的多点激励输入。

假设地震波的传播方向与隧道长度方向一致,当考虑地震波在基岩中传播的行波效应时,基岩面上各点受到的地震激励是不同步的,有一个相位差 Δt,如图 3-5 所示。该相位差 Δt 就是地震波从基岩面一点传到相邻的下一点所用的时间,即:

$$\Delta t = \frac{\Delta l}{c_a} \quad (3-24)$$

式中,Δl 为沿地震波传播方向相邻点的距离;c_a 为地震波沿基岩面传播的视波速。对于行波激励,式(3-23)改写为:

$$\{\ddot{u}_g(t)\} = \{a_{g1}(t) \ 0 \ 0 \ a_{g2}(t-d_2/c_a) \ 0 \ 0 \ \cdots$$
$$a_{gi}(t-d_i/c_a) \ 0 \ 0 \ \cdots \ a_{gm}(t-d_m/c_a) \ 0 \ 0\}^T \quad (3-25)$$

式中,d_i 为第 i 支承点到第 1 支承点沿隧道纵向的水平距离。

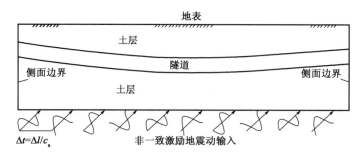

图 3-5 地震动行波激励输入示意图

3.1.4 基于优化方法的 Rayleigh 阻尼矩阵

阻尼作为结构的固有特性之一,显著地影响工程结构的动力反应。工程结构地震反应分析中的阻尼模型按照数学处理方法,可分为比例阻尼与非比例阻尼;按照物理概念,可分为黏滞阻尼与滞回阻尼。在各种阻尼模型中,基于黏滞阻尼的 Rayleigh 阻尼模型由于数学处理的方便而得到了广泛应用,以至于几乎所有的商业有限元软件都包含这个模型。但是 Rayleigh 阻尼模型假定结构的阻尼矩阵是质量矩阵和刚度矩阵的线性组合,质量比例系数 α 和刚度比例系数 β 通常选取两阶结构的低阶自振频率(ω_m 和 ω_n)及对应的阻尼比(ξ_m 和 ξ_n)进行计算,这使得位于两阶自振频率之间的振型阻尼比小于真实阻尼比,而在两阶自振频率之外的振型阻尼比大于真实阻尼比,因此分别高估和低估了这些振型对外部激励的动力反应(楼梦麟等,2009)[11]。

在结构动力反应分析中,各阶振型反应对整体反应的贡献,不仅与结构的动力特性相关,而且与外部动力激励的频谱特性密切相关。潘旦光(2013)[12]提出了依据结构自振频率和外部激励频谱特性确定 Rayleigh 阻尼矩阵两个频率参数的优化方法,该方法中两个频率参数不再与结构自振频率相对应。在地震激励下,结构地震反应中往往第 1 阶振型起主导作用。本节基于该文献的工作,进一步提出在确定结构基频的前提下,计算 Rayleigh 阻尼矩阵中另一频率参数的优化方法。

1)地震激励下 Rayleigh 阻尼系数的优化理论

根据 D'Alembert 原理,一个考虑惯性力的动力体系在每个瞬时都是平衡的。则在一致地震作用下,多自由度结构体系(Chopra,1995)[13]的运动方程可表示为:

$$[M]\{\ddot{u}(t)\} + [C]\{\dot{u}(t)\} + [K]\{u(t)\} = -[M]\{I\}\ddot{u}_g(t) \tag{3-26}$$

式中,$\{\ddot{u}(t)\}$、$\{\dot{u}(t)\}$ 和 $\{u(t)\}$ 分别为结构体系相对于地面的加速度向量、速度向量和位移向量;$\ddot{u}_g(t)$ 为输入地震加速度时程;$\{I\}$ 为地震作用方向指示向量;$[M]$、$[C]$ 和 $[K]$ 分别为结构体系的质量矩阵、阻尼矩阵和刚度矩阵,其中阻尼矩阵 $[C]$ 可以用 $[M]$ 和 $[K]$ 的线性组合来表示,即:

$$[C] = \alpha[M] + \beta[K] \tag{3-27}$$

式中,α 和 β 分别为 Rayleigh 阻尼矩阵的质量比例系数和刚度比例系数。

对多自由度结构体系,可以通过求解 N 个非耦合的振型方程并将它们的效应叠加,得到体系的总反应。若已知结构的前 N 阶自振频率和振型分别为 ω_n 和 $\{\phi_n\}$($n = 1,2,\cdots,N$),则结构的总反应可以表示为前 N 个振型的线性组合:

$$\{u(t)\} = \sum_{j=1}^{N}\{\phi_j\}q_j(t) \tag{3-28}$$

式中,$q_j(t)$ 为多自由结构体系的正规坐标。

利用正规坐标变换可把 N 个耦合的有阻尼运动方程转化为 N 个非耦合的运动方程,将式(3-28)代入式(3-26),注意振型不随时间变化,导出:

$$[M]\left(\sum_{j=1}^{N}\{\phi_j\}\ddot{q}_j(t)\right) + [C]\left(\sum_{j=1}^{N}\{\phi_j\}\dot{q}_j(t)\right) + [K]\left(\sum_{j=1}^{N}\{\phi_j\}q_j(t)\right) = -[M]\{I\}\ddot{u}_g(t) \tag{3-29}$$

在式(3-29)前乘第 n 个振型向量的转置 $\{\phi_n\}^T$,得到:

$$\{\phi_n\}^T[M]\left(\sum_{j=1}^{N}\{\phi_j\}\ddot{q}_j(t)\right) + \{\phi_n\}^T[C]\left(\sum_{j=1}^{N}\{\phi_j\}\dot{q}_j(t)\right) +$$

$$\{\phi_n\}^T[K]\left(\sum_{j=1}^{N}\{\phi_j\}q_j(t)\right) = -\{\phi_n\}^T[M]\{I\}\ddot{u}_g(t) \tag{3-30}$$

根据振型的正交性,有:

$$\{\phi_m\}^T[M]\{\phi_n\} = 0 \quad (m \neq n) \tag{3-31}$$

$$\{\phi_m\}^T[K]\{\phi_n\} = 0 \quad (m \neq n) \tag{3-32}$$

对于阻尼,由于式(3-27)表示的 Rayleigh 阻尼矩阵是质量矩阵和刚度矩阵的线性组合,根据振型的正交性,可以得出:

$$\{\phi_m\}^T[C]\{\phi_n\} = 0 \quad (m \neq n) \tag{3-33}$$

需要注意的是,多自由度结构体系的振型关于质量矩阵和刚度矩阵满足正交性质是无条件的,而振型关于阻尼矩阵满足正交性质却是有一定条件的,此处假定 $[C]$ 为刚度矩阵 $[K]$ 和质量矩阵 $[M]$ 的线性组合。

因为有振型的正交性,式(3-30)变为:

$$M_n\ddot{q}_n(t) + C_n\dot{q}_n(t) + K_nq_n(t) = -\{\phi_n\}^T[M]\{I\}\ddot{u}_g(t) \tag{3-34}$$

其中:

$$M_n = \{\phi_n\}^T[M]\{\phi_n\} \tag{3-35}$$

$$K_n = \{\phi_n\}^T[K]\{\phi_n\} \tag{3-36}$$

$$C_n = \{\phi_n\}^T[C]\{\phi_n\} \tag{3-37}$$

M_n、K_n、C_n 分别称之为多自由度结构体系第 n 阶振型的广义质量、广义刚度和广义阻尼。

在式(3-34)两边同时除以 M_n,由 $\omega_n^2 = \dfrac{K_n}{M_n}$,并令第 n 阶振型的阻尼比 $\xi_n = \dfrac{C_n}{2\omega_n M_n}$,得到:

$$\ddot{q}_n(t) + 2\xi_n\omega_n\dot{q}_n(t) + \omega_n^2 q_n(t) = -\dfrac{\{\phi_n\}^T[M]\{I\}}{M_n}\ddot{u}_g(t) \tag{3-38}$$

定义第 n 阶振型的振型参与系数:

$$\gamma_n = -\dfrac{\{\phi_n\}^T[M]\{I\}}{M_n} \tag{3-39}$$

它取决于振型形状和外部荷载空间分布之间的相互作用,则式(3-38)变为:

$$\ddot{q}_n(t) + 2\xi_n\omega_n\dot{q}_n(t) + \omega_n^2 q_n(t) = \gamma_n \ddot{u}_g(t) \tag{3-40}$$

上式中第 n 阶振型的阻尼比 ξ_n 为：

$$\xi_n = \frac{\alpha + \beta\omega_n^2}{2\omega_n} = \frac{\alpha}{2\omega_n} + \frac{\beta\omega_n}{2} \tag{3-41}$$

式(3-40)中所包含的每一个方程都是一个标准的单自由度运动方程，可以采用 Duhamel 积分表示其时域解答：

$$q_n(t) = \frac{\gamma_n}{\omega_{Dn}}\int_0^t \ddot{u}_g(\tau) e^{-\xi_n\omega_n(t-\tau)}\sin[\omega_{Dn}(t-\tau)]d\tau \tag{3-42}$$

式中，$\omega_{Dn} = \omega_n\sqrt{1-\xi_n^2}$ 为有阻尼体系的第 n 阶振型的自振频率。

根据地震反应谱的定义，对应于 ω_n 的位移反应谱值 $S_d(\xi_n, \omega_n)$ 为：

$$S_d(\xi_n, \omega_n) = \left|\frac{1}{\omega_{Dn}}\int_0^t \ddot{u}_g(\tau) e^{-\xi_n\omega_n(t-\tau)}\sin[\omega_{Dn}(t-\tau)]d\tau\right|_{max} \tag{3-43}$$

则对应于第 n 阶振型的结构第 k 个自由度的最大位移反应可表示为：

$$u_{kn}|_{max} = \gamma_n\phi_{kn}S_d(\xi_n, \omega_n) \tag{3-44}$$

根据式(3-28)，多自由度体系第 k 个自由度的位移反应由前 N 阶振型反应叠加而得：

$$u_k(t) = \sum_{n=1}^{N}\phi_{kn}q_n(t) \tag{3-45}$$

根据平方和开平方(SRSS)振型组合方法，第 k 个自由度的最大位移反应以反应谱表示为：

$$\left|u_k(t)\right|_{max} = \left[\sum_{n=1}^{N}\left|u_{kn}(t)\right|_{max}^2\right]^{\frac{1}{2}} = \left[\sum_{n=1}^{N}\gamma_n^2\phi_{kn}^2 S_d^2(\xi_n, \omega_n)\right]^{\frac{1}{2}} \tag{3-46}$$

如果已知该多自由度体系第 n 阶振型的精确阻尼比为 ξ_n^*，则相应于精确阻尼比的对应于第 n 个振型方程的第 k 个自由度的最大位移反应为：

$$u_{kn}^*\big|_{max} = \gamma_n\phi_{kn}S_d(\xi_n^*, \omega_n) \tag{3-47}$$

第 k 个自由度的相对位移反应误差可表示为：

$$E_k = \left(\sum_{n=1}^{N}\gamma_n^2\phi_{kn}^2[S_d(\xi_n^*, \omega_n) - S_d(\xi_n, \omega_n)]^2\right)^{\frac{1}{2}} \tag{3-48}$$

在式(3-48)中，目标函数 E_k 是 Rayleigh 阻尼系数 α 和 β 的隐函数。为了数学上处理的方便，可以将位移反应谱函数 $S_d(\xi_n, \omega_n)$ 采用一阶 Taylor 级数展开，得到：

$$S_d(\xi_n, \omega_n) \approx S_d(\xi_n^*, \omega_n) + S_d'(\xi_n^*, \omega_n)(\xi_n - \xi_n^*) \tag{3-49}$$

式中，$S_d'(\xi_n^*, \omega_n) = \partial S_d(\xi_n^*, \omega_n)/\partial \xi_n$。

将式(3-41)和式(3-49)代入式(3-48)中，整理后可以得到：

$$E_k^2 = ([\Omega]\{A\} - \{Y\})^T [W]([\Omega]\{A\} - \{Y\}) \tag{3-50}$$

式中：

$$[\Omega] = \frac{1}{2}\begin{bmatrix} \frac{1}{\omega_1} & \omega_1 \\ \frac{1}{\omega_2} & \omega_2 \\ \vdots & \vdots \\ \frac{1}{\omega_N} & \omega_N \end{bmatrix} \quad \begin{aligned} \{A\} &= \{\alpha,\beta\}^{\mathrm{T}} \\ \{Y\} &= \{\xi_1^*,\xi_2^*,\cdots,\xi_N^*\}^{\mathrm{T}} \\ [W] &= \mathrm{diag}\{w_{k1},w_{k2},\cdots,w_{kN}\} \\ w_{kn} &= \gamma_n^2 \phi_{kn}^2 S_{\mathrm{d}}^{\prime 2}(\xi_n^*,\omega_n) \end{aligned} \quad (3\text{-}51)$$

为使目标函数 E_k 取得最小值,仅需使其关于向量 $\{A\}$ 的一阶偏导数为零,即:

$$\frac{\partial E_k^2}{\partial \{A\}} = 0 \quad (3\text{-}52)$$

可得 Rayleigh 阻尼系数优化解的正规方程:

$$[\Omega]^{\mathrm{T}}[W][\Omega]\{A\} = [\Omega]^{\mathrm{T}}[W]\{Y\} \quad (3\text{-}53)$$

求解式(3-53)即可得到 Rayleigh 阻尼系数。

2)基于结构基频的 Rayleigh 阻尼系数的优化解

上一节给出的优化方法依据结构自振频率和外部激励频谱特性来确定 Rayleigh 阻尼矩阵的两个频率参数,避免了人为指定两阶频率的任意性,但是这一方法中两个频率参数不再与结构自振频率相对应。在地震激励下,结构地震反应中往往第 1 阶振型起控制作用。为此,本节进一步提出在确定结构基频的前提下,计算 Rayleigh 阻尼矩阵中另一频率参数的优化方法。

对于一个确定的多自由度结构体系,通过振型分析可以得到体系的第 1 阶自振频率 ω_1,将 ω_1 代入式(3-41),可得:

$$\alpha = 2\omega_1 \xi_1 - \beta \omega_1^2 \quad (3\text{-}54)$$

如果把式(3-54)返回到式(3-41),将其写成仅含 β 的形式,得到:

$$\xi_n = \beta \frac{\omega_n^2 - \omega_1^2}{2\omega_n} + \frac{\omega_1 \xi_1}{\omega_n} \quad (3\text{-}55)$$

将式(3-55)和式(3-49)代入式(3-48)中,整理后可以得到类似式(3-50)的矩阵表达式,但形式简化为:

$$E_k^2 = (\beta[\Omega] - \{Y\})^{\mathrm{T}}[W](\beta[\Omega] - \{Y\}) \quad (3\text{-}56)$$

其中:

$$\{\Omega\} = \frac{1}{2}\begin{Bmatrix} 0 \\ \omega_n^2 - \omega_1^2/\omega_n \\ \vdots \\ \omega_N^2 - \omega_1^2/\omega_N \end{Bmatrix} \quad \{Y\} = \begin{Bmatrix} \xi_1^* - \xi_1 \\ \xi_2^* - \xi_1 \omega_1/\omega_2 \\ \vdots \\ \xi_N^* - \xi_1 \omega_1/\omega_N \end{Bmatrix} \quad (3\text{-}57)$$

为使目标函数 E_k 取得最小值,需要式(3-56)对 β 的一阶偏导数为零,即:

$$\frac{\partial E_k^2}{\partial \beta} = 0 \tag{3-58}$$

可得基于结构基频确定 Rayleigh 阻尼系数优化解的正规方程：

$$\{\Omega\}^{\mathrm{T}}[W]\{\Omega\}\beta = \{\Omega\}^{\mathrm{T}}[W]\{Y\} \tag{3-59}$$

$$\beta = \frac{\{\Omega\}^{\mathrm{T}}[W]\{Y\}}{\{\Omega\}^{\mathrm{T}}[W]\{\Omega\}} \tag{3-60}$$

根据式(3-48)和式(3-49)也可直接得出 E_k^2 关于未知数 β 的显式表达式：

$$E_k^2 = \sum_{n=1}^N \gamma_n^2 \phi_{kn}^2 S_d'^2(\xi_n^*, \omega_n) \left[\beta^2 \left(\frac{\omega_n^2 - \omega_1^2}{2\omega_n} \right)^2 + \beta \frac{\omega_n^2 - \omega_1^2}{\omega_n} \left(\frac{\xi_1 \omega_1}{\omega_n} - \xi_n^* \right) + \left(\frac{\xi_1 \omega_1}{\omega_n} - \xi_n^* \right)^2 \right] \tag{3-61}$$

由 $\partial E_k^2 / \partial \beta = 0$，得到：

$$\frac{1}{2}\beta \sum_{n=1}^N \gamma_n^2 \phi_{kn}^2 S_d'^2(\xi_n^*, \omega_n) \left(\frac{\omega_n^2 - \omega_1^2}{\omega_n} \right)^2 = \sum_{n=1}^N \gamma_n^2 \phi_{kn}^2 S_d'^2(\xi_n^*, \omega_n) \frac{\omega_n^2 - \omega_1^2}{\omega_n} \left(\xi_n^* - \frac{\xi_1 \omega_1}{\omega_n} \right) \tag{3-62}$$

则 Rayleigh 矩阵阻尼系数 β 为：

$$\beta = \frac{2 \sum_{n=1}^N \gamma_n^2 \phi_{kn}^2 S_d'^2(\xi_n^*, \omega_n)(\xi_n^* \omega_n - \xi_1 \omega_1)}{\sum_{n=1}^N \gamma_n^2 \phi_{kn}^2 S_d'^2(\xi_n^*, \omega_n)(\omega_n^2 - \omega_1^2)} \tag{3-63}$$

式(3-63)与式(3-60)是相同的。

3）位移反应谱导数

在式(3-60)和式(3-63)的计算过程中，权重函数矩阵[W]中涉及位移反应谱对阻尼比的导数。实际地震输入的位移反应谱是不规则的曲线，无法像一般情况那样建立位移反应谱对阻尼比导数的显式表达式。Wilson 和 Penzien(1972)[14]通过统计分析，将位移反应谱与阻尼比的对数用线性关系来表达，而且通过研究证明这种近似表达方式满足一般工程计算误差的要求。即对于某一确定地震波，对应于频率 ω_n 的反应谱值随阻尼比 ξ 的变化规律为：

$$S_d(\xi, \omega_n) = a_n(\omega_n) + b_n(\omega_n) \ln 100\xi \tag{3-64}$$

式中，$a_n(\omega_n)$ 和 $b_n(\omega_n)$ 为拟合参数，当地震位移反应谱应用于结构地震反应计算时，此时式(3-64)和式(3-63)等公式中的 ω_n 为结构的第 n 阶自振频率。若位移反应谱的频率值和自振频率 ω_n 不能对应，可采用插值的办法得到对应于第 n 阶自振频率 ω_n 的位移反应谱值，其中 $n = 1, 2, \cdots, N$。

为得到这两个拟合参数 $a_n(\omega_n)$ 和 $b_n(\omega_n)$，可采用线性回归方法进行计算。即对任一地震波，分别计算三个阻尼比 ξ_I、ξ_II 和 ξ_III 下的位移反应谱 $S_d(\xi_\mathrm{I}, \omega_n)$、$S_d(\xi_\mathrm{II}, \omega_n)$ 和 $S_d(\xi_\mathrm{III}, \omega_n)$。为提高反应谱导数 $S_d'(\xi_n^*, \omega_n)$ 的计算精度，精确阻尼比应位于 ξ_I、ξ_II 和 ξ_III 的区间内，采用线性回归可得到 $a_n(\omega_n)$ 和 $b_n(\omega_n)$ 为：

$$b_n(\omega_n) = \frac{\sum_{i=1}^{3}(\ln 100\xi_i - \bar{\xi})(S_d(\xi_i,\omega_n) - \bar{S}_{dn})}{\sum_{i=1}^{3}(\ln 100\xi_i - \bar{\xi})^2} \quad (3-65)$$

$$a_n(\omega_n) = \bar{S}_{dn} - b_n(\omega_n)\bar{\xi} \quad (3-66)$$

式中：

$$\bar{\xi} = \frac{\sum_{i=1}^{3}\ln 100\xi_i}{3} \quad (3-67)$$

$$\bar{S}_{dn} = \frac{\sum_{i=1}^{3}S_d(\xi_i,\omega_n)}{3} \quad (3-68)$$

因此，反应谱的导数 $S'_d(\xi_n^*,\omega_n)$ 为：

$$S'_d(\xi_n^*,\omega_n) = \frac{b_n(\omega_n)}{\xi_n^*} \quad (3-69)$$

对任一多自由度结构体系进行振型分析后，对结构的各个自振频率 ω_n 分别按式(3-69)计算反应谱的导数，代入式(3-63)即可得到相应地震激励下 Rayleigh 阻尼系数的优化解。

综上所述，结构动力分析中阻尼矩阵的形成是一个重要而复杂的问题，本节提出的基于结构基频直接确定 Rayleigh 阻尼系数的优化方法，可考虑结构基频和输入地震波的频谱特性的综合影响，利于合理地形成长周期结构的 Rayleigh 阻尼矩阵。该法主要包括以下四个步骤：

(1) 建立结构计算模型，通过振型分析确定结构固有的动力特性，如自振频率、振型和振型参与系数；

(2) 根据输入地震波，确定其位移反应谱和不同阻尼比下的位移反应谱导数；

(3) 以计算模型的反应误差建立目标函数，该函数是结构动力特性、振型参数系数和反应谱的函数；

(4) 由式(3-60)或式(3-63)并利用式(3-65)可得到 Rayleigh 阻尼系数 α 和 β 的优化解。

3.2 沉管隧道纵向地震响应的频域分析方法

为了建立高效精细的沉管隧道纵向地震响应分析方法，以土体和沉管隧道地震反应的质点-弹簧模型为基础，通过快速 Fourier 变换(FFT)建立沉管隧道纵向地震反应的频域反应位移法；然后在此基础上，考虑隧道结构惯性以及土-结构动力相互作用参数外部激励频率依赖性的影响，基于动力 Winkler 地基梁模型，建立沉管隧道纵向地震响应的频域分析方法。

3.2.1 沉管隧道纵向反应位移法

沉管隧道纵向反应位移法和横向反应位移法本质上属于同一个概念，都是将土体地震反应位移作为外荷载施加给隧道,进而求得隧道结构的内力和变形。二者之间的区别仅在于:隧道横向反应位移法中的土体位移指的是隧道横截面顶部和底部发生最大相对位移时刻的土体位移,而纵向反应位移法中的土体位移指的是沿隧道轴向和垂直于隧道轴向的土体地震反应位移时程。

1) 土体地震反应位移

(1) 时域动力平衡方程

对于图 3-1 所示的土体质点-弹簧模型,可根据达朗贝尔原理建立该体系的动力平衡方程,方程的时域形式为:

$$[M_s]\{\ddot{u}_s(t)\} + [C_s]\{\dot{u}_s(t)\} + [K_s]\{u_s(t)\} = -[M_s][R]\{\ddot{u}_g(t)\} \quad (3-70)$$

式中,$[M_s]$ 为土质点体系的质量矩阵:

$$[M_s] = \begin{bmatrix} m_1 & & & \\ & m_2 & & \\ & & \ddots & \\ & & & m_n \end{bmatrix} \quad (3-71)$$

$[K_s]$ 为三对角刚度矩阵:

$$[K_s] = \begin{bmatrix} k_{11} & k_{12} & & & & \\ k_{21} & k_{22} & k_{23} & & & \\ & & \ddots & & & \\ & & k_{i,i-1} & k_{ii} & k_{i,i+1} & \\ & & & & \ddots & \\ & & & & k_{n,n-1} & k_{nn} \end{bmatrix} \quad (3-72)$$

$[C_s]$ 为阻尼矩阵;$[R]$ 为影响矩阵;$\{u_s(t)\}$ 为各土质点的动力位移向量;$\{\ddot{u}_g(t)\}$ 为基岩运动的加速度。质量矩阵 $[M_s]$ 中,$m_i (i=1,2,\cdots,n)$ 为各土质点的等效质量。刚度矩阵 $[K_s]$ 由等效单质点-弹簧体系的弹簧刚度 K_3 和相邻土质点之间的连接弹簧刚度 K_2 组成,主对角线上各元素的具体表达式为:

$$k_{11} = K_{3(1)} + K_{2(1)}$$
$$k_{ii} = K_{3(i)} + K_{2(i)} + K_{2(i-1)} \quad (i = 2,3,\cdots,n-1)$$
$$k_{nn} = K_{3(n)} + K_{2(n-1)} \quad (3-73)$$

次对角线上各元素为:

$$k_{i,i-1} = -K_{2(i-1)} \quad (i = 2,3,\cdots,n) \tag{3-74}$$

其中，i 为土质点编号，n 为土质点总数。影响矩阵 $[R] = -[K_s]^{-1}[K_{sb}]$，其中：

$$[K_{sb}] = \begin{bmatrix} -K_{3(1)} & & & \\ & -K_{3(2)} & & \\ & & \ddots & \\ & & & -K_{3(n)} \end{bmatrix} \tag{3-75}$$

（2）频域动力平衡方程

对式(3-70)进行快速 Fourier 变换，可将体系的动力平衡方程由时域形式转换为频域形式。令土质点位移 $u_s(t)$ 和基岩运动位移 $u_g(t)$ 分别为：

$$u_s(t) = U_s(\omega)e^{i\omega t} \tag{3-76}$$

$$u_g(t) = U_g(\omega)e^{i\omega t} \tag{3-77}$$

式中，ω 为地震荷载频率；$U_s(\omega)$ 为土质点位移 Fourier 幅值；$U_g(\omega)$ 为基岩地震位移 Fourier 幅值。同时定义阻尼模型为滞回阻尼，即阻尼力与速度同相位而与位移成比例，在此基础上可以将刚度和阻尼项合并表示成复刚度，即：

$$k^* = k(1 + 2i\xi) \tag{3-78}$$

式中，k 为刚度系数；i 为虚数单位；ξ 为黏滞阻尼系数。则体系的动力平衡方程变为：

$$-\omega^2[M_s]\{U_s(\omega)\} + (1+2i\xi)[K]\{U_s(\omega)\} = -\omega^2[M_s][R]\{U_g(\omega)\} \tag{3-79}$$

求解式(3-79)即可得到土质点的位移 Fourier 幅值 $U_s(\omega)$，通过位移转换关系进而可求得沉管隧道底部土体的位移 Fourier 幅值 $U_b(\omega)$：

$$\{U_b(\omega)\} = [\alpha]\{U_s(\omega)\} \tag{3-80}$$

式中，α 表示隧道底部和等效土质点所在位置的自由场土体一阶振型位移之比。将求得的隧道底部土体的位移 Fourier 幅值 $U_b(\omega)$ 经过快速 Fourier 逆变换，即可得到土体反应位移的时域形式 $u_b(t)$：

$$u_b(t) = U_b(\omega)e^{i\omega t} \tag{3-81}$$

2）隧道结构的内力和变形

（1）基本方程

根据沉管隧道的结构特点，将隧道结构简化为一有接头的弹性地基梁，并将隧道底部土体的位移响应以静荷载的方式施加给地基土弹簧，即可由土体的地震反应位移得到隧道结构的内力和变形。当隧道受到纵向地震作用时，隧道管节之间的接头简化为拉压弹簧；当隧道受到横向地震作用时，管节之间的接头简化为剪切弹簧和弯曲弹簧，如图 3-6 所示。

对于图 3-6 所示的计算模型，数学方程的时域和频域表达式分别如式(3-82)和式(3-83)所示：

第3章 超长沉管隧道纵向地震响应分析的简化方法

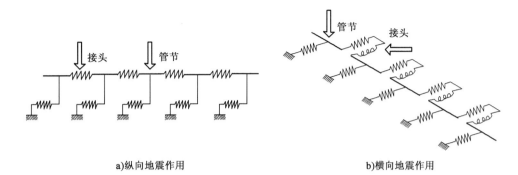

a) 纵向地震作用　　　　　　　b) 横向地震作用

图 3-6　沉管隧道纵向反应位移法模型

$$[K_t]\{u_t(t)\} = [K_1]\{u_b(t) - u_t(t)\} \tag{3-82}$$

$$[K_t]\{U_t(\omega)\} = [K_1]\{U_b(\omega) - U_t(\omega)\} \tag{3-83}$$

式中，$\{u_b(t)\}$ 和 $\{U_b(\omega)\}$ 分别为隧道底部土体的位移和 Fourier 幅值；$\{u_t(t)\}$ 和 $\{U_t(\omega)\}$ 分别为隧道位移和 Fourier 幅值；$[K_t]$ 为隧道的刚度矩阵；$[K_1]$ 为地基土弹簧的刚度矩阵：

$$[K_1] = \begin{bmatrix} K_{1(1)} & & & \\ & K_{1(2)} & & \\ & & \ddots & \\ & & & K_{1(n)} \end{bmatrix} \tag{3-84}$$

式中，$K_{1(i)}(i=1,2,\cdots,n)$ 为第 i 个土质点对应位置处的土和隧道之间相互作用的弹簧刚度。上述地基土弹簧刚度均为与外部地震频率无关的静刚度。对于纵向地震作用，$K_{1(i)}$ 取纵向土弹簧刚度；对于横向地震作用，$K_{1(i)}$ 取横向土弹簧刚度。

得到隧道位移的 Fourier 幅值谱后，通过快速 Fourier 逆变换，即可得到隧道位移的时域解，进而就可求得隧道管节内力和接头变形。

（2）隧道刚度矩阵的确定

隧道结构的刚度矩阵 $[K_t]$ 由有限元单元刚度集合而成。对于纵向地震作用，隧道管节由杆单元模拟，管节接头由拉压弹簧单元模拟，如图 3-7a) 所示；对于横向地震作用，隧道管节由梁单元模拟，管节接头由剪切弹簧单元和弯曲弹簧单元模拟，如图 3-7b) 所示。

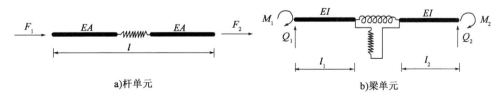

a) 杆单元　　　　　　　　　b) 梁单元

图 3-7　沉管隧道结构单元模型

得到了隧道在纵向地震作用和横向地震作用下的单元刚度矩阵后，便可组合形成隧道的整体刚度矩阵。如果隧道沿轴线的倾斜角度比较大,还需将单元坐标系下的单元刚度矩阵转换成总体坐标系下的单元刚度矩阵。另外,在形成梁单元的总体刚度矩阵时,不考虑隧道所受的转动外荷载作用,此时便可对有限元方程进行缩聚,从而大大减小自由度数。缩聚前的有限元方程为:

$$\begin{bmatrix} K_{yy} & K_{y\theta} \\ K_{\theta y} & K_{\theta\theta} \end{bmatrix} \begin{bmatrix} y \\ \theta \end{bmatrix} = \begin{bmatrix} F_y \\ F_\theta \end{bmatrix} \qquad (3-85)$$

将式(3-85)第二式展开,并令 $F_\theta = 0$,可得:

$$\{\theta\} = -[K_{\theta\theta}]^{-1}[K_{\theta y}]\{y\} \qquad (3-86)$$

将式(3-86)代入式(3-85)第一式,可得到:

$$[K_t]\{y\} = \{F_y\} \qquad (3-87)$$

式中,隧道的总刚度矩阵为:

$$[K_t] = [K_{yy}] - [K_{y\theta}][K_{\theta\theta}]^{-1}[K_{\theta y}] \qquad (3-88)$$

3) 计算程序流程

采用 Fortran 语言编制了沉管隧道纵向反应位移法的计算程序,程序流程如图 3-8 所示。

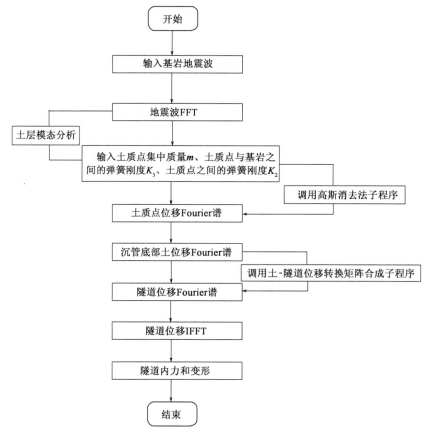

图 3-8 沉管隧道纵向反应位移法计算程序流程图

3.2.2 基于动力 Winkler 地基梁模型的频域分析方法

1) 动力 Winkler 地基梁模型

沉管隧道纵向反应位移法是一种拟静力方法,该法忽略了沉管隧道惯性力的影响。但实际上沉管隧道结构本身质量较大且承受较大的上覆水压力,而且沉管隧道埋置较浅,有的沉管隧道还露出海床表面,因此,在地震作用下沉管隧道受周围土体的约束作用相对较弱,其本身的惯性作用往往不能忽略(Anastasopoulos 等,2007)[15]。在这种情形下,如果仍采用反应位移法来进行地震响应分析,则难免显得与实际情况不相吻合,从而造成计算结果的偏差。基于以上考虑,接下来在前面反应位移法的基础上,建立基于动力 Winkler 弹性地基梁的频域方法。计算模型如图 3-9 所示,其中地基土简化为动力 Winkler 模型,隧道结构离散为多个集中质量点,管节之间的接头简化为弹簧单元,隧道的刚度影响用梁单元来考虑。

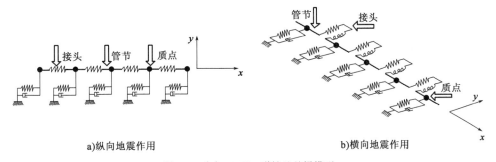

a) 纵向地震作用　　　　　　　　b) 横向地震作用

图 3-9　动力 Winkler 弹性地基梁模型

对于图 3-9 所示的计算模型,可通过达朗贝尔原理建立体系的动力平衡方程。纵向和横向地震作用下的方程分别为:

$$[M_t]\{\ddot{u}_{tx}(t)\} + [C_{ts}]\{\dot{u}_{tx}(t)\} + [K_{ts}]\{u_{tx}(t)\} = -[M_t][R]\{\ddot{u}_b(t)\} \quad (3-89)$$

$$[M_t]\{\ddot{u}_{ty}(t)\} + [C_{ts}]\{\dot{u}_{ty}(t)\} + [K_{ts}]\{u_{ty}(t)\} = -[M_t][R]\{\ddot{u}_b(t)\} \quad (3-90)$$

式中,$[M_t] = \mathrm{diag}(m_{t(1)}, m_{t(2)}, \cdots, m_{t(n)})$ 为隧道的质量矩阵,其中 $m_{t(i)}$($i=1,2,\cdots,n$)为土质点 i 位置处对应的隧道管节的集中质量;$[C_{ts}]$ 为阻尼矩阵;$[K_{ts}]$ 为刚度矩阵,由隧道刚度矩阵 $[K_t]$ 和地基土弹簧刚度矩阵 $[K_1]$ 合成;$[R]$ 为影响矩阵;$\{u_{tx}(t)\}$ 为隧道的纵向位移;$\{u_{ty}(t)\}$ 为隧道的横向位移;$\{\ddot{u}_b(t)\}$ 为隧道底部土体的加速度。

对式(3-89)和式(3-90)进行快速 Fourier 变换,可将体系的动力平衡方程由时域转换到频域。令 $u_{tx}(t) = U_{tx}(\omega)e^{i\omega t}$、$u_{ty} = U_{ty}(\omega)e^{i\omega t}$、$u_{t\theta} = U_{t\theta}(\omega)e^{i\omega t}$、$u_b = U_b(\omega)e^{i\omega t}$,同时仍采用如式(3-78)所示的滞回阻尼模型,最终动力平衡方程的频域表达式分别为:

$$-\omega^2[M_t]\{U_{tx}(\omega)\} + (1+2i\xi)[K_{ts}]\{U_{tx}(\omega)\} = -\omega^2[M_t][R]\{U_b(\omega)\} \quad (3-91)$$

$$-\omega^2[M_t]\{U_{ty}(\omega)\} + (1+2i\xi)[K_{ts}]\{U_{ty}(\omega)\} = -\omega^2[M_t][R]\{U_b(\omega)\} \quad (3-92)$$

式中,ω 为地震荷载频率;$U_{tx}(\omega)$、$U_{ty}(\omega)$ 和 $U_b(\omega)$ 为位移的 Fourier 幅值。同前面的反应

位移法一样,经过快速 Fourier 逆变换可得到隧道地震反应位移,并可计算隧道内力。

在反应位移法中,地基土弹簧刚度采用的是与外部激励频率无关的静刚度形式,而实际上土-结构动力相互作用的刚度和阻尼与外部荷载频率存在较大相关性,一般随着外部荷载频率的改变而改变。在此先借鉴 Gazetas 提出的适用于工程应用的公式和图表进行计算(详见第 3.1.2 节),后面再重点研究沉管隧道管节与周围土层之间相互作用的动力阻抗。

2)计算程序流程

采用 Fortran 语言编制了频域动力 Winkler 地基梁法的计算程序,程序流程如图 3-10 所示。

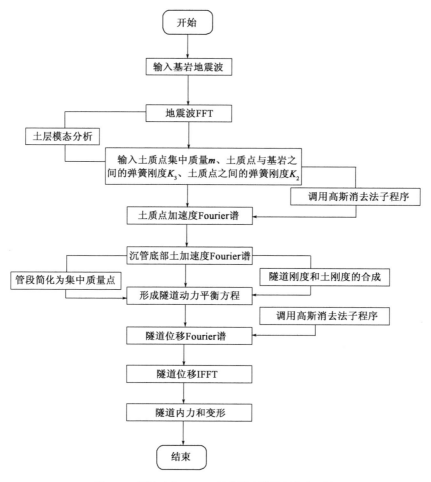

图 3-10 频域动力 Winkler 地基梁法计算程序流程图

3.3 沉管隧道土-结构动力相互作用参数

土-结构动力相互作用参数(即动刚度和阻尼系数)是沉管隧道纵向地震响应分析简化方法中的重要力学参数,其取值的准确与否直接影响到隧道结构地震响应的精确性。截至目前,专门针对沉管隧道管节动力阻抗方面的研究很少,大部分研究是和基础动力阻抗相关。考虑到沉管隧道一般埋深较浅、管节往往露出海床面,且沉管隧道管节大多为矩形大断面混凝土形式、刚度较大,沉管隧道管节的动力特性与刚性埋置基础类似。因此,计算沉管隧道的动力阻抗可直接借鉴已有的刚性埋置基础动力阻抗方面的研究成果。

上一节频域分析方法中的土弹簧动刚度系数计算过程复杂,不太适用于工程实际,本节将在 Gazetas 关于均质地基埋置基础动力阻抗的研究基础上,对分层地基沉管管节的动刚度系数和阻尼系数开展研究,提出分层地基的等效均质模式,并对频域分析方法进行改进。具体研究思路为:首先以已有文献中埋置基础动力阻抗的研究成果为标尺,验证所建立的海绵边界动力有限元模型的正确性,重点关注海绵边界在削弱波的反射效应方面的效果;然后基于基频等效原则,提出分层地基的等效均质形式,并和分层地基的海绵边界动力有限元计算结果进行对比讨论。

3.3.1 基于海绵边界动力有限元法的验证

采用动力有限元方法来研究沉管管节的动刚度系数和阻尼系数,因此有必要对动力有限元法的正确性进行验证,以保证研究结果的合理性。对动力有限元法来说,边界条件是影响其计算准确性的关键因素。目前,常用的处理方法是采用黏弹性边界。虽然黏弹性边界概念清楚,易于在通用有限元软件中实现,但是在处理三维问题时仍然需要耗费大量的前处理时间,因此决定采用海绵边界来模拟无限地基的辐射阻尼。

1) 海绵边界

所谓的海绵边界,是指附加在原有有限元模型之外的厚厚的一层高阻尼单元,通过高阻尼单元的施加,可达到波在介质中逐渐衰减的目的。阻尼单元的阻尼系数可根据波的传播理论确定。以剪切波为例,当波在黏弹性介质中传播时,介质的位移可表示为(Varun,2006[16]):

$$u(x,t) = e^{i\omega(t-x/v^*)} \tag{3-93}$$

式中,x 为该点距波源的距离;t 为时间;ω 为圆频率;v^* 为剪切波在黏弹性介质中的传播速度。根据黏弹性介质理论(Christensen,1971)[17],可得到以下表达式:

$$G^* = G(1 + 2i\xi) \tag{3-94}$$

$$v^* = \frac{v}{\sqrt{1+4\xi^2}}\left[\frac{1+\sqrt{1+4\xi^2}}{2} + i\xi\right] \tag{3-95}$$

$$\frac{1}{v^*} = \frac{1}{v}\left[1 - \frac{2i\xi}{1+\sqrt{1+4\xi^2}}\right] = \frac{1}{v}[1 - i\alpha'] \tag{3-96}$$

$$\alpha' = \frac{2\xi}{1+\sqrt{1+4\xi^2}} \tag{3-97}$$

式中,G^* 为介质的复剪切模量;G 为动剪切模量;v 为剪切波速;ξ 为阻尼比。

通过式(3-93)~式(3-97)可得到:

$$u(x,t) = e^{-\omega(x/v)\alpha'} e^{i\omega(t-x/v)} \quad (3-98)$$

从上式可以看出,$e^{-\alpha'x}$ 反映了波在传播过程中的衰减效应,因此对于某一特定介质,可以通过调节 x 和 ξ 的大小来使衰减因子 $e^{-\alpha'x}$ 足够小从而达到消除边界反射的目的。对式(3-97)求导可得出,当 $\xi \approx 0.866$ 时 α' 达到最大值,因此可取海绵边界阻尼比为 0.866,然后再通过调整海绵层厚度 x 的大小来使衰减因子 $e^{-\alpha'x}$ 足够小。

Varun(2006)[16]提出采用 Rayleigh 阻尼可达到同样的波衰减效果,该方法主要通过 Rayleigh 阻尼系数来确定阻尼比 ξ 的大小。根据 Rayleigh 阻尼理论,阻尼比可表示为:

$$\xi = \frac{1}{2}\left(\frac{\alpha}{\omega} + \beta\omega\right) \quad (3-99)$$

式中,α 和 β 分别为质量比例阻尼系数和刚度比例阻尼系数。根据上式,可通过确定 α 和 β 的大小,使 α' 在主要频率范围内接近最大值,然后再确定 x 的大小从而使衰减因子 $e^{-\alpha'x}$ 变得足够小。

本节根据海绵边界的基本原理,分别建立底部固定的具有有限压缩层厚度的动力有限元模型以及底部加海绵的弹性半空间动力有限元模型,并分别和已有文献中的精确解进行比较,验证所建有限元模型的正确性。下面为具体的算例对比分析结果。

2)有限压缩层上刚性圆形埋置基础的动力阻抗

为了验证海绵边界动力有限元模型的正确性,采用海绵边界动力有限元法分析有限压缩层上刚性圆形埋置基础的动刚度系数和阻尼系数,并和已有文献中的分析结果进行了对比。Birk 和 Behnke(2012)[18]采用边界元和有限元相耦合的方法,分析了有限压缩层上刚性圆形埋置基础的动力阻抗。本节以其文中提供的水平动力阻抗为参照,对所建立的有限层海绵边界有限元模型进行验证。土层共分三层,土层厚度 d 为 2.5m,基础埋深 D 为 1m,圆形基础的半径 r_0 为 1m,具体的土体物理力学参数如表 3-1 所示,图 3-11 为四分之一有限元模型。

土层物理力学指标 表3-1

土 层	厚度(m)	密度(kg/m^3)	弹性模量(MPa)	泊松比
第一层土	1.0	1 600	250	0.25
第二层土	0.5	1 600	130	0.3
第三层土	1.0	1 424	53.33	0.33

图 3-12 为采用海绵边界动力有限元法计算得到的水平向动刚度系数和阻尼系数。从图中可以看出,海绵边界动力有限元解与 Birk 和 Behnke(2012)[18]文献中的解吻合较好,这说明建立的动力有限元模型是正确的,边界处理效果是理想的。

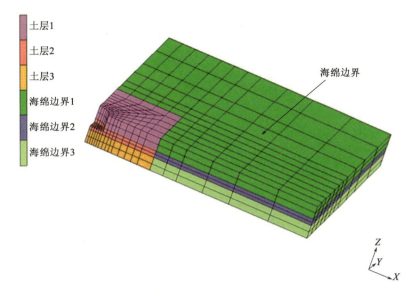

图 3-11　有限压缩层上刚性圆形埋置基础的有限元模型

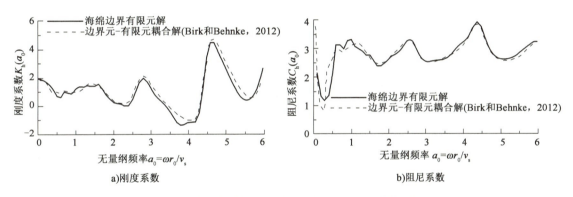

a)刚度系数　　　　　　　　　　　　　b)阻尼系数

图 3-12　有限压缩层上刚性圆形埋置基础的水平动刚度系数和阻尼系数

3) 弹性半空间上表置刚性圆盘的动力阻抗

上一节建立了有限压缩层的动力有限元模型,并验证了模型的正确性,但一般土层均为半无限空间体,因此本节进一步建立半无限空间体的动力有限元模型,并和 Gazetas(1987)[5]中的边界元解进行对比验证。地基土为均质土,土层密度 $\rho = 1\,800\text{kg/m}^3$,弹性模量 $E = 200\text{MPa}$,泊松比 $\nu = 0.4$,土层厚度 $d = r_0 = 1\text{m}$,r_0 为圆形基础的半径。有限元网格如图 3-13 所示,图中的有限元模型同样为四分之一模型。图 3-14 为半空间有限元解和边界元解的对比图。从图中可以看出,半空间有限元解和边界元解吻合很好,这说明所建立的半空间动力有限元模型也是正确的。

4) 弹性半空间上矩形埋置基础的动力阻抗

前人在圆形埋置基础动力阻抗方面的研究较多,而关于矩形埋置基础方面的研究相对较少,并且考虑到沉管隧道管节底面形状一般都为矩形,因此有必要验证海绵边界动力有限元法在处理矩形埋置基础动力阻抗方面的精确性。本节分别建立均质地基上矩形埋置基础的弹性半空间海绵边界动力有限元模型,以及具有有限压缩层厚度的海绵边界动力有限元模型,通过稳态谐响应分析得到基础的动刚度系数,并和 Gazetas(1987)[5]边界元解进行对比验证,从而验证海绵边界动力有限元模型在矩形埋置基础动力阻抗计算方面的准确性。同时,和 Gazetas 动刚度系数公式的计算结果进行对比,验证 Gazetas 公式适用于计算均质地基矩形埋置基础的动力阻抗。

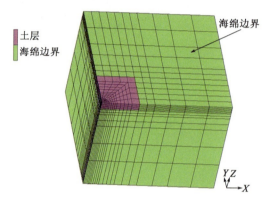

图3-13　弹性半空间上表置刚性圆盘的动力有限元模型

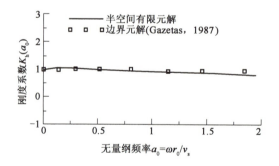

图3-14　弹性半空间上表置刚性圆盘的动刚度系数对比

矩形埋置基础的几何尺寸如图 3-15 所示,有限压缩层的土层厚度为 2.5m,$L/B=1$、$D/B=1$,其中,D 为基础埋深,B 为基础底面宽度的一半,L 为基础长度的一半,土层的物理力学参数与上节弹性半空间算例相同。计算对比结果如图 3-16 所示。从图中可以看出,弹性半空间有限元模型比有限层有限元模型更接近于边界元解,因此下文分层地基埋置矩形基础动力阻抗的计算就采用弹性半空间有限元模型。另外,通过对比还可看出,Gazetas 公式计算结果和边界元解吻合也较好,这说明了 Gazetas 公式在计算均质地基矩形埋置基础动力阻抗方面的适用性。

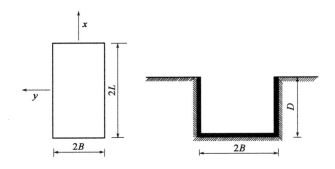

图 3-15 弹性半空间上矩形埋置基础的几何尺寸

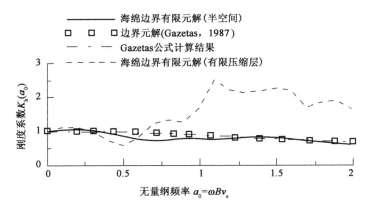

图 3-16 弹性半空间上矩形埋置基础的动刚度系数对比

3.3.2 分层地基上沉管管节的动刚度系数和阻尼系数

本节借鉴 Gazetas 有关均质地基埋置基础动力阻抗方面的研究成果,对分层地基沉管隧道管节的动刚度系数和阻尼系数进行深入研究,提出分层地基的等效均质模量形式。地震荷载作用一般只激起土体的较低阶振动,且绝大部分为一阶振动,因此在将分层地基进行等效均质化的过程中,应保证等效后均质地基的基频和原有土层的基频尽可能吻合。本节基于基频等效原则,提出分层地基的等效地基模量形式,然后采用基于等效地基模量的 Gazetas 公式,计算分层地基沉管管节的动刚度系数和阻尼系数,并和相应的海绵边界动力有限元模型的分析结果进行对比讨论。

1) 分层地基的等效模量

(1) 等效公式的假定

分层土如图 3-17 所示,假定 z 轴坐标从基岩竖直向上,土层自下往上开始编号,共有 n 层,记第 i 层层顶距基岩距离为 D_i。

令 $E(z)$ 为分层土沿深度变化的弹性模量,而 $\bar{E}$ 为等效均质土的弹性模量。假定二者满足

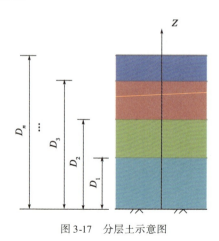

图 3-17 分层土示意图

以下公式：

$$\bar{E} = \frac{\int_0^{D_n} E(z)f(z)\,\mathrm{d}z}{\int_0^{D_n} f(z)\,\mathrm{d}z} \tag{3-100}$$

式中，$f(z)$ 表示深度相关函数。若 $f(z) \equiv 1$，则式(3-100)退化为：

$$\bar{E} = \frac{\int_0^{D_n} E(z)\,\mathrm{d}z}{D_n} \tag{3-101}$$

上式表示按分层土各土层厚度加权平均得到等效均质土参数，但土层深度对等效模量也具有一定的影响，因而 $f(z) \equiv 1$ 不能成立。

(2) 深度相关函数的确定

假定深度相关函数为深度的指数函数，即：

$$f(z) = z^k \tag{3-102}$$

可通过基频等效原则来确定 k 值的大小。将式(3-102)代入式(3-100)并进行积分，则式(3-100)成为：

$$\bar{E} = \frac{\sum_{i=1}^{n} E_i (D_i^{k+1} - D_{i-1}^{k+1})}{D_n^{k+1}} \tag{3-103}$$

(3) 双层土等效模量的确定

假定土层分为二层，两层层厚均为 15m，密度为 1 600kg/m³，泊松比为 0.3，从下至上两层模量分别为 10MPa 和 1MPa。采用有限元软件计算得到的双层土和均质土模态分析的结果如表 3-2 所示。通过对比可知，$k = 1$ 时效果最好。

(4) 三层土等效模量的确定

上文证明了土层为两层时，$k = 1$ 时的效果最好。下面采用三层土模型验证其正确性。三层土从下至上厚度分别为 15m、10m、5m，从下至上各层模量分别为 50MPa、10MPa 和 1MPa。三层土及均质土基频对比如表 3-3 所示。通过对比可以看出，$k=1$ 时的结果较好。

双层土与等效均质土的基频　　　　　　表 3-2

指　　标	等效模量（MPa）	一阶频率（10^{-1}Hz）
双层土	—	2.336
$k=0$，均质土	5.50	3.03
$k=1$，均质土	3.25	2.33
$k=2$，均质土	2.13	1.886

三层土与等效均质土的基频　　　　　　表 3-3

指　　标	等效模量（MPa）	一阶频率（10^{-1}Hz）
三层土	—	5.6746
$k=0$，均质土	28.5	6.8983
$k=1$，均质土	17.25	5.3668
$k=2$，均质土	11.2083	4.3261

通过上述分析，可以看出在用均质土层等效层状土的过程中，等效弹性模量可近似按厚度和深度线性加权平均计算，即：

$$\bar{E} = \frac{\sum_{i=1}^{n} E_i (D_i^2 - D_{i-1}^2)}{D_n^2} \tag{3-104}$$

2）基于等效模量的沉管管节动刚度系数和阻尼系数

采用上文所提出的分层地基的等效均质模量形式，并结合 Gazetas 有关均质地基埋置基础动力阻抗方面的研究成果，计算分层地基上沉管管节的动刚度系数和阻尼系数，并和相应的半空间海绵边界动力有限元模型计算结果进行对比讨论。分别计算 $L/B=1$、2 和 6，$k=0$ 和 1 情况下沉管管节的动刚度和阻尼系数，土体物理力学参数与表 3-1 中的参数相同，图 3-18 为四分之一有限元模型。

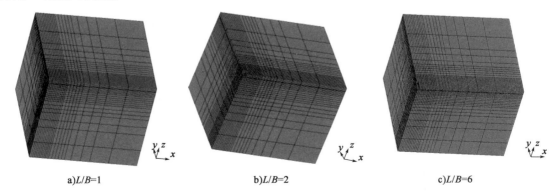

图 3-18　半空间海绵边界的分层地基上沉管管节动力有限元模型

动刚度系数和阻尼系数的计算结果分别如图3-19和图3-20所示。通过对比可以看出，不管是动刚度系数的对比结果，还是阻尼系数的对比结果，采用所提出的等效均质地基形式计算得到的结果都优于采用厚度加权平均模式计算得到的结果。从图中还可看出，随着L/B的增大，Gazetas公式和动力有限元的计算结果差别也随之增大，因此在进行沉管隧道纵向地震响应分析时，应选取较小的L/B值。从几幅图的对比可知，在L/B较小的情况下，采用等效均质地基模式的Gazetas公式的计算精度在动力问题中已属于一种比较理想的状况。另外，在频率比较高(大于5Hz)的时候，动刚度系数的计算结果与动力有限元差别较大，有些动刚度系数甚至出现负值，但这并不影响Gazetas公式的适用性，因为地震荷载的频率一般较低，在地震响应分析时应用Gazetas公式不会造成较大的误差。

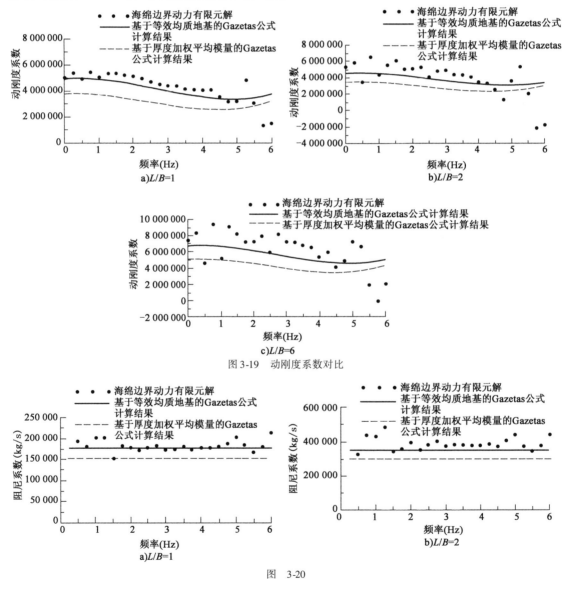

图 3-19 动刚度系数对比

图 3-20

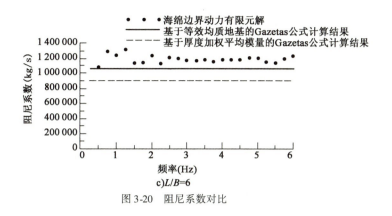

图 3-20 阻尼系数对比

3.4 工程应用

分别利用沉管隧道纵向地震响应分析的反应位移法和基于动力 Winkler 地基梁的频域分析方法,对港珠澳大桥海底沉管隧道进行纵向抗震计算,讨论两种计算方法的差别,并重点探讨工程设计中所关心的土体地震反应、隧道管节地震内力和接头地震变形等问题。

3.4.1 工程场地特性

工程地质勘察揭示,港珠澳大桥工程隧道区地层上覆松散沉积物较深,局部大于 80m,主要由淤泥层、黏土层、粉细砂、中砂和含砾砂交替组成,下卧基岩主要为混合花岗岩,局部为混合片麻岩。隧道区地质详勘纵断面图如图 3-21 所示。

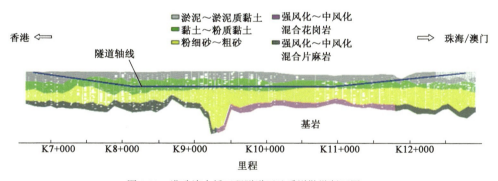

图 3-21 港珠澳大桥工程隧道区地质详勘纵断面图

由图 3-21 可知,隧道区地基沿纵向分布不均,差异性较大。为此沿隧道纵向选取了工程勘察单位提供的若干个钻孔的地质勘探资料,作为抗震计算所用的土层参数。

3.4.2 计算模型及参数

1)土层模型参数

港珠澳大桥沉管隧道包括东人工岛敞开段(388.5m)和暗埋段(163m)、33 段管节的沉管段(5 664m)以及西人工岛暗埋段(163m)和敞开段(388m),总长6 766.5m。根据工程设计资料,沉管隧道标准管节为180m,由8个长22.5m的节段组成,节段和管节之间全部采用柔性连接。

为了充分考虑纵向地基的不均匀性,以每个节段的长度为一个土单元,沿隧道纵向共划分了254个土单元,并在隧道管节之间以及节段之间设置弹簧单元模拟接头的力学行为,最终建立了包含东西暗埋段在内的隧道地震响应的质量-弹簧模型。

根据地质钻孔资料,计算了18个断面处的土质点等效质量m、土与基岩间的弹簧刚度K_3、土质点间的弹簧刚度K_2和土与隧道间的弹簧刚度K_1等参数,具体数值分别如表3-4和表3-5所示。沿隧道纵向其他位置处的参数值可通过线性插值获得。在计算土弹簧刚度K_1时,采用平面应变有限元法计算了各断面处土体的横向弹簧刚度K_{1y},而关于土体纵向弹簧刚度K_{1x}的选取,根据文献(陈韶章,2002[19];严松宏等,2006[20])取为$0.8K_{1y}$。另外,阻尼比也是计算模型中的一个重要参数,通过SHAKE程序(Schnabel等,1972)[21]计算了典型土层剖面的阻尼比,发现经过迭代后的土层阻尼比大约为5%,因此计算所用阻尼比选为5%。

纵向地震作用的土层参数 表3-4

断面位置	m ($\times 10^8$ kg)	K_3 ($\times 10^7$ kN/m)	K_{2x} ($\times 10^8$ kN/m)	K_{1x} ($\times 10^6$ kN/m)	隧道处影响系数 α
K6+911	4.153	1.363	0.803	1.404	1.502
K6+998	4.406	2.012	1.156	2.224	1.474
K7+168	3.633	1.056	0.651	1.837	1.214
K7+568	4.837	2.645	1.645	7.423	1.007
K7+788	6.391	2.596	2.086	7.663	0.992
K8+129	5.121	2.746	1.786	18.644	0.511
K8+749	3.334	1.755	0.791	28.579	0.223
K8+947	4.506	2.437	1.586	23.710	0.474
K9+277	20.320	5.261	12.956	16.774	0.854
K9+853	4.908	2.500	1.608	20.730	0.478
K10+384	3.903	1.648	1.104	19.633	0.377
K10+687	4.187	2.568	1.630	22.201	0.439
K10+932	5.001	1.678	1.145	7.466	0.692
K11+427	4.042	1.705	1.024	5.869	0.902
K11+828	4.123	2.895	1.580	14.187	0.662
K12+427	4.702	1.545	1.303	1.972	1.348
K12+502	4.500	1.480	1.080	1.897	1.358
K12+657	8.307	2.804	3.524	1.853	1.629

横向地震作用的土层参数　　　　　表 3-5

断面位置	m ($\times 10^8$ kg)	K_3 ($\times 10^7$ kN/m)	K_{2y} ($\times 10^8$ kN/m)	K_{1y} ($\times 10^6$ kN/m)	隧道处影响系数 α
K6+911	4.153	1.363	0.269	1.755	1.502
K6+998	4.406	2.012	0.388	2.780	1.474
K7+168	3.633	1.056	0.219	2.296	1.214
K7+568	4.837	2.645	0.552	9.279	1.007
K7+788	6.391	2.596	0.700	9.579	0.992
K8+129	5.121	2.746	0.599	23.305	0.511
K8+749	3.334	1.755	0.265	35.724	0.223
K8+947	4.506	2.437	0.532	29.638	0.474
K9+277	20.320	5.261	4.348	20.968	0.854
K9+853	4.908	2.500	0.540	25.912	0.478
K10+384	3.903	1.648	0.371	24.541	0.377
K10+687	4.187	2.568	0.547	27.752	0.439
K10+932	5.001	1.678	0.384	9.333	0.692
K11+427	4.042	1.705	0.344	7.337	0.902
K11+828	4.123	2.895	0.530	17.733	0.662
K12+427	4.702	1.545	0.437	2.465	1.348
K12+502	4.500	1.480	0.362	2.372	1.358
K12+657	8.307	2.804	1.182	2.317	1.629

2) 管节接头和节段接头

管节接头以及节段接头的刚度根据设计参数计算。根据管节所处位置水深的不同,隧道纵向的管节接头共布置了四种不同型号的 GINA 止水带,每种 GINA 止水带的轴向拉压刚度分别为:320-370-37 型为 1.27×10^9 N/m,320-370-51 型为 2.08×10^9 N/m,320-370-62 型为 2.86×10^9 N/m,320-370-66 型为 3.54×10^9 N/m。GINA 止水带的弯曲刚度分别为:320-370-37 型为 2.38×10^{11} N·m,320-370-51 型为 3.90×10^{11} N·m,320-370-62 型为 5.35×10^{11} N·m,320-370-66 型为 6.61×10^{11} N·m。管节接头钢剪力键的剪切刚度为 1.33×10^{10} N/m。节段接头的轴向拉压刚度为 4.43×10^{13} N/m。混凝土剪力键的剪切刚度为 3.91×10^{10} N/m,弯曲刚度为 1.34×10^{15} N·m。

3) 输入地震动

采用港珠澳大桥工程场地人工合成地震动作为地震输入,输入位置在基岩。地震动的时程曲线如图 3-22 所示,峰值加速度为 $0.147g$,卓越周期为 0.468s,持续时间 40s。

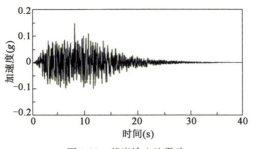

图 3-22 基岩输入地震动

3.4.3 地震响应结果和讨论

分别采用所建立的沉管隧道纵向反应位移法和频域动力 Winkler 地基梁模型法对港珠澳大桥海底沉管隧道进行纵向地震响应计算分析,并提取沿隧道纵向 7 个典型断面位置处的计算结果。这 7 个典型断面处的受力和变形基本能够反映隧道全长的受力和变形状况,7 个断面位置自东向西分别为 K7+239、K7+863、K8+763、K9+843、K10+923、K11+913、K12+531.75,具体位置如图 3-23 所示。

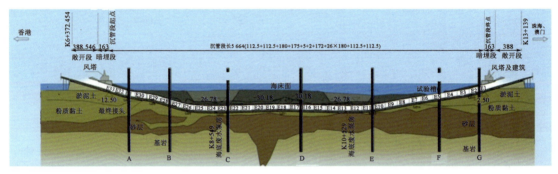

图 3-23 沿隧道纵向 7 个典型断面位置示意(尺寸单位:m)

1) 土质点的地震反应

图 3-24 为计算得到的 7 个断面处土质点的纵向加速度时程曲线。从图中可以看出,7 个位置处土质点达到峰值加速度的时刻并不相同,说明沿隧道纵向的地震动存在着相位差。图 3-25 为 7 个断面处土质点的纵向位移时程曲线。从图中可以看出,土质点的地震反应位移与加速度时程有着相似的规律,同样存在着相位差,尤其是岸边段的地震动与隧道中间区的地震动时程曲线差别较大。土质点在横向地震作用下的加速度和位移规律与轴向地震作用基本一致。鉴于篇幅原因,在此就不一一列出。表 3-6 分别为纵向地震作用和横向地震作用下 7 个断面位置处对应土质点的峰值加速度和位移。从表中可以看出,不论是纵向地震作用还是横向地震作用,地震波加速度均呈明显的放大趋势,而且岸边段的地震加速度大于隧道中间段的。另外,土质点在地震过程中的最大反应位移大约为几个厘米,且岸边段的地震反应位移明显大于中间段的。

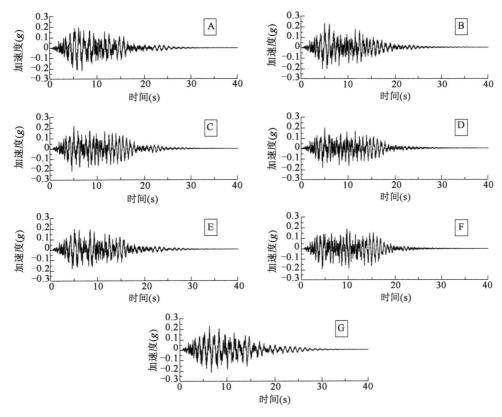

图 3-24 土质点的纵向加速度时程曲线

土质点峰值加速度及位移 表 3-6

位　　置	峰值加速度(g)		峰值位移(m)	
	纵向	横向	纵向	横向
A	0.218	0.245	0.040	0.045
B	0.231	0.228	0.035	0.034
C	0.220	0.224	0.026	0.027
D	0.195	0.204	0.022	0.024
E	0.196	0.202	0.033	0.034
F	0.192	0.203	0.021	0.022
G	0.226	0.228	0.041	0.040

2）隧道管节的地震内力和变形

（1）纵向振动分析

图 3-26 和图 3-27 分别为反应位移法和频域动力 Winkler 地基梁法计算得到的隧道管节纵向最大反应位移。从二者的对比可以看出，两种方法计算得到的最大位移沿隧道纵向的分布规律基本一致，均为两岸边段大中间段小，但频域动力 Winkler 地基梁法计算得到的反应位

移要远小于反应位移法的计算值。这是由于频域动力 Winkler 地基梁法中考虑了土体辐射阻尼的影响,造成阻尼较大,因此导致了管节变形的急剧衰减。

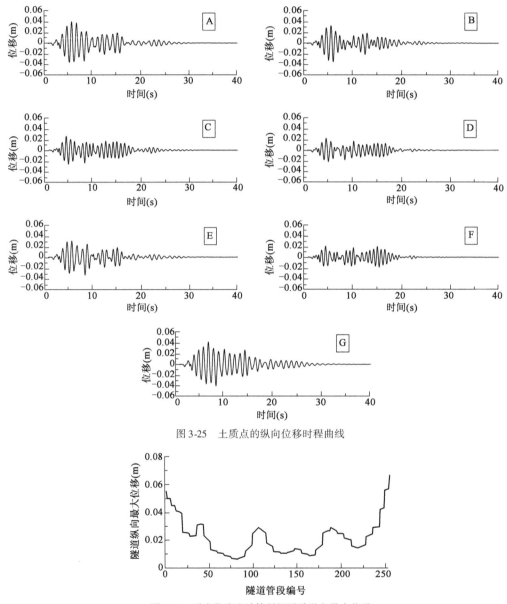

图 3-25　土质点的纵向位移时程曲线

图 3-26　反应位移法计算所得隧道纵向最大位移

为了研究阻尼对沉管隧道地震响应的影响,在此暂不考虑辐射阻尼的影响,而仅通过一个较小的地层阻尼比来反映系统的能量耗散,并以此来考察阻尼的影响。结合港珠澳大桥隧道区实际土层分布情况以及地震荷载的大小,假定地层阻尼比为 5%,采用频域动力 Winkler 地基梁法计算了沉管隧道的地震响应,计算结果如图 3-28 所示。可以看出,如果采用较小的阻尼,则隧道管节的纵向位移会显著增大。再研究一种极端情况,即假设没有阻尼情况下隧道的地震反应,计算结果如图 3-29 所示。可以看出,在没有阻尼的情况下,沉管隧道的动力反应位移还将进一步变大。

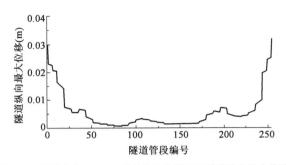

图 3-27 频域动力 Winkler 地基梁法计算所得隧道纵向最大位移

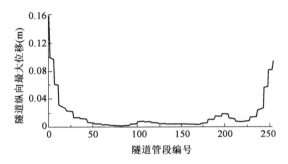

图 3-28 频域动力 Winkler 地基梁法(小阻尼)计算所得隧道纵向最大位移

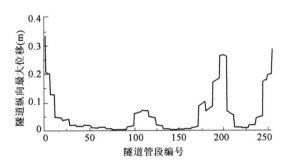

图 3-29 频域动力 Winkler 地基梁法(无阻尼)计算所得隧道纵向最大位移

为了研究动刚度的影响,还计算了一种假定情况,即不考虑土弹簧动刚度的外部频率依赖性,也就是假定土弹簧刚度为静刚度。在此基础上采用频域动力 Winkler 地基梁法分析了隧道的地震响应,计算结果如图 3-30 所示。可以看出,整体上采用静刚度计算得到的隧道反应位移要小于采用动刚度计算得到的结果,这是因为在动荷载作用下土体的刚度得到放大,从而造成隧道结构反应的增大。

图 3-31~图 3-35 分别为按照上述五种情况计算得到的隧道各个管节的最大轴力。通过对比可以看出,隧道管节轴力的分布规律与上述纵向反应位移相似。另外,反应位移法得到的最大轴力值为 235MN,位于隧道的第 103 节段;而频域动力 Winkler 地基梁法得到的最大轴力

值为82.3MN,位于隧道的第15节段。

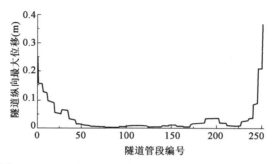

图3-30 频域动力Winkler地基梁法(土弹簧静刚度和无阻尼)计算所得隧道纵向最大位移

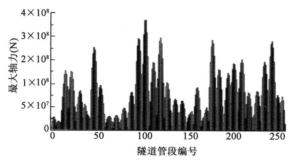

图3-31 反应位移法计算所得隧道最大轴力

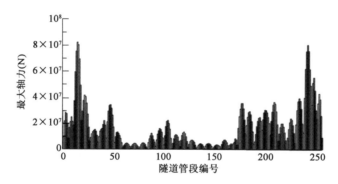

图3-32 频域动力Winkler地基梁法计算所得隧道最大轴力

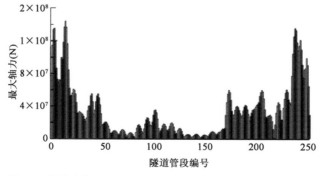

图3-33 频域动力Winkler地基梁法(小阻尼)计算所得隧道最大轴力

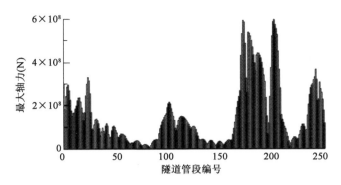

图 3-34　频域动力 Winkler 地基梁法(无阻尼)计算所得隧道最大轴力

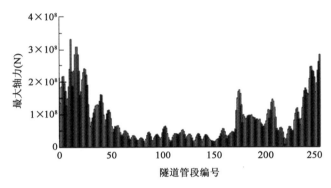

图 3-35　频域动力 Winkler 地基梁法(土弹簧静刚度和无阻尼)计算所得隧道最大轴力

(2) 横向振动分析

图 3-36~图 3-39 为按照反应位移法和频域动力 Winkler 地基梁法计算得到的管节横向最大位移和最大转角,两种方法的计算差别与纵向振动作用下较为相似。图 3-40 和图 3-41 为隧道各管节最大剪力分布图。可以看出,两种方法得到的最大剪力分布规律基本一致,最大值均位于隧道第 12 节段。反应位移法得到的剪力最大值为 39.6MN,而频域动力 Winkler 地基梁法得到的最大值为 15.3MN。图 3-42 和图 3-43 为隧道各管节最大弯矩分布图。可以看出,最大弯矩沿隧道轴线的分布规律与剪力分布较为相似,两种方法得到的最大弯矩均位于同一节段处。而且,由于计算模型中隧道两端的边界条件为自由边界,且不考虑外部转动荷载作用,因此隧道两端的弯矩为 0。

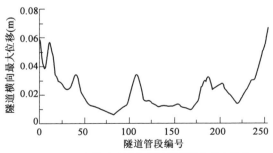

图 3-36　反应位移法计算所得隧道横向最大位移

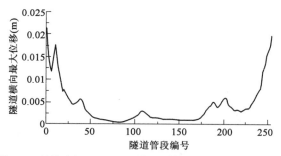

图 3-37　频域动力 Winkler 地基梁法计算所得隧道横向最大位移

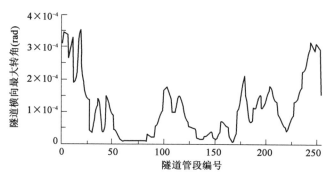

图 3-38　反应位移法计算所得隧道横向最大转角

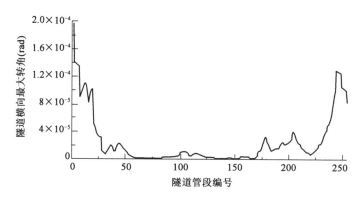

图 3-39　频域动力 Winkler 地基梁法计算所得隧道横向最大转角

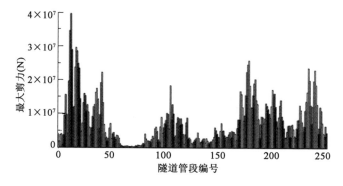

图 3-40　反应位移法计算所得隧道最大剪力

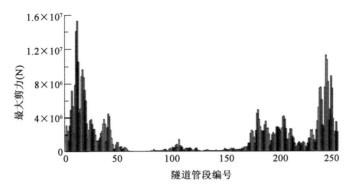

图 3-41　频域动力 Winkler 地基梁法计算所得隧道最大剪力

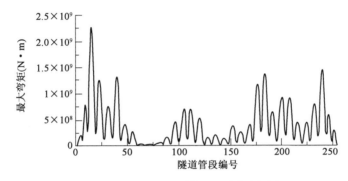

图 3-42　反应位移法计算所得隧道最大弯矩

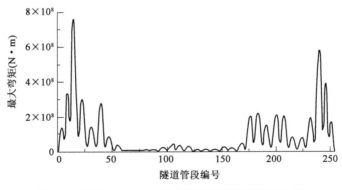

图 3-43　频域动力 Winkler 地基梁法计算所得隧道最大弯矩

3）管节接头的地震内力和变形

(1) 纵向振动分析

管节接头的地震安全性是沉管隧道地震响应设计中需要重点关注的方面，表 3-7 给出了港珠澳大桥沉管隧道全长所有管节接头的地震最大轴力和相对位移。可以看出，两种方法计算得到的结果差别较大，采用反应位移法得到的接头轴力和相对变形远大于频域动力 Winkler 地基梁法的结果。反应位移法得到的接头最大轴力和相对位移分别为 58.80MN、3.043cm，而频域动力 Winkler 地基梁法得到的值则为 34.72MN、1.865cm。

各管节接头的最大轴力和相对位移　　　　　　表 3-7

接头位置	反应位移法		频域动力 Winkler 地基梁法	
	轴力(MN)	位移(cm)	轴力(MN)	位移(cm)
EJC/33	6.800	0.535	9.616	0.757
EJ33/32	11.000	0.866	8.924	0.703
EJ32/31	16.880	0.832	18.250	0.903
EJ31/30	47.230	2.271	21.490	1.085
EJ30/29	18.080	0.869	5.691	0.324
EJ29/28	26.430	0.924	5.846	0.204
EJ28/27	23.650	0.827	8.896	0.311
EJ27/26	30.490	0.861	5.383	0.152
EJ26/25	6.766	0.191	1.674	0.047
EJ25/24	4.983	0.142	1.189	0.034
EJ24/23	4.532	0.128	0.923	0.028
EJ23/22	5.736	0.168	0.791	0.028
EJ22/21	20.480	0.593	2.608	0.074
EJ21/20	40.370	1.141	3.704	0.105
EJ20/19	9.135	0.270	0.917	0.028
EJ19/18	32.800	0.932	2.509	0.078
EJ18/17	25.780	0.760	1.979	0.057
EJ17/16	11.000	0.321	1.020	0.035
EJ16/15	11.750	0.332	1.063	0.030
EJ15/14	5.760	0.168	0.661	0.022
EJ14/13	14.040	0.397	1.071	0.032
EJ13/12	8.845	0.265	0.869	0.030
EJ12/11	18.960	0.574	3.166	0.111
EJ11/10	50.830	1.436	12.610	0.356
EJ10/9	15.500	0.447	4.385	0.133
EJ9/8	58.800	1.661	15.400	0.435
EJ8/7	39.940	1.490	11.740	0.410
EJ7/6	27.470	0.961	6.580	0.242
EJ6/5	2.150	0.104	0.431	0.021
EJ5/4	18.870	0.962	5.445	0.262
EJ4/3	39.350	1.892	11.660	0.636
EJ3/2	51.360	2.469	34.720	1.669
EJ2/1	38.640	3.043	23.690	1.865
EJ1/C	14.880	1.172	9.446	0.744

第3章 超长沉管隧道纵向地震响应分析的简化方法

（2）横向振动分析

表 3-8 和表 3-9 分别为横向地震作用下隧道全长所有管节接头的最大剪力和相对位移，以及最大弯矩和转角。可以看出，由于在接头处设置了水平向钢剪力键，从而导致接头的横向相对变形小于轴向相对变形。反应位移法得到的钢剪力键最大剪力为 105.8MN，最大相对剪切位移为 0.796cm，最大值位于接头 EJ31/30 处。频域动力 Winkler 地基梁法得到的钢剪力键最大值为 49.82MN，最大相对位移为 0.375cm，位于 EJC/33 接头处。两种方法得到的接头最大弯矩分别为 148.5MN·m、66.52MN·m，位于接头 EJ32/31 处；最大相对转角分别为 5.74×10^{-4} rad 和 2.192×10^{-4} rad，位于接头 EJ33/32 处。

各管节接头的最大剪力和横向相对位移　　表 3-8

接头位置	反应位移法		频域动力 Winkler 地基梁法	
	剪力（MN）	位移（cm）	剪力（MN）	位移（cm）
EJC/33	96.240	0.724	49.820	0.375
EJ33/32	37.330	0.281	15.610	0.121
EJ32/31	77.310	0.612	25.540	0.195
EJ31/30	105.800	0.796	24.430	0.194
EJ30/29	27.560	0.208	7.050	0.053
EJ29/28	48.490	0.387	7.233	0.057
EJ28/27	42.850	0.322	9.034	0.068
EJ27/26	19.360	0.146	2.606	0.020
EJ26/25	2.124	0.018	0.484	0.004
EJ25/24	3.627	0.027	0.472	0.004
EJ24/23	3.489	0.026	0.390	0.003
EJ23/22	7.550	0.057	0.648	0.005
EJ22/21	12.180	0.092	1.078	0.008
EJ21/20	38.760	0.304	2.103	0.017
EJ20/19	19.650	0.148	1.187	0.010
EJ19/18	49.910	0.377	2.819	0.021
EJ18/17	17.510	0.132	0.955	0.007
EJ17/16	11.540	0.087	0.720	0.005
EJ16/15	6.192	0.048	0.380	0.003
EJ15/14	11.230	0.085	0.738	0.006
EJ14/13	17.810	0.141	1.054	0.008
EJ13/12	12.980	0.098	0.931	0.007
EJ12/11	20.440	0.162	2.262	0.019

续上表

接头位置	反应位移法		频域动力 Winkler 地基梁法	
	剪力(MN)	位移(cm)	剪力(MN)	位移(cm)
EJ11/10	69.430	0.537	11.600	0.087
EJ10/9	31.200	0.252	5.016	0.038
EJ9/8	32.650	0.255	5.310	0.043
EJ8/7	56.480	0.430	11.880	0.089
EJ7/6	32.980	0.255	5.962	0.045
EJ6/5	4.008	0.030	0.840	0.006
EJ5/4	33.660	0.253	5.845	0.047
EJ4/3	55.380	0.451	11.570	0.109
EJ3/2	96.080	0.722	37.750	0.284
EJ2/1	71.950	0.541	30.200	0.227
EJ1/C	59.670	0.458	22.650	0.176

各管节接头的最大弯矩和转角 表3-9

接头位置	反应位移法		频域动力 Winkler 地基梁法	
	弯矩(MN·m)	转角(10^{-4}rad)	弯矩(MN·m)	转角(10^{-4}rad)
EJC/33	17.620	0.869	22.790	0.957
EJ33/32	136.600	5.740	47.590	2.192
EJ32/31	148.500	4.018	66.520	1.706
EJ31/30	85.620	2.305	32.390	0.831
EJ30/29	55.220	1.455	12.230	0.314
EJ29/28	24.180	0.452	5.669	0.106
EJ28/27	60.390	1.129	5.544	0.104
EJ27/26	40.490	0.635	4.700	0.071
EJ26/25	7.067	0.115	0.712	0.011
EJ25/24	2.934	0.045	0.209	0.003
EJ24/23	3.363	0.051	0.216	0.004
EJ23/22	22.070	0.370	2.563	0.039
EJ22/21	33.670	0.510	1.618	0.024
EJ21/20	68.180	1.031	3.888	0.059
EJ20/19	126.000	1.946	6.403	0.131
EJ19/18	25.830	0.391	1.424	0.022
EJ18/17	43.400	0.672	2.161	0.033
EJ17/16	21.530	0.334	1.527	0.023
EJ16/15	17.140	0.262	1.142	0.018

续上表

接头位置	反应位移法		频域动力 Winkler 地基梁法	
	弯矩(MN·m)	转角(10^{-4}rad)	弯矩(MN·m)	转角(10^{-4}rad)
EJ15/14	17.810	0.278	1.175	0.018
EJ14/13	34.970	0.563	2.678	0.041
EJ13/12	24.940	0.403	1.674	0.026
EJ12/11	58.440	0.884	6.563	0.099
EJ11/10	123.600	1.887	19.450	0.296
EJ10/9	100.100	1.514	15.210	0.242
EJ9/8	112.000	1.694	22.330	0.338
EJ8/7	90.990	1.736	19.780	0.370
EJ7/6	62.750	1.173	11.040	0.206
EJ6/5	36.310	0.931	6.326	0.166
EJ5/4	42.080	1.079	7.815	0.200
EJ4/3	90.360	2.317	21.130	0.542
EJ3/2	110.300	2.827	53.300	1.435
EJ2/1	71.550	3.006	31.840	1.360
EJ1/C	50.450	2.120	25.520	1.112

3.5 本章小结

本章对超长沉管隧道纵向地震响应分析的简化方法进行了系统的阐述。详细介绍了沉管隧道纵向地震响应分析的质点-弹簧模型及其参数计算,提出了沉管基础动力刚度的快速计算方法,考察了多点地震激励下沉管隧道体系的地震动输入方法,并提出了计算 Rayleigh 阻尼矩阵频率参数的优化方法。以土体和沉管隧道纵向地震响应分析的质点-弹簧模型为基础,通过快速 Fourier 变换(FFT)技术,建立了超长沉管隧道地震响应分析的频域反应位移法以及频域动力 Winkler 地基梁法,很好地解决了超长沉管隧道地震响应分析的计算效率问题。同时考虑了隧道结构惯性力、分层地基的均质等效、土-结构动力相互作用参数的外部频率依赖性以及非一致地震激励等因素,对港珠澳大桥海底沉管隧道进行了纵向地震响应分析,讨论了两种频域分析方法的差别。反应位移法是一种拟静力方法,不能考虑隧道振动过程中的动力特性,对于隧道受周围土体的约束作用较强的情况,可采用此种方法进行隧道的地震响应分析。但对于像沉管隧道这种结构惯性力较大且受周围土体约束作用相对较弱的隧道形式,应采用频域动力 Winkler 地基梁法进行隧道地震响应分析。频域动力 Winkler 地基梁法中考虑了阻尼的影响,因此采用其进行地震响应计算的结果要小于采用反应位移法的计算结果;如果减小频域动力 Winkler 地基梁法的阻尼,则沉管管节和接头的地震内力及变形会显著增大;如果在频域动力 Winkler 地基梁法中忽略土弹簧动刚度受外部荷载频率的影响，则管节和接头的地震响应会变小，这是因为在动荷载作用下土体的刚度会放大，从而造成隧道结构响应的增大。

本章参考文献

[1] Okamoto S, Tamura C. Behaviour of subaqueous tunnels during earthquakes[J]. Earthquake Engineering & Structural Dynamics, 1973, 1(3): 253-266.

[2] 川岛一彦. 地下構造物の耐震設計[M]. 日本：鹿島出版会, 1994.

[3] Gazetas G, Dobry R, Tassoulas J L. Vertical response of arbitrarily shaped embedded foundations[J]. Journal of geotechnical engineering, 1985, 111(6): 750-771.

[4] Dobry R, Gazetas G. Dynamic response of arbitrarily shaped foundations[J]. Journal of geotechnical engineering, 1986, 112(2): 109-135.

[5] Gazetas G, Tassoulas J L. Horizontal stiffness of arbitrarily shaped embedded foundations[J]. Journal of geotechnical engineering, 1987, 113(5): 440-457.

[6] Gazetas G, Tassoulas J L. Horizontal damping of arbitrarily shaped embedded foundations[J]. Journal of geotechnical engineering, 1987, 113(5): 458-475.

[7] Gazetas G, Stokoe K H. Free vibration of embedded foundations: theory versus experiment[J]. Journal of geotechnical engineering, 1991, 117(9): 1 382-1 401.

[8] Gazetas G. Formulas and charts for impedances of surface and embedded foundations[J]. Journal of geotechnical engineering, 1991, 117(9): 1 363-1 381.

[9] Gerolymos N, Gazetas G. Winkler model for lateral response of rigid caisson foundations in linear soil[J]. Soil Dynamics and Earthquake Engineering, 2006, 26(5): 347-361.

[10] Clough R W, Penzien J. Dynamics of Structures[M]. New York: McGraw-Hill, Inc, 1975.

[11] 楼梦麟, 殷琳. 关于高土坝地震反应分析中阻尼模型的讨论[J]. 水力发电学报, 2009, 28(5): 103-107.

[12] 潘旦光. 地震反应分析中 Rayleigh 阻尼系数的优化解[J]. 工程力学, 2013, 30(4): 42-46.

[13] Chopra A K. Dynamics of Structures: Theory and Applications to Earthquake Engineering[M]. New Jersey: Englewood Cliffs, Prentice-Hall, 1995:168-177.

[14] Wilson E L, Penzien J. Evaluation of orthogonal damping matrices[J]. International Journal for Numerical Methods in Engineering, 1972, 4(1):5-10.

[15] Anastasopoulos I, Gerolymos N, Drosos V, et al. Nonlinear response of deep immersed tunnel to strong seismic shaking [J]. Journal of Geotechnical and Geoenvironmental Engineering, ASCE, 2007, 133(9): 1 067-1 090.

[16] Varun A. Simplified Model for Lateral Response of Caisson Foundations[D]. Atlanta: Georgia Institute of Technology, 2006.

[17] Christensen R M. Theory of viscoelasticity: An introduction[M]. New York: Academic press, 1971.

[18] Birk C, Behnke R. A modified scaled boundary finite element method for three-dimensional dynamic soil-

structure interaction in layered soil[J]. International Journal for Numerical Methods in Engineering, 2012, 89(3):371-402.

[19] 陈韶章. 沉管隧道设计与施工[M]. 北京:科学出版社, 2002.

[20] 严松宏, 潘昌实. 沉管隧道地震响应分析[J]. 现代隧道技术, 2006, 43(2):15-21.

[21] Schnabel P B, Lysmer J, Seed H B. SHAKE: a computerprogram for earthquake response analysis of horizontally layeredsites. In: Earthquake EngineeringResearch Center, University of California, Berkeley, California, 1972.

第4章 超长沉管隧道局部三维地震响应分析

本章详细介绍超长沉管隧道局部三维地震响应分析。首先介绍沉管隧道三维地震响应分析方法,对三维土-结构动力相互作用问题整体分析中的几个特殊问题开展相应的研究,提出在三维有限元精细化建模和计算时应特别需要关注的有关结论和建议。然后通过整体简化模型的数值计算,讨论沉管隧道管节间的相互作用影响,提出超长沉管隧道分段局部建模的计算方案。以港珠澳大桥超长沉管隧道为背景,针对东、西人工岛与沉管隧道连接的特殊部位,分别建立东人工岛-沉管隧道-土层和西人工岛-沉管隧道-土层两个局部精细化有限元计算模型,深入考察与人工岛相连的沉管及其两端管节接头的地震反应特点,分析沉管隧道的抗震性能。

4.1 沉管隧道三维地震响应分析方法

4.1.1 有限土层计算范围

在实际工程应用中,常把无限域中的地震波传播问题转化为离散体系的振动问题,因此需要合理地把半无限域转化为有限土层的计算体系。本节重点讨论土层地震反应计算中首先遇到的土层计算范围有限化的问题,一般需解决以下几个问题。

1)地震输入面的确定

在土层的地震反应分析中,有时并不在基岩面输入地震波,采用在土层的假想基岩面处输入地震波的方式计算土层的动力反应。工程中常按以下原则确定假想基岩面[《建筑抗震设计规范》(GB 50011—2010)][1]:假想基岩面下卧各层岩土的剪切波速均不小于500m/s;当地面5m以下存在剪切波速大于其上部各土层剪切波速2.5倍的土层,且该层及下卧各层岩土的剪切波速均不小于400m/s时,可按地面至该土层顶面的距离确定。《上海市地震动参数区划》(2004)[2]中,以上海地区的4个不同深度钻孔为例,计算了不同假想基岩面时土层的固有周期和地震反应。数值结果表明:以土层剪切波速500m/s作为假想基岩面的判别依据并不科学,有时会产生50%左右的计算误差且无规律可言。这是因为土层深度的改变会使土层的自振频率随之变化,使得土层自振频率与输入地震波的频谱特性之间的关系发生变化而致使地震反应产生不同变化;此外,土层自振频率不同也对土层阻尼矩阵的形成产生影响,会影响地震反应计算的准确性。在当前计算机性能大幅提升的条件下,取深覆盖土层下卧基岩面作为土层地震反应计算的激励面是很有必要的,下卧基岩的弹性变形对深覆盖土层地震反应的影响可以忽略(潘旦光等,2004)[3]。

2) 两侧竖向人工边界的选择

在土层地震反应计算和土-结构动力相互作用问题的计算中,土层两侧的边界(或称竖向边界)问题曾是广泛关注的课题。基于计算机能力有限的前提下,人们研究了多种人工边界,以期大幅减少计算规模,实现深覆盖土层的动力计算。目前较常用的人工边界有:黏性边界、叠加边界、旁轴边界、一致边界,黏弹性边界、透射边界等。由于黏性边界物理意义清晰,处理方法简单,虽然只有一阶精度,但易于实现,因而在一些通用程序中得到应用。如在 LS-DYNA 程序中,有一无反射边界(non-reflecting boundary)即为黏性阻尼边界,其基本思想就是利用边界阻尼力模拟无限域的影响。边界力的定义为:

$$\sigma_{法向} = -\rho c_p v_{法向} \tag{4-1}$$

$$\sigma_{切向} = -\rho c_s v_{切向} \tag{4-2}$$

式中,ρ 为材料密度;c_p 和 c_s 分别为压缩波速和剪切波速;$v_{法向}$ 和 $v_{切向}$ 分别为边界法向及切向质点运动速度;$\sigma_{法向}$ 和 $\sigma_{切向}$ 分别为无反射边界作用的法向应力及切向应力。

已有研究(楼梦麟等,2003[4];乔冠东等,2012[5])表明,在土层地震反应这类外源激励问题中,黏性阻尼边界并不具备缩减土层范围的有效性,设置远置侧移边界是十分必要的,建议至少应远置 5 倍土层深度以外。本节进一步应用 LS-DYNA 来验证上述文献的研究结论。

以水平均匀土层与河谷地形土层为研究对象。图 4-1 所示的水平均匀土层几何尺寸与物理特性如下:土层厚度 h 为 10m,土介质的弹性模量为 391MPa,泊松比为 0.35,密度为 2 000kg/m³,阻尼比为 0.05,剪切波速为 269m/s。以地表中点 A 的加速度及位移反应为研究对象,分别采用黏性边界、侧移边界和固定边界三种形式,边界都在图 4-1 的模型两侧施加。共计算了 6 种工况,分别取 L/h = 1、2.5、5、10、20 和 40。固定边界是指将两端人工边界的节点三个方向自由度全部约束住;侧移边界是指不约束与水平地震激励方向一致的水平自由度,

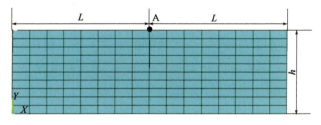

图 4-1 土层有限元网格图

约束其他方向自由度；黏性边界即在自由人工边界的基础上，再附加了产生阻尼力的黏性阻尼器。

为了排除竖向网格对于计算精度的影响，取竖向网格 $d=\lambda_{\min}/32$ 来进行分析，$\lambda_{\min}$ 是指地震波有效截止频率 $f_{\max}$ 所对应的正弦波波长。算例中，基岩面上输入 El Centro 波，如图 4-2 所示，峰值调整为 $1\mathrm{m/s^2}$，$f_{\max}$ 取为 10Hz，竖向网格均取 $d=1\mathrm{m}$。

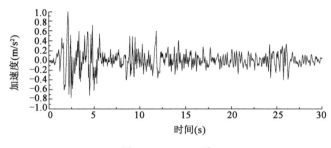

图 4-2　El Centro 波

河谷地形土层的材料参数与均匀土层相同，以河谷底部中部位置 A 点的加速度及位移反应为研究对象，两侧竖向人工边界也采用黏性边界、侧移边界与固定边界，河谷左岸、底部和右岸的土层厚度分别为 69m、65m 和 71m，几何尺寸如图 4-3 所示。该土层设计了 6 种计算工况，即 $L_1/h_1 = L_2/h_2 = 2.5、5、10、20、40、60$，$h_1 = 69\mathrm{m}$，$h_2 = 71\mathrm{m}$。竖向网格划分规则同水平均匀土层。

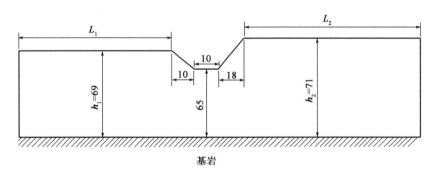

图 4-3　河谷土层(尺寸单位:m)

(1) 土层计算模型的自振频率

三种不同人工边界下，土层基频如表 4-1 所示。由表 4-1 可以看出：不同人工边界对水平均匀土层和河谷土层基频的计算值影响显著。固定边界下土层基频最大，自由边界最小。对于水平均匀土层来说，在侧移边界条件下，计算模型所得基频与解析解是相同的(潘旦光等，2005)[6]。从中可以看出：土层的两侧设为固定边界时，对土层基频计算结果影响最大，自由边界次之，侧移边界对于基频的影响最小。对于固定边界而言，当 $L/h \geqslant 5$ 时，边界对于基频的影响在 5% 以内，随着 L/h 的增加，土层基频趋近于侧移边界的。总体上看，对于两种土层，应取 L/h (L_1/h_1 和 L_2/h_2) $\geqslant 5$。

不同人工边界时土层的基频(单位:Hz)　　表4-1

土层计算模型	侧向边界约束形式	土层计算范围 $L/h(L/h_1, L/h_2)$						
		1	2.5	5	10	20	40	60
水平均匀土层	固定	13.7	9.03	7.14	6.83	6.75	6.73	—
	侧移	6.72	6.72	6.72	6.72	6.72	6.72	
	自由	4.63	5.54	5.95	6.00	6.00	6.00	
河谷土层	固定	—	1.15	1.02	0.97	0.96	0.95	0.95
	侧移	0.96	0.96	0.95	0.95	0.95	0.95	
	自由	—	0.90	0.91	0.91	0.91	0.91	0.91

(2)地震反应计算结果

6种不同计算范围下水平均匀土层顶点A处的加速度峰值和位移峰值,如表4-2所示。对于水平均匀土层,可通过求解波动方程得到其解析解(潘旦光等,2005)[6],其中加速度峰值 $a = 2.15 \text{m/s}^2$,位移峰值 $u = 1.16 \text{mm}$。不同土层范围有限元计算结果的相对误差表示为:

$$e = \frac{a_{\max} - a^*}{a^*} \times 100\% \tag{4-3}$$

式中,$a_{\max}$ 为水平均匀土层地表中点A处加速度(或位移)峰值有限元解;a^* 为波动解得到的地表地震加速度(或位移)峰值。相关计算结果如表4-2和表4-3所示,从中可看出6种计算工况下有限元解的近似性的变化情况。

均匀土层A点加速度峰值和位移峰值　　表4-2

侧向人工边界类型	水平加速度(m/s²)						水平位移(mm)					
	土层计算范围 L/h						土层计算范围 L/h					
	1	2.5	5	10	20	40	1	2.5	5	10	20	40
固定边界	1.19	2.02	2.87	2.12	2.27	2.19	0.22	0.73	1.53	1.20	1.17	1.16
黏性边界	1.69	2.07	2.13	2.23	2.25	2.24	2.13	1.42	1.35	1.36	1.31	1.22
侧移边界	2.18	2.16	2.15	2.15	2.16	2.16	1.15	1.16	1.16	1.16	1.16	1.16

均匀土层A点加速度峰值和位移峰值的相对误差(%)　　表4-3

侧向人工边界类型	水平加速度						水平位移					
	土层计算范围 L/h						土层计算范围 L/h					
	1	2.5	5	10	20	40	1	2.5	5	10	20	40
固定边界	−44	−5.8	34	−1.4	5.7	1.9	−81	−37	32	3.3	1.3	−0.03
黏性边界	−21	−3.8	−0.9	−3.7	4.8	4.4	83	22	16	17	13	5.2
侧移边界	1.4	0.7	−0.01	0.11	0.31		−0.7	−0.03	−0.03	−0.03	−0.03	

由表4-2和表4-3可以看出,当采用固定边界时,均匀土层地震反应的计算结果并不随土层范围的扩大而单调变化。这里涉及不同的有限元土层范围的土层自振频率与输入地震波频率关系的变化因素,至少要取 L 为20倍土层深度 h 时,才能达到计算误差控制在6%以内;而

采用黏性边界时,数值计算结果变化情况与固定边界相类似,总体上加速度的计算结果要优于固定边界,这是由于边界阻尼器的设置,能够消除部分人工边界上的反射能量,但是效果仍不如侧移边界。对于固定边界及黏性边界而言,在L/h很小时,边界范围取值对土体基频的影响非常显著,这是造成在这两种边界条件下土层地震反应计算结果误差很大的主要原因。特别是在自由边界条件下,当土层范围取得较小(如$L/h \leq 1$)时,土层基频远远低于解析解,即使土层范围取得较广,但土层基频仍与解析解有一定差距。我们知道,低频分量对土层位移反应的贡献要远远大于对土层加速度反应的贡献(楼梦麟等,2014)[7],因此,自由边界造成土层基频变小致使在位移反应中,黏性边界下的位移计算精度在很多情况下不及固定边界,特别是在$L/h = 0.5$时,土层基频减小30%,致使位移峰值增大3倍多。而侧移边界下土层基频并不随L/h的变化而变化,这样也保证了计算的精度。显然对于水平均匀土层,无论土层范围取多大,侧移边界下的计算精度都很好,这是因为水平地震作用下分层均匀土层地震反应分析为反对称问题,两侧的侧移边界正好适应了这一问题的对称性条件,因此可用两侧具有侧移边界的单排单元的土条来计算水平地震作用下分层均匀土层的地震反应(邬都等,2008)[8]。

对于河谷地形土层,由于没有解析解,以6种工况中$L/h_1 = L/h_2 = 60$时的土层地震反应为比较基准,相关计算结果如表4-4和表4-5所示,可近似看出其他5种计算工况下河谷土层地震反应解的近似性。

河谷土层中 A 点的加速度峰值和位移峰值 表4-4

侧向人工边界类型	水平加速度(m/s²)						水平位移(mm)					
	土层计算范围 L/h						土层计算范围 L/h					
	60	40	20	10	5	2.5	60	40	20	10	5	2.5
固定边界	2.23	2.23	2.25	2.49	3.58	3.56	3.92	3.92	3.93	4.14	5.01	4.33
黏性边界	2.24	2.24	2.24	2.36	2.17	1.87	3.95	3.95	3.95	4.21	3.64	2.89
侧移边界	2.23	2.23	2.23	2.22	2.20	2.25	3.92	3.92	3.92	3.91	3.90	3.96

不同计算范围时 A 点加速度峰值和位移峰值的相对误差(%) 表4-5

侧向人工边界类型	加速度					位移				
	土层计算范围 L/h					土层计算范围 L/h				
	40	20	10	5	2.5	40	20	10	5	2.5
固定边界	-0.02	0.79	11.90	60.91	60.02	-0.03	0.21	5.65	27.85	10.54
黏性边界	0.00	-0.01	5.49	-3.24	-16.58	0.00	0.05	6.72	-7.72	-26.66
侧移边界	0.00	-0.03	-0.15	-1.23	1.11	-0.01	-0.05	-0.12	-0.48	1.13

由表4-4和表4-5可以看出,河谷地形的地表A点的加速度或者位移在20倍边界以上时基本没有区别,误差很小。对于固定边界,当$L/h_1 = L/h_2 \leq 10$时,计算结果误差很大,黏性边界相对于固定边界,计算精度总体上要好很多,但是在$L/h_1 = L/h_2 = 2.5$时,黏性边界下土层位移反应的误差要大于固定边界,其原因也是自由边界下,土层基频下降较多。对于侧移边

界,当 $2.5 \leqslant L/h_1 = L/h_2 \leqslant 40$ 倍时,计算误差都在2%以内,精度较高。

结合文献(楼梦麟等,2003[4];乔冠东等,2012[5])和本节以上分析结果,采用 ANSYS、LS-DYNA 进行深覆盖土层地震反应计算时,宜采用远置侧移人工边界,一般单侧范围宜取土层厚度的5倍以上。

4.1.2 计算网格划分的要求

对于动力分析问题,当连续介质离散为有限单元时,就有了滤波和散射作用(宗福开,1984)[9]。动力分析中应重视单元划分中的尺度问题,使得在有效激励频率范围内,计算的精度得到保障。

1) 竖向网格尺寸

在划分土体单元竖向网格时,为避免离散有限元对地震波有效分量的滤波作用,一般要求竖向单元边长 $d \leqslant (1/8 \sim 1/12) \cdot \lambda_{\min}$,其中,$\lambda_{\min}$ 为土层中地震波有效频率分量中的最小波长,$\lambda_{\min} = v_s/f_{\text{控}}$,$v_s$ 为土层的剪切波速,$f_{\text{控}}$ 为地震波的控制频率。根据基岩场地地震波的频谱特性,大部分能量集中在 3~12Hz,兼顾计算模型总体规模和前面的要求,本章划分网格时地震波控制频率 $f_{\text{控}}$ 取为 10Hz。此外,在实际应用中也有选择振型叠加法中的振型参与系数较大的那个振型所对应的频率为控制频率 $f_{\text{控}}$。由于这种方式使用起来不及根据地震波的频谱特性来确定方便,一般都用地震波的频谱特性来确定 $f_{\text{控}}$。

2) 横向网格尺寸

土层下卧基岩面在一致地震输入作用时,横向水平网格尺寸取决于有限单元划分要求,单元的横向边长一般可取3~4倍的竖向边长。在深覆盖土层地震反应分析中,由于土层两侧采用远置人工边界,土层范围很广,一般情况下远场区域常视为水平分层的土层,在远场土层范围内划分单元时,横向水平网格尺寸的要求可以大为放松,大幅减少系统自由度(白建方等,2008)[10]。但当基岩面上为行波地震输入或多点地震输入时,则在地震波传播变化方向上应满足波传播对单元网格尺寸的要求,与前述对竖向网格尺寸的要求相似。一般在基岩中地震波传播的速度为 2 000~4 000m/s(杨燕等,2011)[11]。已有的研究表明(白建方等,2009)[12]在行波输入下沿行波传播方向上对网格划分的要求更为严格,水平单元尺寸应不大于 $\lambda_{\min}/32$。

4.1.3 Rayleigh 阻尼矩阵比例系数的确定

在进行复杂土层-岛隧计算体系的地震动力反应时域分析时,一般采用集中质量的有限元方法。对计算体系进行离散化处理后,可以得到如下动力方程式:

$$[M]\{\ddot{u}(t)\} + [C]\{\dot{u}(t)\} + [K]\{u(t)\} = -[M]\{I\}\ddot{u}_g(t) = \{p_{\text{eff}}(t)\} \quad (4-4)$$

式中，$[M]$、$[C]$和$[K]$分别为质量矩阵、阻尼矩阵和刚度矩阵；$\{\ddot{u}(t)\}$、$\{\dot{u}(t)\}$和$\{u(t)\}$分别为计算体系各节点相对于下卧基岩面的相对加速度、速度和位移向量；$\{\ddot{u}_g(t)\}$为土层下卧基岩面处的输入地震加速度；$\{p_{eff}(t)\}$为等效地震荷载向量。

在时域内进行计算体系的地震反应分析时，通常采用黏滞阻尼假定，即阻尼力与质点的运动速度成正比。当采用黏滞阻尼模型时，式(4-4)中的阻尼矩阵通常采用比例阻尼模型中的Rayleigh阻尼矩阵，即$[C]$矩阵表示为：

$$[C] = a_0[M] + a_1[K] \quad (4-5)$$

式中，比例阻尼系数a_0、a_1分别为质量矩阵比例系数和刚度矩阵比例系数，如式(4-6)所示：

$$\begin{Bmatrix} a_0 \\ a_1 \end{Bmatrix} = \frac{2\omega_m \omega_n}{\omega_n^2 - \omega_m^2} \begin{bmatrix} \omega_n & -\omega_m \\ -1/\omega_n & 1/\omega_m \end{bmatrix} \begin{Bmatrix} \xi_m \\ \xi_n \end{Bmatrix} \quad (4-6)$$

选用刚度矩阵和质量矩阵的线性组合来构造阻尼矩阵，其目的是为了满足体系振动振型关于阻尼矩阵正交的假定。

在土动力分析中，土层体系的阻尼矩阵常采用如式(4-7)式(4-8)所示只与质量矩阵成比例或与刚度矩阵成比例的形式：

$$[C] = \alpha[M] \quad (4-7)$$

$$[C] = \beta[K] \quad (4-8)$$

在式(4-5)、式(4-7)和式(4-8)所描述的阻尼矩阵下，计算体系的各阶振型阻尼比随频率变化的趋势如图4-4所示。很显然，在质量比例的阻尼矩阵下，动力体系的各阶振型阻尼比随频率升高而降低，而在刚度比例阻尼矩阵下，动力体系的各阶振型阻尼比随频率升高而线性增大，而在Rayleigh阻尼矩阵下，自振频率介于ω_m、ω_n之间的振型阻尼比小于实际振型阻尼比值，小于ω_m的振型阻尼比和大于ω_n的振型阻尼比大于实际振型阻尼比值。

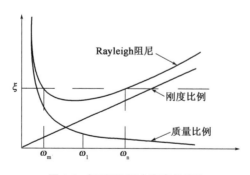

图4-4 振型阻尼比与频率的关系

由于像港珠澳大桥工程场地这样的深覆盖土层的固有周期较长，因此其低阶自振频率远小于基岩地震波中的主要分量的激振频率。为此，针对港珠澳沉管隧道场地开展了如何合理建立阻尼矩阵的专门研究。研究结果表明：对于这类长周期动力体系(指低阶振型频率远小于外部动力荷载或动力作用中主要分量的激励频率的动力体系),在建立动力体系阻尼矩阵时,必须重视外部动力激励中主要频率成分的影响,所得结论适用于土-结构相互作用体系。下面结合 ANSYS 和 LS-DYNA 两个计算软件的阻尼建模功能,介绍确定阻尼矩阵比例系数的取值方法。

(1) ANSYS 软件

应用 ANSYS 程序进行深覆盖土层地震反应计算时,可采用多种形式的阻尼矩阵,其中最常用的是式(4-5)所示 Rayleigh 阻尼和式(4-8)所示的刚度比例阻尼矩阵。前者为双参数模式,后者为单参数模式。在两种计算模式并存的情况下,双参数模式的可调控性较好,建议在进行深覆盖土层地震反应分析时不要选用式(4-8)。下面讨论如何选双参数。

对于一般工程结构而言,因为低阶振型在结构的地震反应中起主导作用,一般选取体系基频及其所对应的振型阻尼比来确定比例系数,即取 $\omega_m = \omega_1 = 2\pi f_1$;设 $\omega_n = 2\pi f$,如何选取 f 是建立 Rayleigh 阻尼矩阵应加以特别关注的问题。通常选取动力体系的第 2 阶自振频率 f_2 或第 3 阶自振频率 f_3 及其对应的振型阻尼比。研究(楼梦麟等,2013)[13]表明,对深覆盖土层而言,这一选取方法是不可取的,应选取基岩输入地震波反应谱的峰值频率 f_R。这样可以保证在土层第 1 阶振型和主要激励频率相近的高阶振型对土层地震反应的贡献的正确性,从而使深覆盖土层地震反应计算更加准确。

(2) LS-DYNA 软件

应用 LS-DYNA 程序进行深覆盖土层反应计算时,程序中建议采用显式算法的质量比例阻尼矩阵进行直接积分,为此取 $[C] = a_0[M]$,并要求:

$$a_0 = 2\omega_1 \xi \tag{4-9}$$

式中,ω_1 为土层的基频;ξ 为土层的振型阻尼比,一般假定土层各阶振型阻尼比相同。

以 ω_1 来确定比例系数 a_0 符合人们的常规的认识,即在结构体系地震反应中,第 1 阶振型频率贡献最大。当土层基频接近于或高于输入地震的主要频率分量时,显然由于土层第 1 阶振型的振型参与系数大,其对体系地震反应的贡献远大于其他高阶振型。因此,当第 1 阶振型阻尼比与实际阻尼比相等时,在第 1 阶振型地震反应计算正确得到保证的前提下,其他高阶振型阻尼比偏小时使得土层地震反应的计算误差非常有限。而当计算体系的基频远低于输入地震波的主要频率分量时,很显然与地震波中主要频率分量相近的土层高阶振型将存在共振效应。众所周知,共振放大因子为 $D_i = 1/(2\xi_i)$,显然当低估振型阻尼比时,将高估共振放大因子,从而使得该振型的地震反应计算值增大。例如,当 $\omega_1/\omega_i = 1/2$ 时,则 D_i 增大 1 倍,依此类推,此时高阶振型的共振效应不可忽略。根据研究成果(楼梦麟等,2013)[14],在质量比例的阻尼模型中,应对式(4-9)进行修正,建议采用如下计算公式:

$$a_0 = 2\omega_e \xi \tag{4-10}$$

式中，ω_e 为待定的频率参数。当土层基频 ω_1 小于输入基岩地震波反应谱峰值频率 ω_R（$\omega_R = 2\pi f_R$）时，建议采用土层基频 ω_1 和输入地震波反应谱峰值频率 ω_R 的算术平均值，基本可保证计算所得土层加速度峰值略高于真实解。

4.1.4 多向地震动输入的竖向人工边界和阻尼比例系数的设定

前文讨论了在水平地震单向激励时，土层竖向人工边界和阻尼矩阵比例系数的合理确定方法。在很多重大工程包括港珠澳大桥工程的抗震分析中，往往需要同时考虑水平和竖向地震激励，此时会遇到在双向地震激励下如何合理地设置竖向人工边界和确定阻尼矩阵比例系数的问题。一般来说，在竖向地震激励时，土层范围大小对土层地震反应精度的影响不及水平地震激励时敏感，因此在双向地震激励时，可以采用水平地震激励时所确定的土层范围，并采用侧移人工边界。由于 Rayleigh 阻尼矩阵中只有 2 个参数可供选择，而在质量比例矩阵中仅有 1 个参数可供选择，当多向地震同时输入时，应考虑的因素增多，因此如何合理确定这些阻尼矩阵的比例系数就是比较突出的问题。考虑到土层竖向自振基频要高于水平自振基频，且竖向地震加速度的峰值一般取为水平地震加速度峰值的三分之二，因此建议在双向地震激励时，土层计算体系的阻尼矩阵的比例系数仍采用水平地震激励时所确定的参数。

4.1.5 饱和多孔介质对土层地震反应的影响

在有限元分析中，土-结构相互作用体系中土体通常都是按单相介质来模拟的。严格来讲，土体属于固-液-气三相介质，但是按三相介质理论来研究实际工程中的土体还是有一定的难度，而采用固液两相介质的饱和土既能满足工程精度要求，又能减小计算难度，在地震工程中被广泛采用（Bowen，1980[15]；Zienkiewicz 和 Shiomi，1984[16]）。

董云等（2014）[17]以港珠澳大桥工程沉管隧道段自由场模型为例，在多孔介质理论的基础上，引入等效线性化分析方法，两者结合形成了基于多孔介质理论的饱和土非线性分析方法，然后分析并讨论了不同工况下孔隙水压力对饱和土动力反应的影响。下文介绍主要研究结论。

图 4-5 为港珠澳沉管隧道场地土层剖面，其中位置 A 和位置 B 分别表示场地土层厚度最大处和最小处，位置 C 表示地形相对平缓处。

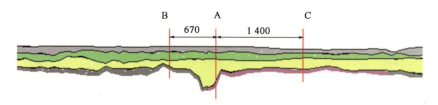

图 4-5　自由场土层纵剖面图（尺寸单位：m）

从基岩面输入由工程场地地震安全评价专项研究（港珠澳大桥工程场地设计地震动参数研究报告，2009）[18]给出的 120 年超越概率 10% 的基岩人工地震波，分别计算了场地土层单相介质自由场和固液两相介质自由场的地震反应。图 4-6 是两种情况下 A、B、C 三点位置处自由场沿深度的加速度对比结果。

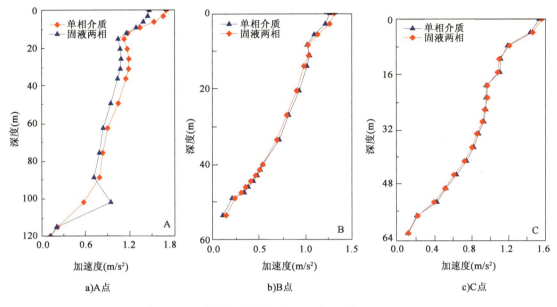

图 4-6 土层竖向加速度分别对比

从图 4-6 可以看出,不同位置处,固液两相介质自由场地表加速度峰值均小于单相介质自由场的计算结果。位置 A 处相差最大,达到 13.5%;而在位置 B 和位置 C 处分别为 3.75% 和 1.61%。地表以下,在位置 B 和 C 处沿深度的土层加速度峰值几乎没有变化,而在位置 A 处自地表沿深度固液两相介质自由场地的计算结果基本均小于单相介质自由场的计算结果,但在土层底部固液两相介质的计算结果大于单相介质的计算结果。这可能是位置 A 处土层底部砂土层厚度迅速增大的缘故,砂土层对振动孔隙水压力的影响要更为敏感。总体上看,港珠澳沉管隧道场地土层表层的地震反应受到振动孔隙水压力的影响有限。若不考虑振动孔隙水压力的影响,将使得计算所得加速度峰值偏大,偏于保守。

4.1.6 海水动水压力对土层地震反应的影响

在地震时,沉管隧道上方的海水与土层或无覆盖土层的沉管间存在流固耦合作用,通常只考虑海水的晃动会对土层或无覆盖土层的沉管所产生的作用力,称之为动水压力。在工程中采用附加质量的等效惯性力来模拟动水压力,如图 4-7 所示。张如林(2012)[19] 通过数值计算,讨论了采用附加质量的方法模拟港珠澳沉管隧道工程中海水影响的合理性。

首先,建立不规则凸起海床地形模型进行地震反应分析。其中,梯形上底为 20m,下底为 40m,高为 20m,形成层状半空间的土层厚度取 80m,计算区域的长度取 600m,海水深度取 40m,凸起地形表面处的水深为 20m,如图 4-8 所示。

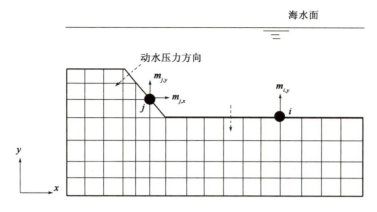

图 4-7 海床表面节点附加质量沿不同方向分解示意图

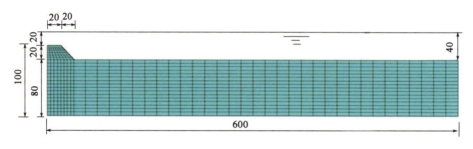

图 4-8 凸起海底地形有限元模型及尺寸（尺寸单位：m）

整个海床土设为均质体，剪切波速为 300m/s。在海床底面输入地震波为 El Centro 记录地震波，最大幅值调整为 $0.15g$。土区的边界条件设置：水平输入时，对称轴和右侧边界竖向约束，底部固定约束；竖向输入时，对称轴和右侧边界水平约束，底部固定约束。

分别建立附加质量模型和流固耦合模型进行比较计算。由于水平激励下模型竖向反应以及竖向激励下模型水平反应相对较小，这里只给出地震动水平激励下海床表面各点的水平加速度反应峰值及水平位移反应峰值，同时给出竖向激励下海床表面各点的竖向加速度反应峰值及竖向位移反应峰值，分别如图 4-9 和图 4-10 所示。

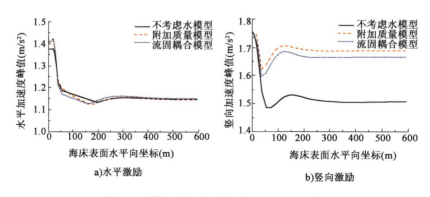

图 4-9 不同方向激励下海床表面点加速度峰值

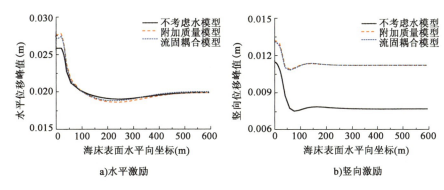

图 4-10　不同方向激励下海床表面点位移峰值

从图 4-9 和图 4-10 可以看出,无论是水平激励还是竖向激励,海水的存在都对海床的地震反应有一定的影响。水平激励时,远离海床凸起部分的平坦地形位置(大约是海床深度 80m 的 3 倍距离),水体对海床反应的影响已经很小,可以忽略;竖向激励时,考虑海水动水压力影响后显著增大了海床的竖向地震反应。

和流固耦合计算模型相比,海床表面各节点采用附加质量模型计算的加速度峰值误差和位移峰值误差如图 4-11 所示。可以看出,无论水平激励还是竖向激励下,采用流固耦合方法和附加质量方法的结果十分接近,最大误差为 2.48%。表明在港珠澳沉管隧道工程中采用附加质量方法模拟海水的影响是可行的。

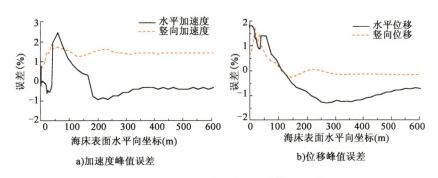

图 4-11　地震动不同方向激励时峰值误差比较

4.2　超长沉管隧道地震反应分段计算的近似方法

在土-结构动力相互作用分析中,由于受计算机计算能力的限制,只能取有限的土体范围进行分析。这样,原本可以向土层无穷远处传播的逸散波就可能在人工截断边界处反射回计算域,影响计算结果的可靠性。研究认为,一个复杂的土-结构体系的动力有限元模型一般由两部分组成,一部分是需要输出动力反应结果的核心计算区,另一部分是位于外围的旨在满足远置人工边界要求的扩展区。在土层有限元模型中通常扩展区部分的水平范围应大于核心计算区外侧土层深度的5倍。由此可知这一部分区域将是很大的,而在实际地质勘探过程中,往往重点勘探核心计算区的地形、地质情况,对离核心区较远部分的扩展区很难做到全面勘探(本来这一部分区域也只是为建模需要而加入的),因此,扩展区常视为水平分层均匀土层。

对于大规模地下隧道-土体系的地震反应分析来讲,建立整体的三维精细化有限元数值分析模型是较为合理的做法,但是如果建立全部隧道管节的整体精细化三维模型,计算规模将会十分巨大,既不经济也不现实。为此,对重点关注的部位建立局部精细化模型是当前的一个合理的选择,这就要涉及局部模型计算范围的取值问题。在多跨桥梁的动力研究分析中,当考察某一跨梁段的地震反应特点时,其左右两侧的梁段对这一梁段地震反应存在相互作用的影响,一般来说相邻跨梁的影响大,远离梁段的影响小,甚至可以忽略。在桥梁工程中,一般要求把该跨梁段的左右两跨梁段包括在建模范围内,也即是说最少需要三跨梁段整体建模以考虑相邻跨梁的相互作用的影响。但是在沉管隧道中,考虑局部某段管节(譬如地形条件复杂处的管节)的精细化模拟时,按照上述桥梁结构的方法确定模型计算范围是否合理就不得而知了。基于此原因,本节以整体简化模型的计算结果为参照对象,讨论局部模型计算范围的取值问题,并对后续三维精细化建模时模型范围的确定提供参考。

4.2.1 平坦场地上沉管隧道相互影响范围

如图4-12所示,若想研究管节E17在地震作用下的反应情况,讨论需要向两边延伸多大的范围(即取多少管节)才能得到和整体模型下较为接近的结果。

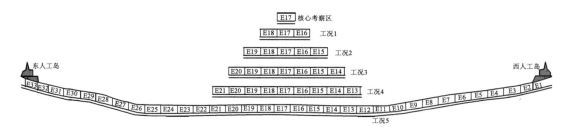

图4-12 局部范围管节示意图

图4-12中工况1、2、3、4表示分别以包括管节E17在内的3、5、7、9段管节为模型,按前述沉管隧道简化模型的计算方法,在纵向基岩地震波激励下计算不同工况下管节E17的内力和变形,并和工况5进行对比来确定管节的合理取值范围。工况5是指沉管隧道整体简化模型下的地震反应。

表4-6给出了不同工况下管节E17两端管节接头和中间7个节段接头在纵向一致地震作用下的纵向相对位移峰值对比结果,参考值为工况5(即整体简化模型)下的计算结果。表中接头自左至右排列,误差以式(4-11)表示(式中i表示工况序号):

$$e = \frac{u_i - u_5}{u_5} \quad (i = 1,2,3,4) \tag{4-11}$$

管节 E17 不同工况下接头轴向相对位移对比　　表 4-6

管节	EJ18/17	E17SJ1	E17SJ2	E17SJ3	E17SJ4	E17SJ5	E17SJ6	E17SJ7	EJ17/16
接头纵向相对张开位移峰值(mm)									
工况 1	3.997	2.534	2.402	2.441	2.445	2.481	2.509	2.604	4.276
误差	-31.66%	-31.73%	-31.20%	-30.85%	-30.46%	-30.39%	-30.51%	-30.82%	-31.04%
工况 2	4.616	2.932	2.730	2.762	2.756	2.793	2.828	2.954	4.856
误差	-21.08%	-21.01%	-21.82%	-21.75%	-21.62%	-21.64%	-21.65%	-21.53%	-21.68%
工况 3	5.546	3.525	3.316	3.351	3.335	3.376	3.411	3.552	5.844
误差	-5.15%	-5.03%	-5.04%	-5.06%	-5.14%	-5.27%	-5.52%	-5.63%	-5.75%
工况 4	5.764	3.659	3.441	3.478	3.464	3.510	3.554	3.703	6.096
误差	-1.44%	-1.44%	-1.45%	-1.46%	-1.48%	-1.51%	-1.55%	-1.62%	-1.69%
工况 5	5.848	3.712	3.492	3.53	3.516	3.564	3.61	3.764	6.2
接头纵向相对压缩位移峰值(mm)									
工况 1	-2.494	-1.784	-1.708	-1.713	-1.745	-1.765	-1.822	-1.926	-2.822
误差	-32.56%	-32.61%	-32.18%	-32.47%	-32.69%	-32.57%	-32.88%	-32.97%	-33.00%
工况 2	-2.878	-2.073	-1.986	-2.007	-2.016	-2.041	-2.123	-2.272	-3.308
误差	-22.18%	-21.71%	-21.12%	-20.85%	-22.22%	-22.04%	-21.77%	-20.93%	-21.48%
工况 3	-3.514	-2.514	-2.389	-2.413	-2.462	-2.487	-2.585	-2.739	-4.01
误差	-4.96%	-5.07%	-5.11%	-4.85%	-5.01%	-4.99%	-4.76%	-4.69%	-4.78%
工况 4	-3.65	-2.612	-2.389	-2.413	-2.462	-2.487	-2.585	-2.739	-4.154
误差	-1.28%	-1.37%	-1.63%	-1.55%	-1.49%	-1.57%	-1.47%	-1.66%	-1.36%
工况 5	-3.698	-2.648	-2.518	-2.536	-2.592	-2.618	-2.714	-2.874	-4.212

同时,表 4-7 给出了不同工况下管节 E17 两端管节接头和中间 7 个节段接头在纵向一致地震作用下的轴力峰值的对比结果,参考值同样为工况 5(即整体模型)下的计算结果。

管节 E17 不同工况下接头轴力峰值对比　　表 4-7

管节	EJ18/17	E17SJ1	E17SJ2	E17SJ3	E17SJ4	E17SJ5	E17SJ6	E17SJ7	EJ17/16
接头轴力峰值(10^5N)									
工况 1	9.333	8.028	8.309	9.000	8.240	8.237	8.148	7.185	10.431
误差	-35.99%	-36.08%	-35.44%	-35.02%	-34.55%	-34.47%	-34.61%	-34.98%	-35.25%
工况 2	11.265	9.71	9.83	10.59	9.65	9.63	9.54	8.48	12.335
误差	-22.74%	-22.66%	-23.59%	-23.51%	-23.36%	-23.39%	-23.40%	-23.26%	-23.43%

续上表

管节	EJ18/17	E17SJ1	E17SJ2	E17SJ3	E17SJ4	E17SJ5	E17SJ6	E17SJ7	EJ17/16
接头轴力峰值(10^5N)									
工况3	13.75	11.87	12.16	13.08	11.88	11.84	11.70	10.37	15.09
误差	-5.67%	-5.53%	-5.54%	-5.57%	-5.65%	-5.80%	-6.07%	-6.19%	-6.33%
工况4	14.36	12.37	12.67	13.64	12.39	12.37	12.26	10.86	15.82
误差	-1.51%	-1.51%	-1.52%	-1.53%	-1.55%	-1.59%	-1.63%	-1.70%	-1.77%
工况5	14.58	12.56	12.87	13.85	12.59	12.57	12.46	11.05	16.11

从表4-6和表4-7中数据可以看出,所取管节数越多,越接近整体模型的计算结果。工况1和工况2下计算结果与整体模型下的计算结果相比差别较大。工况1中纵向相对位移误差在30%左右,轴力误差在35%左右;工况2中纵向相对位移误差在21%左右,轴力误差在22%左右。工况3和工况4中计算结果与整体模型下的计算结果相比差别较小。工况3中纵向相对位移误差在5%左右,轴力误差在6%左右;工况4中计算误差已经很小,纵向相对位移误差和轴力误差皆在1%左右。由此可见,为考察某一个沉管管节及其两端管节接头的地震反应特点而建立局部区域的精细化数值模型时,计算范围的选择至关重要。计算范围太小,得出的结果必然失真;计算范围太大,虽然可以得到较为准确的结果,但在现有的计算技术水平下,数值计算需要耗费大量的时间,导致工作效率降低。

由以上两表可以看出,工况3情况下的计算误差接近5%,可满足工程分析的要求。因此,在考察管节两侧各选取3段管节作为精细化模型的计算范围可以较好模拟两侧相邻管节相互作用的影响。

4.2.2 斜坡场地上沉管隧道相互影响范围

需要注意的是,管节E17所处的位置较为平缓,如果管节位置处于斜坡场地,斜坡地形对选取范围是否存在影响需要进一步加以认识。为此,选择管节E29作为考察对象,确定位于地形起伏较大处局部管节模型的计算范围。

如前所示,研究管节E29的地震反应情况,需要向两边延伸多大的范围(即取多少管节)才能得到和整体模型下较为接近的结果。管节分布图如图4-13所示,图中管节E33左端为暗埋段。

图中工况1、2、3、4、5表示分别以包括管节E29在内的3、5、7、9、11段管节为模型,按前述沉管隧道简化模型的计算方法,在纵向基岩地震波输入下计算不同工况下管节E29的内力和变形,并和工况6进行对比来确定管节的合理取值范围。工况6是指沉管隧道整体简化模型下的地震反应。

表4-8和表4-9给出了不同工况下管节E29两端管节接头和中间7个节段接头在地震反应下的轴向相对位移和轴力峰值的对比结果。

第4章 超长沉管隧道局部三维地震响应分析

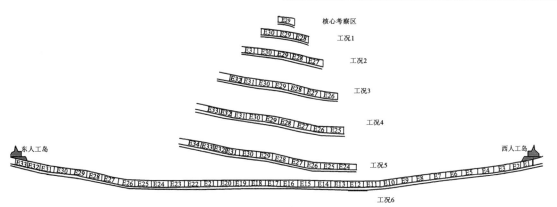

图 4-13 斜坡段管节示意图

管节 E29 不同工况下接头轴向相对位移对比　　　　表 4-8

管节	EJ30/29	E29SJ1	E29SJ2	E29SJ3	E29SJ4	E29SJ5	E29SJ6	E29SJ7	EJ29/28
接头纵向张开相对位移峰值(mm)									
工况 1	4.187	2.557	2.726	2.678	2.799	2.750	2.533	2.868	3.843
误差	-38.28%	-39.37%	-38.45%	-38.55%	-39.36%	-38.29%	-39.15%	-38.28%	-38.40%
工况 2	5.145	3.195	3.351	3.283	3.487	3.353	3.156	3.518	4.720
误差	-24.16%	-24.24%	-24.35%	-24.66%	-24.45%	-24.76%	-24.18%	-24.29%	-24.34%
工况 3	5.824	3.625	3.807	3.745	3.962	3.820	3.559	3.967	5.319
误差	-14.15%	-14.03%	-14.04%	-14.06%	-14.14%	-14.27%	-14.52%	-14.63%	-14.75%
工况 4	6.294	3.903	4.099	4.037	4.284	4.133	3.856	4.299	5.768
误差	-7.22%	-7.45%	-7.46%	-7.37%	-7.18%	-7.24%	-7.38%	-7.48%	-7.55%
工况 5	6.604	4.119	4.320	4.246	4.511	4.358	4.065	4.532	6.098
误差	-2.66%	-2.32%	-2.47%	-2.57%	-2.25%	-2.19%	-2.35%	-2.47%	-2.26%
工况 6	6.784	4.217	4.429	4.358	4.615	4.456	4.163	4.647	6.239
接头纵向压缩相对位移峰值(mm)									
工况 1	-3.237	-2.255	-1.967	-2.182	-2.414	-2.355	-1.948	-2.150	-3.920
误差	-38.65%	-38.16%	-38.25%	-38.77%	-38.49%	-38.28%	-38.11%	-38.33%	-38.43%
工况 2	-4.020	-2.800	-2.442	-2.720	-2.992	-2.916	-2.401	-2.671	-4.876
误差	-23.81%	-23.21%	-23.32%	-23.65%	-23.76%	-23.58%	-23.69%	-23.39%	-23.41%
工况 3	-4.556	-3.163	-2.758	-3.071	-3.403	-3.312	-2.721	-3.018	-5.528
误差	-13.65%	-13.27%	-13.41%	-13.82%	-13.31%	-13.22%	-13.55%	-13.46%	-13.18%
工况 4	-4.919	-3.396	-2.971	-3.315	-3.666	-3.561	-2.934	-3.244	-5.928
误差	-6.77%	-6.87%	-6.73%	-6.95%	-6.59%	-6.67%	-6.77%	-6.96%	-6.89%
工况 5	-5.109	-3.537	-3.090	-3.450	-3.801	-3.698	-3.048	-3.373	-6.179
误差	-3.16%	-3.02%	-2.97%	-3.17%	-3.15%	-3.09%	-3.15%	-3.27%	-2.96%
工况 6	-5.276	-3.6468	-3.185	-3.563	-3.925	-3.816	-3.147	-3.487	-6.367

管节 E29 不同工况下轴力峰值对比 表 4-9

管节	EJ30/29	E29SJ1	E29SJ2	E29SJ3	E29SJ4	E29SJ5	E29SJ6	E29SJ7	EJ29/28
接头轴力峰值(10^5N)									
工况1	9.69	7.68	7.91	7.93	8.08	7.73	7.75	7.84	7.76
误差	−41.56%	−42.84%	−41.69%	−41.12%	−41.38%	−41.34%	−41.12%	−41.26%	−41.12%
工况2	12.359	10.007	10.041	10.032	10.257	9.846	9.842	9.963	9.855
误差	−25.46%	−25.54%	−25.95%	−25.47%	−25.62%	−25.24%	−25.21%	−25.37%	−25.23%
工况3	13.964	11.376	11.479	11.379	11.647	11.193	11.024	11.150	11.026
误差	−15.78%	−15.36%	−15.35%	−15.46%	−15.54%	−15.01%	−16.23%	−16.48%	−16.34%
工况4	15.232	12.320	12.439	12.339	12.652	12.089	12.052	12.203	12.066
误差	−8.13%	−8.33%	−8.27%	−8.33%	−8.25%	−8.21%	−8.42%	−8.59%	−8.45%
工况5	15.913	12.901	13.022	12.862	13.218	12.631	12.614	12.807	12.632
误差	−4.02%	−4.01%	−3.97%	−4.44%	−4.15%	−4.09%	−4.15%	−4.07%	−4.16%
工况6	16.58	13.44	13.56	13.46	13.79	13.17	13.16	13.35	13.18

从表 4-8 和表 4-9 中数据可以看出,工况 1 和工况 2 下计算结果与整体模型下的计算结果相比差别较大。工况 1 下相对位移误差在 39% 左右,轴力误差在 41% 左右;工况 2 下相对位移误差在 24% 左右,轴力误差在 25% 左右。在工况 3 下相对位移误差减小至 14% 左右,轴力误差减小至 15% 左右。工况 4 和工况 5 下计算结果与整体模型下的计算结果相比差别较小。工况 4 下相对位移误差在 7% 左右,轴力误差在 8% 左右;工况 5 下计算误差已经很小,相对位移误差和轴力误差皆在 4% 左右。

通过对管节 E17 和管节 E29 的误差对比分析可以看出,由于 E29 管节处于斜坡地段,因此两侧需要保留比平缓段更多的管节才能得到相对准确的计算结果。从位置来看,管节 E29 位于靠近东人工岛的斜坡段上,管节是倾斜放置的,而且附近地址地形条件较为复杂,这说明周围地形条件复杂时需要加大计算范围才能得到满意的结果。

通过以上比较分析可知,当地形较为平坦时,所考察管节两边各选取 3 段管节作为模型的计算范围可以较好地模拟两边全部相邻管节的相互作用影响,避免计算结果失真;而当地形有较大起伏或者地质条件变化较大时,可在两边各选取 4 段管节作为模型的计算范围来模拟两边全部相邻管节的相互作用影响。进一步分析可知,选取的局部区域模型在地震作用下有一个计算影响范围的问题,一段沉管隧道对周边的影响范围大致是所考察管节长度的 3~4 倍。

4.3 沉管隧道地震反应的局部三维有限元精细化分析

在港珠澳大桥工程中,沉管隧道段是通过两个人工岛与海上桥梁相连接。从整体简化模型分析结果看,与人工岛连接的斜坡段沉管隧道的地震反应要大于海底沉管的地震反应,是抗震不利区段。本节基于上一节研究成果,分别建立东人工岛-沉管隧道-土层和西人工岛-沉管隧道-土层局部体系的三维有限元计算模型,进行精细化动力计算。

4.3.1 局部沉管隧道地震反应计算的三维有限元精细化模型

随着计算机技术的迅速发展,地下结构数值模拟也朝着大型整体化三维精细化模型的方向发展。本节在前述基于饱和土多孔介质非线性方法的基础上,建立土层-沉管隧道三维有限元精细化模型,作为下一节沉管隧道地震反应计算的基础。

在前文已经讨论过对于大型沉管隧道来讲,由于计算能力和时间的限制,有时候只能建立局部精细化模型对某一部位进行研究分析,同时提出对于要研究的一段沉管隧道可以取左右两边 3~4 倍的长度范围来消除由于相邻管段相互作用的影响而带来的结果失真。对于港珠澳沉管隧道来讲,东西两端和人工岛的衔接部位是工程重点关注部位。为此,本节以和东人工岛连接的管节 E33 为研究对象,建立局部精细化三维数值模型。

1) 三维精细化模型分析范围

整个港珠澳沉管隧道沿纵向布置如图 4-14 所示。考虑到 E33 管节下方场地地质地形条件变化较大,尤其是基岩面有较大起伏,而且 E33 管节和东人工岛衔接,为此,通过建立局部三维精细化有限元模型,重点考察 E33 管节与两端的管节接头 EJ33/东和 EJ33/32 的地震反应特点。为了合理考虑邻近管节和土层的相互作用影响,在 E33 管节两侧再各增加 3 个管节的距离(分别为 EJ32、EJ31 和 EJ30、东人工岛、暗埋段、敞开段)一起建模。由于管节共长 472.5m,接近 EJ33 管节下方土层最大深度 66.8m 的 7 倍,满足远场土层截取的要求(楼梦麟等,2003)[4]。其中东人工岛~EJ29 管节所在区域的局部放大和相应位置的地质勘测断面图如图 4-14 所示。

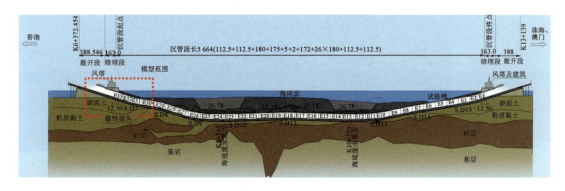

图 4-14 港珠澳沉管隧道典型断面及研究区域管节示意图

根据港珠澳沉管隧道工程设计资料,沿整个隧道长度上共选取了 7 个典型断面,自东向西位置坐标依次为 K7+239、K7+863、K8+763、K9+843、K10+923、K11+913、K12+531.75,如前面图 3-23 所示。管节 EJ33 断面的典型断面图、隧道和下方局部放大以及土层分布如图 4-15 所示。

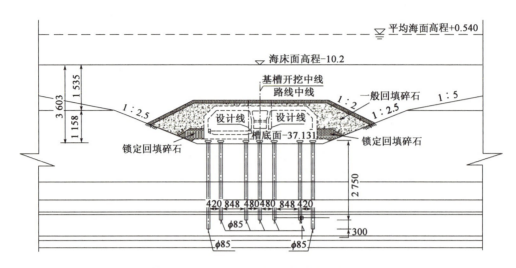

图 4-15 典型断面及土层分布图(尺寸单位:cm)

2)沉管隧道的有限元模型

沉管隧道管节的模拟采用壳单元,标准管节和暗埋段管节断面,见图 1-3 和图 1-4,接头弹簧的模拟详见第 5.2 节。图 4-16 为典型断面的局部有限元模型。

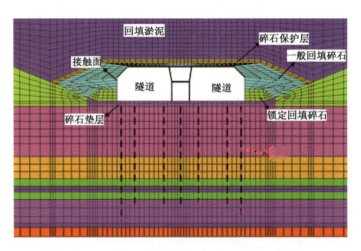

图 4-16 典型断面的局部有限元模型

本节计算中考虑了回淤之后对隧道的地震反应的影响。计算中隧道上方的回淤土体以及各种回填碎石、碎石保护层等材料参数如表 4-10 所示。

回淤和回填土体材料参数　　　表 4-10

土体类型	弹性模量(MPa)	泊松比	密度(kg/m³)	波速(m/s)
一般回填碎石	278	0.2	2 100	235
碎石垫层	120	0.2	2 200	150

续上表

土体类型	弹性模量(MPa)	泊松比	密度(kg/m³)	波速(m/s)
锁定回填碎石	233	0.2	2 200	210
碎石保护层	233	0.2	2 200	210
回淤淤泥	60	0.42	1 500	118

碎石垫层计算参数根据文献《高速铁路 CFG 桩沉降的数值分析》中垫层参数确定,弹模取 120MPa。土体泊松比根据《岩土工程勘察规范》(GB 50021)确定。

数值建模时,采用壳体单元模拟沉管隧道结构,采用六面体实体单元模拟土体,采用弹簧单元模拟柔性接头在地震作用时的拉伸和压缩变形特征。

标准管节和节段的有限元模型如图 4-17 所示。

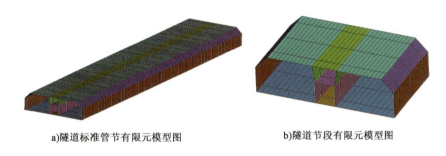

a) 隧道标准管节有限元模型图　　b) 隧道节段有限元模型图

图 4-17　隧道结构管节有限元模型

如前所示,隧道节段采用精细化的壳单元进行离散,所以在局部精细化模型中,管节接头和节段接头无须像三维梁简化模型中采用 6 自由度 COMBIN 39 单元进行等效,而是逐一对各个剪力键和 GINA 等连接部件用单向弹簧来模拟。比如,竖向剪力键用竖向的单向弹簧来模拟,水平剪力键用水平的单向弹簧来模拟,分别连接于相邻壳单元的两个节点上。GINA 只承受纵向拉压,用沿横断面连接壳单元对应节点间的纵向弹簧来模拟。

3) 场地计算土层模型动力参数的确定

土体区域的建模是土-隧道体系数值分析中的重要部分,土体性质模拟的合理与否直接关系到动力计算结果的可靠性。沿隧道纵向进行土体部分建模时,按照工程场地的实际钻孔资料建立不同的土体区域。

在选取的管节计算区域中共有 12 个钻孔,工程地质层物理力学指标如表 4-11 所示。

前期由国家地震局地壳应力研究所完成的"港珠澳大桥工程场地设计地震动参数研究报告"(2009)[18]给出了隧道区 CKS10 钻孔和隧道区 XKS06 两个钻孔的土层计算模型参数,如表 4-12 和表 4-13 所示。对于其他钻孔,计算时根据每个钻孔的详勘图中的土性参数进行计算。而在模型的两端没有钻孔数据,计算时根据离端部最近的两个钻孔资料进行线性插值来确定土体的材料参数。

各工程地质层物理力学指标统计表 表4-11

土层编号	土的物理性质				快剪(q)		固快(C_q)	
	含水率（%）	湿密度（g/cm³）	干密度（g/cm³）	孔隙比	黏聚力（kPa）	摩擦角（°）	黏聚力（kPa）	摩擦角（°）
①-1 淤泥	70.1	1.59	0.94	1.94	3	3.8	7	19
①-2 淤泥	61.3	1.63	1.01	1.72	5	4.9	8	18.8
①-3 淤泥质土	46.5	1.76	1.22	1.31	9	7.3	10	19.6
①-4 淤泥质黏土夹砂	64	1.61	0.98	1.8	9	4	12	16
②-1 黏土	30	1.92	1.48	0.85	38	6.9	20	20.6
②-2 粉细砂	19.1	2.1	1.76	0.52	17	33	—	—
③-1 淤泥质土	40.1	1.81	1.3	1.12	11	16.5	10	22.6
③-1-1 黏土及粉质黏土	40.5	1.8	1.28	1.14	26	10.7	18	18.4
③-2 粉质黏土夹砂	33.4	1.86	1.4	0.95	13	27.5	16	23.5
③-2-1 粉细砂	24.1	1.96	1.59	0.7	12	31	9	28
③-2-2 粉细砂	25.5	1.93	1.54	0.75	14	31.2	13	28
③-2-3 中砂	24.3	2.01	1.62	0.66	13	34	—	—
③-3 粉质黏土	34.5	1.85	1.38	0.99	26	18.3	19	22.5
④-1 粉细砂	20.8	2.02	1.67	0.62	12	33.6	12	31.4
④-2 粉细砂	17.5	2.02	1.72	0.57	18	33.2	14	35.3
④-3-1 中砂	13.8	2.12	1.87	0.44	12	36.3	—	—
④-3-2 中砂	15.6	2.01	1.74	0.55	12	34.7	13	32.5
④-4 粗砾砂	12.4	2.13	1.9	0.41	19	36		
④-6 圆砾	28.6	1.91	1.49	0.82	32	9.3	23	21.7
④-7 粉质黏土	70.1	1.59	0.94	1.94	3	3.8	7	19

隧道区CKS10钻孔土层动力计算模型 表4-12

序号	土性描述	土类号	土层顶部深度（m）	土层底部深度（m）	层厚（m）	波速（m/s）	密度（t/m³）
1	淤泥质粉黏土	14	8.25	11.0	2.75	123	1.77
2	粉质黏土	23	11.0	16.45	5.45	180	1.87
3	粉质黏土	23	16.45	26.45	10.0	269	1.87
4	粉质黏土	24	26.45	36.45	10.0	269	1.87
5	粉质黏土	24	36.45	39.1	2.65	269	1.87
6	粗砂	34	39.1	44.8	5.7	437	2.22
7	细砂	33	44.8	48.7	3.9	370	2.07

续上表

序号	土性描述	土类号	土层顶部深度（m）	土层底部深度（m）	层厚（m）	波速（m/s）	密度（t/m³）
8	粉土	26	48.7	52.4	3.7	356	1.89
9	粉质黏土	26	52.4	54.8	2.4	359	1.87
10	细砂	33	54.8	58.2	3.4	350	2.07
11	粗砂	34	58.2	63.5	5.3	391	22.2
12	中风化花岗岩	37	63.5	64.5	1.0	715	2.10

隧道区 XKS06 钻孔土层动力计算模型　　　　　　　　　　　　表 4-13

序号	土性描述	土类号	土层顶部深度（m）	土层底部深度（m）	层厚（m）	波速（m/s）	密度（t/m³）
1	淤泥质粉黏土	14	8.7	10.3	1.6	109	1.77
2	粉质黏土混砂	27	10.3	11.9	1.6	144	1.83
3	粉质黏土	22	11.9	14.2	2.3	180	1.87
4	粉质黏土	23	14.2	24.2	10.0	295	1.87
5	粉质黏土	24	24.2	34.2	10.0	295	1.87
6	粉质黏土	25	34.2	42.9	8.7	295	1.87
7	细砂混粗砂	31	42.9	50.1	7.2	374	2.07
8	粉质黏土	26	50.1	60.1	10.0	376	1.87
9	粉质黏土	26	60.1	62.5	2.4	436	1.87
10	粉砂	31	62.5	64.1	1.6	421	2.00
11	细砂混卵石	32	64.1	71.1	7.0	438	2.07
12	强风化花岗岩	36	71.1	73.5	2.4	736	1.97

根据前述饱和土多孔介质非线性分析方法，采用工程上常用的等效线性化方法来考虑土体的非线性性质。表 4-14 给出了土层地震反应分析中所需的土体动力非线性特性等效曲线参数，其中土类号为 1~30 的土体动力非线性参数取自国家地震局地壳应力研究所所做的 30 个土样土体动剪切模量和动力等效阻尼比试验数据的结果。土类号 31~38 的参数是中国地震局行业标准中推荐的值。

各类土的剪切模量比和阻尼比值与剪应变的关系　　　　　　　　　表 4-14

土　类	参数	剪应变(10^{-4})							
		0.05	0.1	0.5	1	5	10	50	100
1. 淤泥	G/G_{max}	0.998	0.996	0.982	0.966	0.851	0.742	0.365	0.223
	ζ	0.030	0.037	0.061	0.074	0.116	0.137	0.180	0.191
2. 粉质黏土	G/G_{max}	0.997	0.995	0.979	0.960	0.826	0.703	0.322	0.192
	ζ	0.028	0.035	0.061	0.078	0.128	0.154	0.206	0.219

续上表

土 类	参数	剪应变(10^{-4})							
		0.05	0.1	0.5	1	5	10	50	100
3. 粉质黏土	G/G_{max}	0.998	0.996	0.981	0.963	0.839	0.723	0.344	0.207
	ζ	0.030	0.037	0.063	0.078	0.126	0.150	0.199	0.212
4. 残积土	G/G_{max}	0.996	0.992	0.963	0.930	0.727	0.571	0.211	0.118
	ζ	0.021	0.029	0.056	0.073	0.129	0.155	0.200	0.210
5. 粉质黏土	G/G_{max}	0.998	0.997	0.985	0.971	0.871	0.771	0.403	0.252
	ζ	0.030	0.038	0.062	0.077	0.123	0.146	0.198	0.212
6. 粉质黏土	G/G_{max}	0.998	0.997	0.986	0.973	0.877	0.781	0.418	0.264
	ζ	0.028	0.035	0.058	0.072	0.115	0.139	0.189	0.203
7. 粉质黏土	G/G_{max}	0.997	0.994	0.972	0.946	0.779	0.638	0.261	0.150
	ζ	0.025	0.033	0.058	0.074	0.124	0.149	0.193	0.203
8. 粉质黏土	G/G_{max}	0.998	0.996	0.984	0.970	0.865	0.763	0.392	0.244
	ζ	0.031	0.038	0.063	0.078	0.124	0.148	0.198	0.212
9. 粉质黏土	G/G_{max}	0.996	0.992	0.964	0.932	0.732	0.577	0.215	0.120
	ζ	0.025	0.032	0.059	0.076	0.129	0.154	0.195	0.203
10. 粉质黏土	G/G_{max}	0.995	0.991	0.959	0.921	0.701	0.539	0.190	0.105
	ζ	0.027	0.035	0.064	0.081	0.134	0.157	0.194	0.201
11. 粉质黏土	G/G_{max}	0.987	0.974	0.884	0.793	0.434	0.277	0.071	0.037
	ζ	0.016	0.024	0.062	0.089	0.165	0.192	0.225	0.230
12. 粉质黏土夹砂	G/G_{max}	0.991	0.982	0.920	0.852	0.535	0.365	0.103	0.054
	ζ	0.028	0.038	0.074	0.097	0.160	0.184	0.213	0.218
13. 粉质黏土夹砂	G/G_{max}	0.991	0.982	0.919	0.851	0.532	0.362	0.102	0.054
	ζ	0.030	0.040	0.076	0.098	0.159	0.181	0.208	0.213
14. 淤泥质土	G/G_{max}	0.996	0.993	0.968	0.940	0.756	0.608	0.237	0.135
	ζ	0.027	0.035	0.061	0.078	0.128	0.152	0.193	0.202
15. 粉质黏土	G/G_{max}	0.997	0.995	0.976	0.954	0.805	0.674	0.293	0.172
	ζ	0.030	0.038	0.065	0.081	0.130	0.155	0.200	0.211
16. 粉质黏土	G/G_{max}	0.997	0.994	0.974	0.949	0.789	0.652	0.273	0.158
	ζ	0.031	0.039	0.066	0.082	0.131	0.155	0.197	0.207
17. 粉质黏土	G/G_{max}	0.997	0.995	0.976	0.953	0.802	0.670	0.289	0.169
	ζ	0.027	0.034	0.057	0.071	0.113	0.134	0.172	0.181
18. 粉质黏土	G/G_{max}	0.995	0.991	0.957	0.918	0.691	0.528	0.183	0.101
	ζ	0.018	0.025	0.052	0.069	0.126	0.153	0.196	0.204
19. 粉质黏土	G/G_{max}	0.996	0.993	0.967	0.937	0.749	0.599	0.230	0.130
	ζ	0.027	0.035	0.062	0.078	0.127	0.150	0.189	0.197

续上表

土 类	参数	剪应变(10^{-4})							
		0.05	0.1	0.5	1	5	10	50	100
20. 粉质黏土	G/G_{max}	0.997	0.994	0.973	0.948	0.783	0.644	0.266	0.154
	ζ	0.028	0.036	0.062	0.078	0.127	0.150	0.193	0.202
21. 粉质黏土	G/G_{max}	0.996	0.992	0.963	0.930	0.726	0.570	0.210	0.117
	ζ	0.030	0.038	0.069	0.088	0.145	0.171	0.214	0.223
22. 粉质黏土	G/G_{max}	0.997	0.994	0.973	0.949	0.787	0.650	0.271	0.157
	ζ	0.027	0.034	0.06	0.075	0.123	0.146	0.188	0.198
23. 粉质黏土	G/G_{max}	0.994	0.988	0.944	0.895	0.629	0.459	0.145	0.078
	ζ	0.029	0.038	0.073	0.094	0.157	0.184	0.221	0.228
24. 粉质黏土	G/G_{max}	0.994	0.988	0.946	0.898	0.637	0.467	0.149	0.081
	ζ	0.029	0.039	0.071	0.091	0.150	0.174	0.209	0.215
25. 粉质黏土	G/G_{max}	0.996	0.993	0.967	0.937	0.747	0.597	0.229	0.129
	ζ	0.028	0.036	0.065	0.082	0.136	0.161	0.204	0.213
26. 粉质黏土	G/G_{max}	0.997	0.994	0.970	0.943	0.769	0.625	0.250	0.143
	ζ	0.031	0.040	0.070	0.088	0.143	0.169	0.216	0.226
27. 粉质黏土夹粉砂	G/G_{max}	0.998	0.996	0.984	0.970	0.865	0.763	0.392	0.244
	ζ	0.031	0.038	0.063	0.078	0.124	0.148	0.198	0.212
28. 粉质黏土/粉砂互层	G/G_{max}	0.997	0.995	0.976	0.954	0.804	0.673	0.292	0.171
	ζ	0.029	0.037	0.062	0.078	0.125	0.148	0.191	0.201
29 砂混土	G/G_{max}	0.996	0.993	0.966	0.935	0.741	0.589	0.223	0.125
	ζ	0.022	0.029	0.056	0.073	0.126	0.152	0.197	0.206
30. 黏土	G/G_{max}	0.998	0.997	0.986	0.974	0.881	0.788	0.427	0.271
	ζ	0.031	0.039	0.063	0.078	0.123	0.147	0.199	0.214
31. 松砂	G/G_{max}	0.992	0.983	0.899	0.813	0.493	0.337	0.088	0.036
	ζ	0.007	0.009	0.033	0.044	0.080	0.112	0.128	0.140
32 中密砂	G/G_{max}	0.993	0.985	0.924	0.858	0.544	0.374	0.107	0.056
	ζ	0.004	0.005	0.021	0.031	0.074	0.094	0.124	0.129
33. 细砂	G/G_{max}	0.996	0.992	0.961	0.919	0.711	0.552	0.198	0.110
	ζ	0.049	0.058	0.082	0.095	0.135	0.157	0.223	0.260
34. 粗砂	G/G_{max}	0.994	0.989	0.946	0.898	0.639	0.469	0.150	0.081
	ζ	0.072	0.084	0.119	0.138	0.195	0.227	0.321	0.373
35. 中砂	G/G_{max}	0.995	0.991	0.956	0.092	0.684	0.519	0.178	0.097
	ζ	0.069	0.081	0.115	0.136	0.190	0.222	0.316	0.367
36. 强风化花岗岩	G/G_{max}	0.997	0.995	0.974	0.949	0.790	0.652	0.273	0.158
	ζ	0.067	0.078	0.109	0.126	0.176	0.203	0.284	0.329

续上表

土　类	参数	剪应变(10^{-4})							
		0.05	0.1	0.5	1	5	10	50	100
37. 中风化花岗岩	G/G_{max}	1.000	1.000	1.000	1.000	1.000	1.000	1.000	1.000
	ζ	0.008	0.010	0.015	0.021	0.030	0.036	0.046	0.004
38. 计算基底	G/G_{max}	1.000	1.000	1.000	1.000	1.000	1.000	1.000	1.000
	ζ	0.000	0.000	0.000	0.000	0.000	0.000	0.000	0.000

根据前述多孔介质理论,基岩以上土层采用饱和多孔介质模拟。从隧道场地揭示的水文地质条件分布看,场地花岗岩裂隙较发育,裂隙水与上部覆盖层主要含水层内的地下水沟通良好,在地震过程中不考虑液化的影响,在分析中以一般单相介质模拟,其余土层以固液两相介质模拟。

4) 土层与隧道之间的接触非线性模拟

在沉管隧道-土体系中,隧道和土体之间处于接触状态,当受到地震荷载激励时,它们之间会发生挤压和滑动等行为,这是一类边界条件非线性问题。本章采用对称罚函数接触算法(王勖成,2003)[20]对土和隧道之间的非线性接触问题进行分析。它的基本思想是:每一时步先检查各从节点是否穿透主表面,没有穿透则对该从节点不做任何处理,如果穿透,则在该从节点与被穿透主表面之间引入一个较大的界面接触力,其大小与穿透深度、主接触面刚度成正比,称为罚函数值。其物理意义相当于在从节点和被穿透主表面之间设置一个法向弹簧,以限制从节点对主表面的穿透。

这里为了表述方便,将接触从节点定义为 N,接触主片定义为 S。在每一时步进行从节点和主表面的穿透判断,无穿透则不处理,穿透则在从节点与被穿透主表面间引入一个法向接触力 f_s,同时对各主节点也进行一遍同样的处理,有:

$$f^c = mk^c n^c \tag{4-12}$$

同时,在接触主片上 S 的每一个节点 j 处所施加的法向接触力 f_j^c 为:

$$f_j^c = \phi_j^c(\xi^c, \eta^c) f^c \tag{4-13}$$

式中,m 为用来判断是否发生穿透的参数;n^c 为主片接触点处的法向向量;$\phi_j^c(\xi^c, \eta^c)$ 为主片 S 上在坐标系 (ξ^c, η^c) 下计算的形函数;k^c 为主片刚度因子,由下式得出:

$$k^c = \frac{fK^c(A^c)^2}{V^c} \tag{4-14}$$

式中,f 为接触面刚度比例因子;K^c、V^c 和 A^c 为组成主片 S 单元的体积模量、体积和表面积。

切向接触条件是判断已进入接触的两个物体的接触面的具体接触状态,以及它们各自应

服从的条件。通常由库仑准则来控制接触面上的摩擦行为,最大界面摩擦力 $F_{\max}$ 定义为:

$$F_{\max} = \mu \mid f^c \mid \tag{4-15}$$

式中,μ 为摩擦系数;f^c 为接触从节点 N 处的法向力。

根据库仑摩擦模型,切向接触力,即摩擦力的数值不能超过它的极限值,有:

$$\mid f^n \mid \leqslant F_{\max} = \mu \mid f^c \mid \tag{4-16}$$

式中,f^n 为 n 时刻的摩擦力。

当 $\mid f^n \mid \leqslant F_{\max}$ 时,接触面之间无切向相对滑动,此时有:

$$\bar{v}_j^n = {}^{\text{slave}}v_j^n - {}^{\text{master}}v_j^n = 0 \tag{4-17}$$

式中,$\bar{v}_j^n$ 为接触点对中的从接触点相对于主接触点沿接触面的滑动速度;${}^{\text{slave}}v_j^n$ 和 ${}^{\text{master}}v_j^n$ 分别代表从接触点处的速度分量和主接触点处的速度分量。

当 $\mid f^n \mid = F_{\max}$ 时,接触面间将发生切向相对滑动,此时有:

$$\bar{v}_j^n = {}^{\text{slave}}v_j^n - {}^{\text{master}}v_j^n \neq 0 \tag{4-18}$$

并且还有:

$$\bar{v}_j^n \cdot {}^{\text{slave}}f_j^n < 0 \tag{4-19}$$

上式表明,切向相对滑动速度 $\bar{v}_j^n$ 和作用于从接触点的摩擦力 ${}^{\text{slave}}f_j^n$ 的方向相反,摩擦力起着阻止相对滑动的作用。

计算时摩擦力仅在时间增量步结束时刻进行更新。定义 f^* 为试算摩擦力,f^n 为 n 时刻的摩擦力,那么根据从节点的位置变化情况,可以通过 n 时刻的摩擦力获得下一时间步($n+1$)时刻的试算摩擦力 f^* 为:

$$f^* = f^n - k^c \Delta e \tag{4-20}$$

式中,Δe 为从节点的增量位移。

同时,由于试算摩擦力 f^* 的数值不能超过最大摩擦力 $F_{\max}$ 值,下一时刻($n+1$)时的摩擦力可以表示为:

$$\begin{cases} f^{n+1} = f^* & \mid (f^*) \mid \leqslant F_{\max} \\ f^{n+1} = F_{\max} f^* / \mid f^* \mid & \mid (f^*) \mid > F_{\max} \end{cases} \tag{4-21}$$

由于隧道和土体之间的材料性质差异较大,地震作用下两者可能会出现相对滑移和脱离。本章根据以上对称罚函数接触算法模拟地震激励时隧道与土体之间的动力接触效应,分析时土体和隧道之间的摩擦系数取 0.3。

至此,根据以上分析,可建立以考察某些管节为重点的局部范围的土-沉管隧道三维精细化模型。

4.3.2 东人工岛-沉管隧道局部体系地震反应分析

1) 计算模型和工况

本节基于前一节建立的饱和土-沉管隧道三维数值模型,直接从基岩面输入地震波,对土-隧道体系进行地震反应研究,研究不同超越概率水平地震动输入、行波激励、多维地震波激励等多种计算工况下隧道管节地震反应的影响特点,重点考察接头尤其是管节接头 GINA 的张开和压缩变形、剪力键的剪力反应以及管节结构的内力反应变化规律等,同时通过与不考虑液相的传统土-沉管隧道三维数值模型,以及沉管隧道整体分析简化模型的数值分析进行对比,讨论不同工况下的地震反应。计算中考虑土体按非线性的力学特征。

需要说明的是,本节中有三种计算模型:第一种是基于多孔介质理论的饱和土-沉管隧道模型,简称饱和土模型;第二种是传统的单相介质土体理论的土-沉管隧道模型,简称单相土模型;第三种是基于质量-弹簧理论的整体简化沉管隧道模型,简称简化模型。输入的地震动为地震安全性评价报告给出的 ODE 和 MDE 两个水准的基岩地震加速度。

本节主要研究对象为和东人工岛衔接的管节 E33。该段管节是 112.5m 的非标准管节,管节是由 5 个长度为 22.5m 节段柔性连接而成。有限元模型中其他管节和人工岛等仅仅是体现 E33 周边的管节和人工岛对 E33 地震反应的影响,管节 E33 与周边沉管隧道管节和人工岛的相互位置关系如图 4-18 所示。以考察管节 E33 及其两端管节接头为重点的东人工岛-沉管隧道局部体系的三维有限元精细化模型如图 4-19 所示,建模时只考虑了人工岛上建筑物的质量影响,没有进行岛上结构建模。

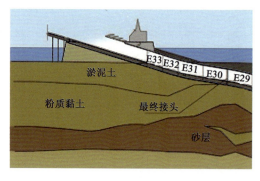

图 4-18 管节 E33 与周边相互位置关系

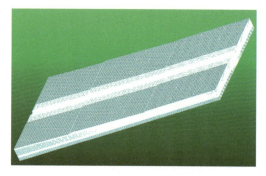

图 4-19 东人工岛-沉管隧道三维精细化有限元模型

有关研究表明,地震作用时柔性接头处(GINA 止水带)极易发生较大相对变形(张开)而导致渗水,造成严重的后果,因此在沉管隧道抗震设计中必须控制接头处的张开量,以保证隧道结构的安全。下文考察三种计算模型不同工况下的管节 E33 两端管节接头和该管节内节段接头与管节截面内力的地震反应情况。

2)纵向水平地震一致激励

沉管隧道在 ODE 和 MDE 纵向地震一致激励下的地震反应计算结果如下。

(1)接头典型位置处的相对位移峰值

首先对接头在各个方向的相对位移进行定义,以相对纵向位移为例:对于沿隧道纵向上的相对位移反应来讲,当大于 0 时表明接头相对于初始状态来说受到拉伸,小于 0 时表明接头相对于初始状态来说受到压缩。

在 ODE 和 MDE 两种地震动的纵向一致激励下,三种计算模型下管节 EJ33 两端管节接头和管节内节段接头纵向、横向以及竖向相对位移最大值和最小值分别示于图 4-20、图 4-21 和图 4-22 中。其中,EJ33/东表示管节 E33 和东人工岛之间的管节接头,EJ33/32 表示管节 E33 和管节 E32 之间的节段接头,节段接头 1~4 表示管节 E33 中 5 个节段之间的柔性连接,按从左至右排列。

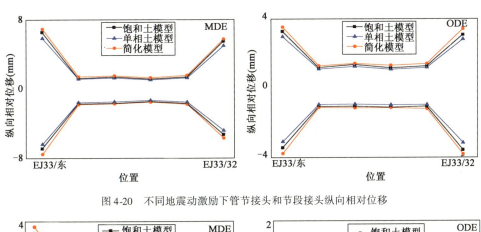

图 4-20 不同地震动激励下管节接头和节段接头纵向相对位移

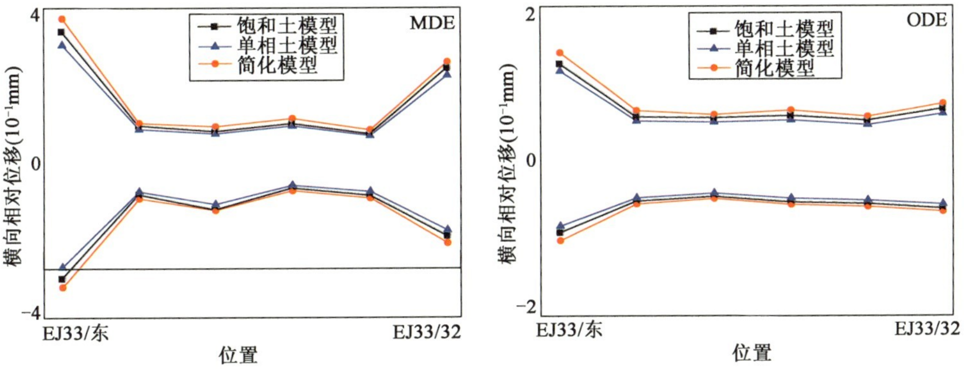

图 4-21 不同地震动激励下管节接头和节段接头横向相对位移

从图中可以看出,沉管隧道中管节间管节接头和管节内节段节段接头的地震相对位移反应情况如下:

①纵向相对位移。在 MDE 地震激励下,饱和土模型中管节接头 EJ33/东和 EJ33/32 以及 E33 管节中节段接头的纵向最大拉伸量分别为 6.515mm、5.444mm 和 1.367mm,单相土模型

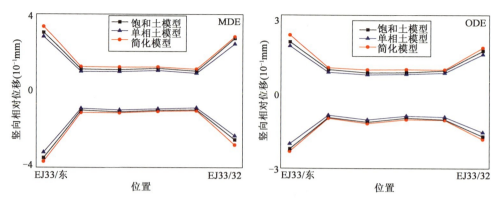

图4-22　不同地震动激励下管节接头和节段接头竖向相对位移

中管节接头EJ33/东和EJ33/32以及E33管节中节段接头的纵向最大拉伸量分别为5.806mm、4.908mm和1.233mm,简化模型中管节接头EJ33/东和EJ33/32以及E33管节中节段接头的纵向最大拉伸量分别为6.865mm、5.663mm和1.506mm。简化模型比饱和土模型分别增大了5.37%、4.02%和10.17%,简化模型比单相土模型分别增大了18.24%、15.38%和22.14%,饱和土模型比单相土模型分别增大了12.21%、10.92%和10.87%。在ODE地震激励下,也有相似的结果。明显地,管节接头的最大纵向相对位移要远大于节段接头的最大纵向相对位移。

②横向相对位移。在MDE地震激励下,饱和土模型中管节接头EJ33/东和EJ33/32以及E33管节中节段接头的最大横向相对位移分别为0.341mm、0.245mm和0.102mm,单相土模型中管节接头EJ33/东和EJ33/32以及E33管节中节段接头的最大横向相对位移分别为0.305mm、0.225mm和0.095mm,简化模型中管节接头EJ33/东和EJ33/32以及E33管节中节段接头的最大横向相对位移分别为0.374mm、0.259mm和0.113mm。简化模型比饱和土模型分别增大了9.56%、5.72%和11.50%,简化模型比单相土模型分别增大了22.46%、15.12%和20.00%,饱和土模型比单相土模型分别增大了11.77%、8.90%和7.62%。

③竖向相对位移。在MDE地震激励下,饱和土模型中管节接头EJ33/东和EJ33/32以及E33管节中节段接头的最大竖向相对位移分别为0.303mm、0.245mm和0.102mm,单相土模型中管节接头EJ33/东和EJ33/32以及E33管节中节段接头的最大竖向相对位移分别为0.282mm、0.244mm和0.106mm,简化模型中管节接头EJ33/东和EJ33/32以及E33管节中节段接头的最大竖向相对位移分别为0.335mm、0.282mm和0.126mm。简化模型比饱和土模型分别增大了10.28%、2.70%和6.89%,简化模型比单相土模型分别增大了18.65%、15.18%和18.25%,饱和土模型比单相土模型分别增大了7.59%、12.15%和10.63%。

④在MDE地震动纵向一致激励下,无论是何种模型中接头处的相对位移峰值较ODE激励下均有不同程度的增加,如饱和土模型在MDE工况下纵向、横向和竖向最大相对位移峰值

分别是 ODE 工况下的 2.10 倍、2.48 倍和 1.41 倍。这说明随着地震激励的增加,接头处的相对位移反应明显增大。

⑤在不同计算模型下接头的相对位移也有较大差别。饱和土模型和单相土模型都小于简化模型下的计算结果,这是由于前者考虑了土体和管节之间的摩擦效应以及土体的非线性特性,而简化模型把土体简化为多个土质点,不考虑土体的非线性特性。简化模型的相对位移比单相土模型增大约 15%,而饱和土模型由于考虑了孔隙水压力的地震液化影响,比单相土模型下的反应值增大约 10%。

（2）接头的轴力、剪力峰值

接头断面内的剪力有两个方向的剪力。下面讨论分析中,横向剪力是指沿 Y 轴方向的剪力,竖向剪力是指沿 Z 轴方向的剪力,轴力即是沿 X 轴方向的力。接头处各个方向的剪力是指该接头处整个断面上相应方向上的剪力,即接头处所有剪力键在该方向上的剪力之和。

在 MDE 和 ODE 两种地震动的一致激励下,三种计算模型下管节 E33 两端管节接头和管节内节段接头轴力、横向剪力以及竖向剪力的最大值和最小值分别示于图 4-23、图 4-24 和图 4-25 中。

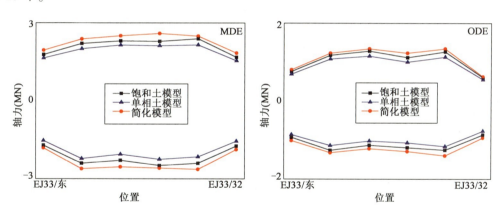

图 4-23 不同地震动激励下管节接头和节段接头轴力

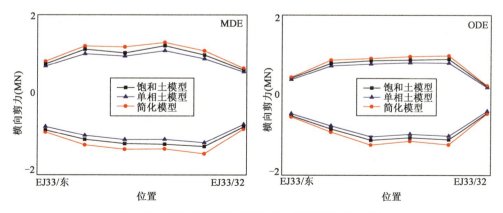

图 4-24 不同地震动激励下管节接头和节段接头横向剪力

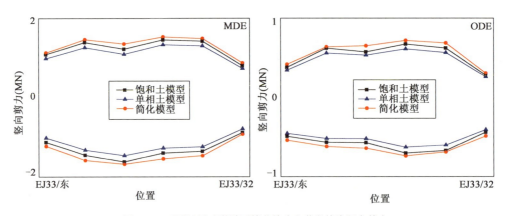

图 4-25　不同地震动激励下管节接头和节段接头竖向剪力

从图中可以看出,沉管隧道管节 E33 两端管节接头和管节内节段接头的地震轴力、剪力反应情况如下:

①轴力。在 MDE 地震激励下,饱和土模型中管节接头 EJ33/东和 EJ33/32 以及 E33 管节中节段接头的最大轴力分别为 1.755MN、1.648MN 和 2.363MN,单相土模型中管节接头 EJ33/东和 EJ33/32 以及 E33 管节中节段接头的最大轴力分别为 1.621MN、1.515MN 和 1.123MN,简化模型中管节接头 EJ33/东和 EJ33/32 以及 E33 管节中节段接头的最大轴力分别为 1.925MN、1.814MN 和 2.568MN。简化模型比饱和土模型分别增大了 9.69%、10.07% 和 8.68%,简化模型比单相土模型分别增大了 18.75%、19.74% 和 128.67%,饱和土模型比单相土模型分别增大了 8.27%、8.78% 和 110.42%。在 ODE 地震激励下,也有相似的结果。

②横向剪力。在 MDE 地震激励下,饱和土模型中管节接头 EJ33/东和 EJ33/32 以及 E33 管节中节段接头的最大横向剪力分别为 0.787MN、0.635MN 和 1.246MN,单相土模型中管节接头 EJ33/东和 EJ33/32 以及 E33 管节中节段接头的最大横向剪力分别为 0.730MN、0.586MN 和 1.120MN,简化模型中管节接头 EJ33/东和 EJ33/32 以及 E33 管节中节段接头的最大横向剪力分别为 0.854MN、0.682MN 和 1.524MN。简化模型比饱和土模型分别增大了 8.51%、7.40% 和 22.31%,简化模型比单相土模型分别增大了 16.99%、16.38% 和 36.07%,饱和土模型比单相土模型分别增大了 7.81%、8.36% 和 11.25%。

③竖向剪力。在 MDE 地震激励下,饱和土模型中管节接头 EJ33/东和 EJ33/32 以及 E33 管节中节段接头的最大竖向剪力分别为 1.080MN、0.799MN 和 1.448MN,单相土模型中管节接头 EJ33/东和 EJ33/32 以及 E33 管节中节段接头的最大竖向剪力分别为 0.982MN、0.733MN 和 1.329MN,简化模型中管节接头 EJ33/东和 EJ33/32 以及 E33 管节中节段接头的最大竖向剪力分别为 1.125MN、0.869MN 和 1.524MN。简化模型比饱和土模型分别增大了 4.17%、8.76% 和 5.25%,简化模型比单相土模型分别增大了 15.56%、18.55% 和 14.67%,饱和土模型比单相土模型分别增大了 9.98%、9.00% 和 8.95%。

④可以看出,节段接头受到的内力要大于管节接头受到的内力,是因为节段接头弹簧的刚度远大于管节接头的弹簧刚度,造成节段接头相对位移较小,而内力较大。

⑤还可以看出,在 MDE 地震动纵向一致激励下,无论是何种模型中接头处的内力比 ODE 激励下都有不同程度的增加。简化模型中的接头内力比单相土模型增大 20% 左右,而饱和土模型由于考虑了孔隙水压力的地震液化影响,比单相土模型下的反应值增大约 10%,而简化模型比饱和土模型的计算结果增大 6% 左右。

(3) 管节结构内力反应

下文讨论分析中,轴力是指沿隧道纵向 X 轴的轴力,横向弯矩是指绕横轴 Y 轴的弯矩,竖向弯矩是指绕竖轴 Z 轴的弯矩。轴力、横向弯矩和竖向弯矩是指隧道管节整个断面的轴力、横向弯矩和竖向弯矩。管节 E33 的轴力、横向弯矩和竖向弯矩反应峰值是指管节上所有 5 个节段轴力、横向弯矩和竖向弯矩反应峰值中的最大值。

在 MDE 和 ODE 两种地震动的纵向一致激励下,三种模型中管节 E33 上各节段的轴力、横向弯矩和竖向弯矩反应分布分别如图 4-26、图 4-27 和图 4-28 所示。

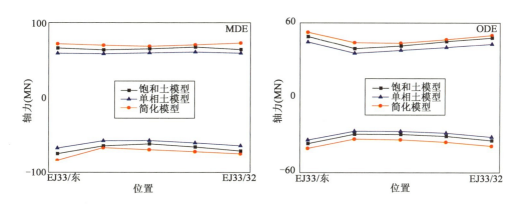

图 4-26　不同地震动激励下管节结构轴力反应

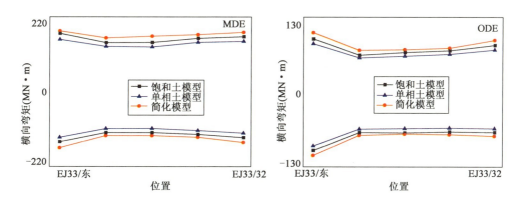

图 4-27　不同地震动激励下管节结构横向弯矩反应

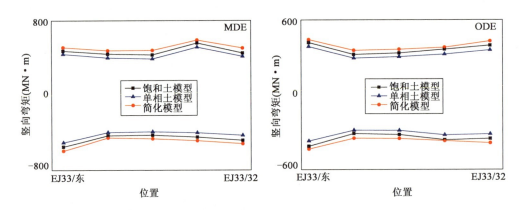

图 4-28　不同地震激励下管节结构竖向弯矩反应

从图中可以看出，沉管隧道中管节轴力和弯矩地震反应情况如下：

①轴力。在 MDE 地震激励下，饱和土模型中 E33 管节 5 个节段中最大轴力为 67.499MN，单相土模型中 E33 管节 5 个节段中最大轴力为 60.882MN，简化模型中 E33 管节 5 个节段中最大轴力为 72.906MN。简化模型比饱和土模型增大了 8.01%，简化模型比单相土模型增大了 19.75%，饱和土模型比单相土模型增大了 10.87%。

②横向弯矩。在 MDE 地震激励下，饱和土模型中 E33 管节 5 个节段中最大横向弯矩为 182.000MN·m，单相土模型中 E33 管节 5 个节段中最大横向弯矩为 166.860MN·m，简化模型中 E33 管节 5 个节段中最大横向弯矩为 189.456MN·m。简化模型比饱和土模型增大了 4.10%，简化模型比单相土模型增大了 13.54%，饱和土模型比单相土模型增大了 9.07%。

③竖向弯矩。在 MDE 地震激励下，饱和土模型中 E33 管节 5 个节段中最大竖向弯矩为 469.496MN·m，单相土模型中 E33 管节 5 个节段中最大竖向弯矩为 434.879MN·m，简化模型中 E33 管节 5 个节段中最大竖向弯矩为 505.850MN·m。简化模型比饱和土模型增大了 7.74%，简化模型比单相土模型增大了 16.32%，饱和土模型比单相土模型增大了 7.96%。

④在 MDE 输入下，无论是何种计算模型，管节上的轴力和弯矩反应峰值均比 ODE 输入下有所增加，如 MDE 输入下饱和土模型横向弯矩最大值比 ODE 输入下增加了 2.05 倍。

⑤从管节内力沿隧道纵向分布图中可以看出，隧道管节间设置了柔性连接，柔性接头处的内力反应明显比靠近管节中间位置的内力要小，即呈现出管节中间处大、端部管节接头处小的分布特点。根据柔性接头的特点，接头处可以发生一定的变形，类似于弱铰接的连接形式，管节端部接头处内力较小是设置柔性连接的沉管隧道的地震内力反应特点。

3）纵向和竖向地震同时一致激励

(1) 接头典型位置处相对位移

在 MDE 地震动纵向和竖向同时激励下，三种计算模型中管节 E33 两端管节接头和管节内节段接头纵向、横向以及竖向相对位移最大值和最小值分别示于图4-29、图4-30和图4-31中,同时和MDE纵向一致激励下的结果进行了对比分析。

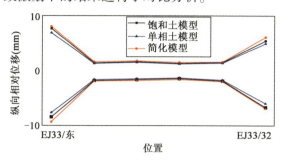

图4-29　纵向与竖向同时激励下管节接头和节段接头纵向相对位移

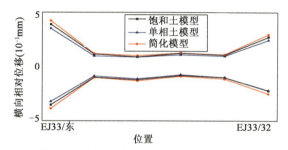

图4-30　纵向与竖向同时激励下管节接头和节段接头横向相对位移

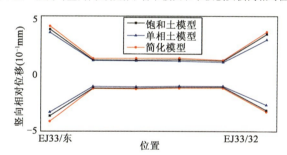

图4-31　纵向与竖向同时激励下管节接头和节段接头竖向相对位移

从图中的数据可以看出,沉管隧道中管节间管节接头和管节内节段接头的地震相对位移反应情况如下:

①纵向相对位移。在MDE纵向与竖向同时激励下,饱和土模型中管节接头EJ33/东和EJ33/32以及E33管节中节段接头的纵向最大拉伸量分别为7.579mm、5.381mm和1.584mm,单相土模型中管节接头EJ33/东和EJ33/32以及E33管节中节段接头的纵向最大拉伸量分别为6.808mm、4.887mm和1.461mm,简化模型中管节接头EJ33/东和EJ33/32以及E33管节中节段接头的纵向最大拉伸量分别为7.935mm、6.024mm和1.735mm。简化模型比饱和土模型分别增大了4.70%、11.95%和9.53%,简化模型比单相土模型分别增大了16.55%、23.27%和18.75%,饱和土模型比单相土模型分别增大了11.32%、10.11%和8.42%。饱和土模型、单相土模型和简化模型中双向一致激励下的反应值分别比纵向单向一致激励下最多增大了

16.33%、18.49%和18.19%。

②横向相对位移。在MDE纵向与竖向同时激励下,饱和土模型中管节接头EJ33/东和EJ33/32以及E33管节中节段接头的最大横向相对位移分别为0.389mm、0.272mm和0.123mm,单相土模型中管节接头EJ33/东和EJ33/32以及E33管节中节段接头的最大横向相对位移分别为0.351mm、0.243mm和0.109mm,简化模型中管节接头EJ33/东和EJ33/32以及E33管节中节段接头的最大横向相对位移分别为0.422mm、0.295mm和0.126mm。简化模型比饱和土模型分别增大了8.48%、8.46%和2.44%,简化模型比单相土模型分别增大了20.23%、21.40%和15.60%,饱和土模型比单相土模型分别增大了10.83%、11.93%和12.84%。饱和土模型、单相土模型和简化模型中双向一致激励下的反应值分别比纵向单向一致激励下最多增大了43.48%、40.93%和33.01%。

③竖向相对位移。在MDE纵向与竖向同时激励下,饱和土模型中管节接头EJ33/东和EJ33/32以及E33管节中节段接头的最大竖向相对位移分别为0.385mm、0.344mm和0.123mm,单相土模型中管节接头EJ33/东和EJ33/32以及E33管节中节段接头的最大竖向相对位移分别为0.357mm、0.295mm和0.115mm,简化模型中管节接头EJ33/东和EJ33/32以及E33管节中节段接头的最大竖向相对位移分别为0.412mm、0.363mm和0.135mm。简化模型比饱和土模型分别增大了7.01%、5.52%和9.76%,简化模型比单相土模型分别增大了15.41%、23.05%和17.39%,饱和土模型比单相土模型分别增大了7.84%、16.61%和6.96%。饱和土模型、单相土模型和简化模型中双向一致激励下的反应值分别比纵向单向一致激励下最多增大了26.77%、26.75%和28.81%。

总体来看,考虑竖向激励分量对接头纵向上的拉伸和压缩变形影响很大,相对位移峰值有了较大的增加,接头处上下错动变形增强,需要引起足够的注意。对于本章研究的隧道来讲,在场地地质地形复杂的环境下,地震动竖向和纵向同时激励引起了管节接头处的变形增加较大。可以肯定的是,地震动的输入方向对接头纵向的拉伸变形影响较大。

(2)接头轴力、剪力反应

在MDE地震动纵向和竖向同时一致激励下,三种计算模型中管节E33两端管节接头和管节内节段接头轴力、横向剪力以及竖向剪力的最大值和最小值分别示于图4-32、图4-33和图4-34中,同时列出和纵向一致激励下的对比结果。

从图中的数据可以看出,沉管隧道中管节间管节接头和管节内节段接头的地震轴力、剪力反应情况如下:

①轴力。在MDE纵向与竖向同时激励下,饱和土模型中管节接头EJ33/东和EJ33/32以及E33管节中节段接头的最大轴力分别为2.031MN、1.836MN和2.558MN,单相土模型中管节接头EJ33/东和EJ33/32以及E33管节中节段接头的最大轴力分别为1.800MN、1.533MN和2.317MN,简化模型中管节接头EJ33/东和EJ33/32以及E33管节中节段接头的最大轴力

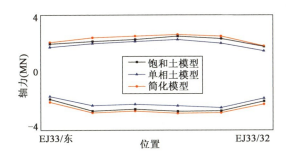

图 4-32　纵向与竖向同时激励下管节接头和节段接头轴力

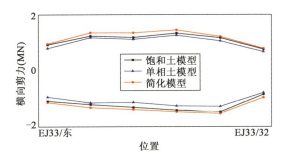

图 4-33　纵向与竖向同时激励下管节接头和节段接头横向剪力

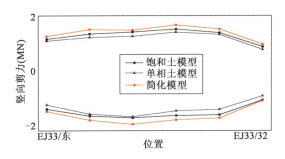

图 4-34　纵向与竖向同时激励下管节接头和节段接头竖向剪力

分别为 2.135MN、1.869MN 和 2.668MN。简化模型比饱和土模型分别增大了 5.12%、1.80% 和 4.30%,简化模型比单相土模型分别增大了 18.61%、21.92% 和 15.15%,饱和土模型比单相土模型分别增大了 12.83%、19.77% 和 10.40%。饱和土模型、单相土模型和简化模型中双向一致激励下的反应值分别比纵向单向一致激励下最多增大了 15.70%、11.03% 和 10.91%。

②横向剪力。在 MDE 纵向与竖向同时激励下,饱和土模型中管节接头 EJ33/东和 EJ33/32 以及 E33 管节中节段接头的最大横向剪力分别为 0.910MN、0.743MN 和 1.315MN,单相土模型中管节接头 EJ33/东和 EJ33/32 以及 E33 管节中节段接头的最大横向剪力分别为 0.778MN、0.655MN 和 1.236MN,简化模型中管节接头 EJ33/东和 EJ33/32 以及 E33 管节中节段接头的最大横向剪力分别为 0.937MN、0.773MN 和 1.425MN。简化模型比饱和土模型分别

增大了2.97%、4.04%和8.37%,简化模型比单相土模型分别增大了20.44%、18.02%和15.29%,饱和土模型比单相土模型分别增大了16.97%、13.44%和6.39%。饱和土模型、单相土模型和简化模型中双向一致激励下的反应值分别比纵向单向一致激励下最多增大了17.00%、13.61%和13.34%。

③竖向剪力。在MDE纵向与竖向同时激励下,饱和土模型中管节接头EJ33/东和EJ33/32以及E33管节中节段接头的最大竖向剪力分别为1.174MN、0.910MN和1.525MN,单相土模型中管节接头EJ33/东和EJ33/32以及E33管节中节段接头的最大竖向剪力分别为1.106MN、0.810MN和1.415MN,简化模型中管节接头EJ33/东和EJ33/32以及E33管节中节段接头的最大竖向剪力分别为1.274MN、0.993MN和1.667MN。简化模型比饱和土模型分别增大了8.52%、9.12%和9.31%,简化模型比单相土模型分别增大了15.19%、22.59%和17.81%,饱和土模型比单相土模型分别增大了6.15%、12.35%和7.77%。饱和土模型、单相土模型和简化模型中双向一致激励下的反应值分别比纵向单向一致激励下最多增大了17.22%、17.25%和14.27%。

总体来看,考虑纵向和竖向同时激励对接头处的轴力和剪力反应峰值影响都较为显著,尤其是使得接头处的竖向剪力有较大幅度的增大,需要引起足够的重视。

(3)管节结构内力反应

在MDE地震动纵向和竖向同时激励下,三种模型中管节E33上各节段的轴力、横向弯矩和竖向弯矩反应分布分别如图4-35、图4-36和图4-37所示。

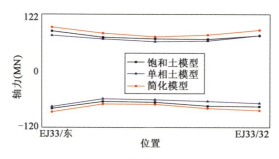

图4-35 纵向与竖向同时激励下管节结构轴力反应

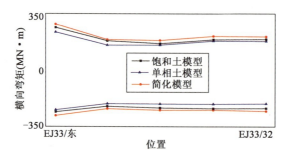

图4-36 纵向与竖向同时激励下管节结构横向弯矩反应

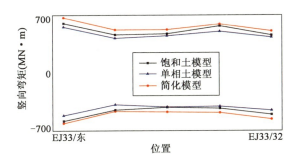

图 4-37　纵向与竖向同时激励下管节结构竖向弯矩反应

从图中的数据可以看出，沉管隧道中管节轴力和弯矩地震反应情况如下：

①轴力。在 MDE 纵向与竖向同时激励下，饱和土模型中 E33 管节 5 个节段中最大轴力为 87.892MN，单相土模型中 E33 管节 5 个节段中最大轴力为 78.314MN，简化模型中 E33 管节 5 个节段中最大轴力为 95.797MN。简化模型比饱和土模型增大了 8.99%，简化模型比单相土模型增大了 22.32%，饱和土模型比单相土模型增大了 12.23%。饱和土模型、单相土模型和简化模型中双向一致激励下的反应值分别比纵向单向一致激励下最多增大了 37.72%、32.15% 和 33.41%。

②横向弯矩。在 MDE 纵向与竖向同时激励下，饱和土模型中 E33 管节 5 个节段中最大横向弯矩为 263.214MN·m，单相土模型中 E33 管节 5 个节段中最大横向弯矩为 234.169MN·m，简化模型中 E33 管节 5 个节段中最大横向弯矩为 283.360MN·m。简化模型比饱和土模型增大了 7.65%，简化模型比单相土模型增大了 21.01%，饱和土模型比单相土模型增大了 12.40%。饱和土模型、单相土模型和简化模型中双向一致激励下的反应值分别比纵向单向一致激励下最多增大了 44.62%、42.91% 和 49.57%。

③竖向弯矩。在 MDE 纵向与竖向同时激励下，饱和土模型中 E33 管节 5 个节段中最大竖向弯矩为 605.208MN·m，单相土模型中 E33 管节 5 个节段中最大竖向弯矩为 561.191MN·m，简化模型中 E33 管节 5 个节段中最大竖向弯矩为 675.158MN·m。简化模型比饱和土模型增大了 11.56%，简化模型比单相土模型增大了 20.31%，饱和土模型比单相土模型增大了 7.84%。饱和土模型、单相土模型和简化模型中双向一致激励下的反应值分别比纵向单向一致激励下最多增大了 28.91%、29.05% 和 33.47%。

总体来看，同时考虑竖向和纵向激励，对隧道管节结构的内力影响明显，需要引起特别的注意。靠近东人工岛附近的节段明显增大，这可能与隧道所处地质地形有关。这也是本章选取地形地质复杂多变范围内的岛头段的隧道管节进行地震反应分析研究的原因。

4）纵向、横向和竖向地震同时一致激励

本节研究不同模型在 MDE 地震动纵向、横向和竖向三方向同时一致激励时隧道的地震反应变化规律，纵向、横向和竖向地震波加速度峰值按 1∶0.85∶0.65 的比例进行调整，分析时土体按非线性考虑。

(1) 接头典型位置处相对位移

在 MDE 地震动纵向、横向和竖向三向同时激励下,三种计算模型中管节 E33 两端管节接头和管节内节段接头纵向、横向以及竖向相对位移最大值和最小值分别示于图 4-38、图 4-39 和图 4-40 中,同时列出和纵向一致激励下的对比结果。

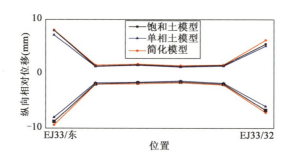

图 4-38 三向同时激励下管节接头和节段接头纵向相对位移

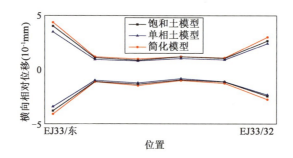

图 4-39 三向同时激励下管节接头和节段接头横向相对位移

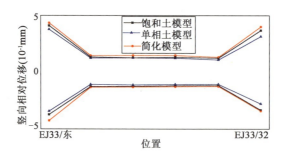

图 4-40 三向同时激励下管节接头和节段接头竖向相对位移

从图中的数据可以看出,沉管隧道中管节间管节接头和管节内节段接头的地震相对位移反应情况如下:

① 纵向相对位移。在 MDE 三向地震动同时激励下,饱和土模型中管节接头 EJ33/东和 EJ33/32 以及 E33 管节中节段接头的纵向最大拉伸量分别为 7.944mm、5.412mm 和 1.607mm,

单相土模型中管节接头 EJ33/东和 EJ33/32 以及 E33 管节中节段接头的纵向最大拉伸量分别为 7.076mm、5.045mm 和 1.514mm,简化模型中管节接头 EJ33/东和 EJ33/32 以及 E33 管节中节段接头的纵向最大拉伸量分别为 7.989mm、6.131mm 和 1.747mm。简化模型比饱和土模型分别增大了 5.67%、13.29% 和 8.71%,简化模型比单相土模型分别增大了 12.90%、21.53% 和 15.39%,饱和土模型比单相土模型分别增大了 12.27%、7.27% 和 6.14%。饱和土模型、单相土模型和简化模型中三向一致激励下的反应值分别比纵向单向一致激励下最多增大了 21.94%、22.82% 和 19.51%。

②横向相对位移。在 MDE 三向地震动同时激励下,饱和土模型中管节接头 EJ33/东和 EJ33/32 以及 E33 管节中节段接头的最大横向相对位移分别为 0.416mm、0.278mm 和 0.129mm,单相土模型中管节接头 EJ33/东和 EJ33/32 以及 E33 管节中节段接头的最大横向相对位移分别为 0.361mm、0.253mm 和 0.112mm,简化模型中管节接头 EJ33/东和 EJ33/32 以及 E33 管节中节段接头的最大横向相对位移分别为 0.450mm、0.313mm 和 0.130mm。简化模型比饱和土模型分别增大了 8.13%、12.43% 和 3.55%,简化模型比单相土模型分别增大了 24.59%、23.92% 和 56.12%,饱和土模型比单相土模型分别增大了 15.22%、10.22% 和 15.19%。饱和土模型、单相土模型和简化模型中三向一致激励下的反应值分别比纵向单向一致激励下最多增大了 52.87%、43.94% 和 41.75%。

③竖向相对位移。在 MDE 三向地震动同时激励下,饱和土模型中管节接头 EJ33/东和 EJ33/32 以及 E33 管节中节段接头的最大竖向相对位移分别为 0.405mm、0.364mm 和 0.130mm,单相土模型中管节接头 EJ33/东和 EJ33/32 以及 E33 管节中节段接头的最大竖向相对位移分别为 0.372mm、0.310mm 和 0.122mm,简化模型中管节接头 EJ33/东和 EJ33/32 以及 E33 管节中节段接头的最大竖向相对位移分别为 0.429mm、0.395mm 和 0.144mm。简化模型比饱和土模型分别增大了 5.82%、8.60% 和 10.69%,简化模型比单相土模型分别增大了 15.26%、27.57% 和 18.44%,饱和土模型比单相土模型分别增大了 8.92%、17.46% 和 6.70%。饱和土模型、单相土模型和简化模型中三向一致激励下的反应值分别比纵向单向一致激励下最多增大了 33.62%、32.00% 和 40.38%。

总体来看,三向同时一致激励下反应要大于两向激励下的结果,并且横向和竖向的增幅要大于纵向的增幅。

(2) 接头轴力、剪力反应

在 MDE 地震动三向同时一致激励下,三种计算模型中管节 E33 两端管节接头和管节内节段接头轴力、横向剪力以及竖向剪力的最大值和最小值分别示于图 4-41、图 4-42 和图 4-43 中,同时列出和纵向一致激励下的对比结果。

从图中的数据可以看出,沉管隧道中管节间管节接头和管节内节段接头的地震轴力、剪力反应情况如下:

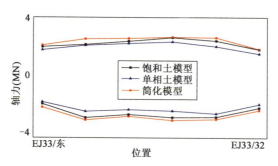

图4-41　三向同时激励下管节接头和节段接头轴力

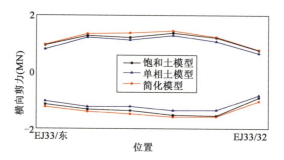

图4-42　三向同时激励下管节接头和节段接头横向剪力

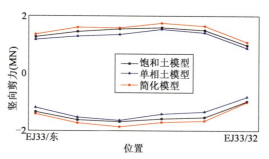

图4-43　三向同时激励下管节接头和节段接头竖向剪力

①轴力。在MDE三向地震动同时激励下，饱和土模型中管节接头EJ33/东和EJ33/32以及E33管节中节段接头的最大轴力分别为2.051MN、1.889MN和2.680MN，单相土模型中管节接头EJ33/东和EJ33/32以及E33管节中节段接头的最大轴力分别为1.842MN、1.603MN和2.392MN，简化模型中管节接头EJ33/东和EJ33/32以及E33管节中节段接头的最大轴力分别为2.151MN、1.908MN和2.706MN。简化模型比饱和土模型分别增大了4.88%、1.01%和0.97%，简化模型比单相土模型分别增大了16.78%、19.03%和13.13%，饱和土模型比单相土模型分别增大了11.34%、17.84%和12.04%。饱和土模型、单相土模型和简化模型中三向一致激励下的反应值分别比纵向单向一致激励下最多增大了18.42%、14.27%和11.76%。

②横向剪力。在MDE三向地震动同时激励下，饱和土模型中管节接头EJ33/东和EJ33/32以及E33管节中节段接头的最大横向剪力分别为0.962MN、0.779MN和1.390MN，单

相土模型中管节接头 EJ33/东和 EJ33/32 以及 E33 管节中节段接头的最大横向剪力分别为 0.811MN、0.668MN 和 1.299MN,简化模型中管节接头 EJ33/东和 EJ33/32 以及 E33 管节中节段接头的最大横向剪力分别为 0.976MN、0.789MN 和 1.462MN。简化模型比饱和土模型分别增大了 1.46%、1.28% 和 5.18%,简化模型比单相土模型分别增大了 20.35%、18.11% 和 12.55%,饱和土模型比单相土模型分别增大了 18.62%、16.62% 和 7.01%。饱和土模型、单相土模型和简化模型中三向一致激励下的反应值分别比纵向单向一致激励下最多增大了 22.72%、18.56% 和 15.63%。

③竖向剪力。在 MDE 三向地震动同时激励下,饱和土模型中管节接头 EJ33/东和 EJ33/32 以及 E33 管节中节段接头的最大竖向剪力分别为 1.265MN、0.978MN 和 1.590MN,单相土模型中管节接头 EJ33/东和 EJ33/32 以及 E33 管节中节段接头的最大竖向剪力分别为 1.168MN、0.876MN 和 1.531MN,简化模型中管节接头 EJ33/东和 EJ33/32 以及 E33 管节中节段接头的最大竖向剪力分别为 1.350MN、1.079MN 和 1.743MN。简化模型比饱和土模型分别增大了 6.72%、10.33% 和 9.62%,简化模型比单相土模型分别增大了 15.58%、23.17% 和 13.85%,饱和土模型比单相土模型分别增大了 8.30%、11.64% 和 3.85%。饱和土模型、单相土模型和简化模型中三向一致激励下的反应值分别比纵向单向一致激励下最多增大了 27.18%、23.97% 和 24.20%。

总体来看,考虑三向同时激励对接头处的轴力和剪力反应峰值影响都较为显著,尤其是使得接头处的横向剪力和竖向剪力有较大幅度的增加,可以看出竖向剪力比纵向一致激励时增大约 25%。

(3)管节结构内力反应

在 MDE 地震动三向同时激励下,三种模型中管节 E33 上各节段的轴力、横向弯矩和竖向弯矩反应分布分别如图 4-44、图 4-45 和图 4-46 所示,同时和 MDE 纵向一致激励下的结果进行了对比分析。

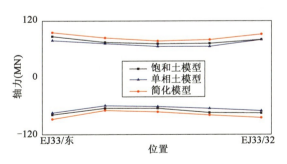

图 4-44　三向同时激励下管节结构轴力反应

从图中的数据可以看出,沉管隧道中管节轴力和弯矩地震反应情况如下:

①轴力。在 MDE 三向地震动同时激励下,饱和土模型中 E33 管节 5 个节段中最大轴力为

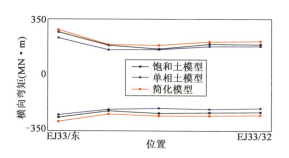

图 4-45　三向同时激励下管节结构横向弯矩反应

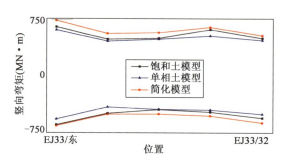

图 4-46　三向同时激励下管节结构竖向弯矩反应

88.279MN,单相土模型中 E33 管节 5 个节段中最大轴力为 81.150MN,简化模型中 E33 管节 5 个节段中最大轴力为 96.650MN。简化模型比饱和土模型增大了 9.48%,简化模型比单相土模型增大了 19.10%,饱和土模型比单相土模型增大了 8.79%。饱和土模型、单相土模型和简化模型分别比对应的 MDE 纵向一致激励下最多增大了 33.30%、36.64% 和 34.60%。

②横向弯矩。在 MDE 三向地震动同时激励下,饱和土模型中 E33 管节 5 个节段中最大横向弯矩为 277.691MN·m,单相土模型中 E33 管节 5 个节段中最大横向弯矩为 240.866MN·m,简化模型中 E33 管节 5 个节段中最大横向弯矩为 293.278MN·m。简化模型比饱和土模型增大了 5.61%,简化模型比单相土模型增大了 21.76%,饱和土模型比单相土模型增大了 15.29%。饱和土模型、单相土模型和简化模型分别比对应的 MDE 纵向一致激励下最多增大了 52.58%、47.00% 和 54.80%。

③竖向弯矩。在 MDE 三向地震动同时激励下,饱和土模型中 E33 管节 5 个节段中最大竖向弯矩为 649.691MN·m,单相土模型中 E33 管节 5 个节段中最大竖向弯矩为 609.397MN·m,简化模型中 E33 管节 5 个节段中最大竖向弯矩为 734.639MN·m。简化模型比饱和土模型增大了 13.08%,简化模型比单相土模型增大了 20.55%,饱和土模型比单相土模型增大了 6.61%。饱和土模型、单相土模型和简化模型分别比对应的 MDE 纵向一致激励下最多增大了 38.38%、40.13% 和 45.23%。

第4章 超长沉管隧道局部三维地震响应分析

总体来看,同时考虑横向、竖向和纵向一致激励,对隧道管节结构的内力影响明显,轴力和弯矩有不同程度的增加。

5) 横向一致地震激励

沉管隧道管节的横向错动是工程设计重点考虑的因素之一,为此本节研究沉管隧道在 ODE 和 MDE 两种不同强度地震动横向一致激励下的地震反应情况,以考察横向地震输入时沉管隧道地震反应的一些基本规律。

(1) 接头典型位置处相对位移

在 ODE 和 MDE 两种地震动的横向一致激励下,三种计算模型中管节 E33 两端管节接头和管节内节段接头纵向、横向以及竖向相对位移最大值和最小值分别示于图 4-47、图 4-48 和图 4-49 中。

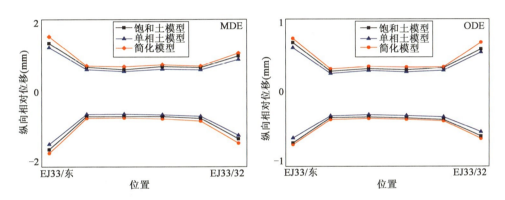

图 4-47 不同横向地震动激励下管节接头和节段接头纵向相对位移

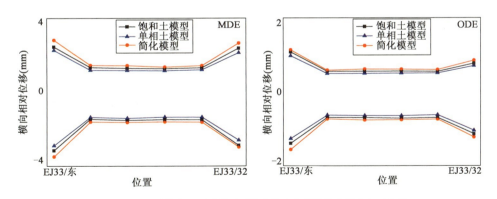

图 4-48 不同横向地震动激励下管节接头和节段接头横向相对位移

从图中的数据可以看出,沉管隧道中管节间管节接头和管节内节段接头的地震相对位移反应情况如下:

①纵向相对位移。在 MDE 横向地震激励下,饱和土模型中管节接头 EJ33/东和 EJ33/32 以及 E33 管节中节段接头的纵向最大拉伸量分别为 1.364mm、1.012mm 和 0.725mm,单相土

模型中管节接头EJ33/东和EJ33/32以及E33管节中节段接头的纵向最大拉伸量分别为1.248mm、0.917mm和0.653mm,简化模型中管节接头EJ33/东和EJ33/32以及E33管节中节段接头的纵向最大拉伸量分别为1.546mm、1.091mm和0.773mm。简化模型比饱和土模型分别增大了13.34%、7.81%和6.62%,简化模型比单相土模型分别增大了23.88%、18.97%和18.38%,饱和土模型比单相土模型分别增大了9.29%、10.36%和11.03%。

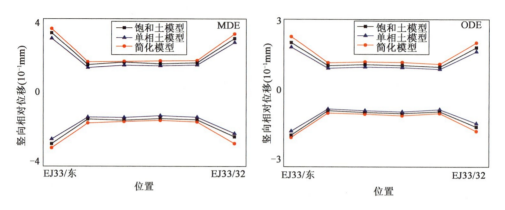

图4-49 不同横向地震动激励下管节接头和节段接头竖向相对位移

②横向相对位移。在MDE横向地震激励下,饱和土模型中管节接头EJ33/东和EJ33/32以及E33管节中节段接头的最大横向相对位移分别为2.496mm、2.415mm和1.376mm,单相土模型中管节接头EJ33/东和EJ33/32以及E33管节中节段接头的最大横向相对位移分别为2.309mm、2.172mm和1.25mm,简化模型中管节接头EJ33/东和EJ33/32以及E33管节中节段接头的最大横向相对位移分别为2.853mm、2.688mm和1.486mm。简化模型比饱和土模型分别增大了14.30%、11.30%和7.99%,简化模型比单相土模型分别增大了23.56%、23.76%和18.88%,饱和土模型比单相土模型分别增大了8.10%、11.19%和10.08%。

③竖向相对位移。在MDE横向地震激励下,饱和土模型中管节接头EJ33/东和EJ33/32以及E33管节中节段接头的最大竖向相对位移分别为0.330mm、0.300mm和0.166mm,单相土模型中管节接头EJ33/东和EJ33/32以及E33管节中节段接头的最大竖向相对位移分别为0.299mm、0.276mm和0.150mm,简化模型中管节接头EJ33/东和EJ33/32以及E33管节中节段接头的最大竖向相对位移分别为0.354mm、0.325mm和0.175mm。简化模型比饱和土模型分别增大了7.46%、8.51%和5.85%,简化模型比单相土模型分别增大了18.42%、17.80%和16.70%,饱和土模型比单相土模型分别增大了10.19%、8.55%和10.25%。

④分析可知,在MDE横向地震动纵向一致激励下,无论是何种模型接头处的相对位移峰值比ODE激励下都有不同程度的增加,如饱和土模型在MDE工况下管节接头EJ33/东纵向、横向和竖向最大相对位移峰值分别是ODE工况下的1.99倍、1.36倍和1.65倍。这说明随着

地震激励的增加,接头处的相对位移反应明显增大。

⑤通过和纵向一致激励下的对比分析可知,在地震动横向激励下,隧道接头处的横向相对位移在所有三个方向的相对位移中的比例,如在 MDE 地震动纵向一致激励下,管节接头 EJ33/东在三种模型下最大横向位移分别为 2.496mm、2.309mm 和 2.853mm,比纵向一致激励下的横向相对位移增大一个量级。

我们知道,对于柔性连接的沉管隧道来讲,柔性接头处的纵向拉伸量不能太大,必须要保证地震作用下其拉伸量处于允许范围内,以确保隧道结构的安全。因此研究这类隧道时,沿隧道纵向上的地震激励情况应为分析接头拉压变形的主要模式,即纵向地震动起到控制作用。但同时也应注意到,在地震动横向激励下,隧道接头处的横向相对位移在所有三个方向的相对位移中的比例最大这一地震反应特点。

(2)接头轴力、剪力反应

在 MDE 和 ODE 两种地震动横向一致激励下,三种计算模型中管节 E33 两端管节接头和管节内节段接头轴力、横向剪力以及竖向剪力的最大值和最小值分别示于图 4-50、图 4-51 和图 4-52 中。

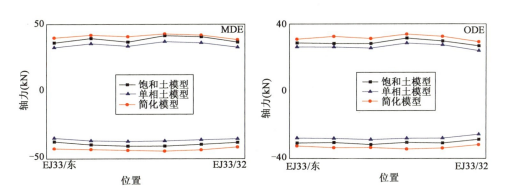

图 4-50 不同横向地震动激励下管节接头和节段接头轴力

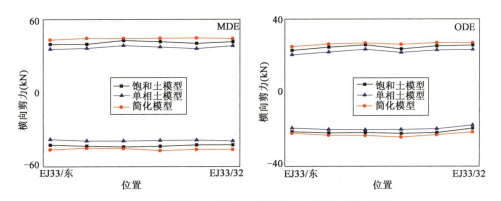

图 4-51 不同横向地震动激励下管节接头和节段接头横向剪力

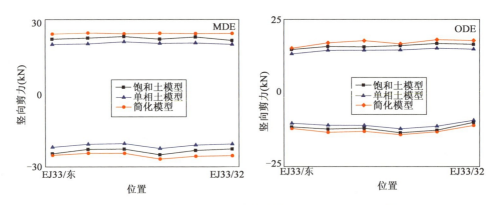

图 4-52　不同横向地震动激励下管节接头和节段接头竖向剪力

从图中的数据可以看出,沉管隧道中管节间管节接头和管节内节段接头的地震轴力、剪力反应情况如下:

①轴力。在 MDE 横向地震激励下,饱和土模型中管节接头 EJ33/东和 EJ33/32 以及 E33 管节中节段接头的最大轴力分别为 35.776kN、36.264kN 和 41.072kN,单相土模型中管节接头 EJ33/东和 EJ33/32 以及 E33 管节中节段接头的最大轴力分别为 32.286kN、32.480kN 和 36.704kN,简化模型中管节接头 EJ33/东和 EJ33/32 以及 E33 管节中节段接头的最大轴力分别为 39.445kN、38.082kN 和 42.384kN。简化模型比饱和土模型分别增大了 10.26%、16.88% 和 −7.28%,简化模型比单相土模型分别增大了 22.17%、30.49% 和 3.75%,饱和土模型比单相土模型分别增大了 10.81%、11.65% 和 11.90%。

②横向剪力。在 MDE 横向地震激励下,饱和土模型中管节接头 EJ33/东和 EJ33/32 以及 E33 管节中节段接头的最大横向剪力分别为 39.711kN、41.683kN 和 42.841kN,单相土模型中管节接头 EJ33/东和 EJ33/32 以及 E33 管节中节段接头的最大横向剪力分别为 35.760kN、38.407kN 和 38.665kN,简化模型中管节接头 EJ33/东和 EJ33/32 以及 E33 管节中节段接头的最大横向剪力分别为 43.251kN、44.217kN 和 44.745kN。简化模型比饱和土模型分别增大了 8.91%、6.08% 和 4.44%,简化模型比单相土模型分别增大了 20.95%、15.13% 和 15.72%,饱和土模型比单相土模型分别增大了 11.05%、8.53% 和 10.80%。

③竖向剪力。在 MDE 横向地震激励下,饱和土模型中管节接头 EJ33/东和 EJ33/32 以及 E33 管节中节段接头的最大竖向剪力分别为 22.077kN、21.535kN 和 23.121kN,单相土模型中管节接头 EJ33/东和 EJ33/32 以及 E33 管节中节段接头的最大竖向剪力分别为 19.952kN、19.964kN 和 21.040kN,简化模型中管节接头 EJ33/东和 EJ33/32 以及 E33 管节中节段接头的最大竖向剪力分别为 24.243kN、24.421kN 和 24.657kN。简化模型比饱和土模型分别增大了 9.81%、13.40% 和 6.64%,简化模型比单相土模型分别增大了 21.51%、22.33% 和 17.19%,饱和土模型比单相土模型分别增大了 10.65%、7.87% 和 9.89%。

由上可以看出,横向地震激励下管节接头横向剪力要明显大于竖向剪力。

(3) 管节结构内力反应

在 MDE 地震动横向一致激励下,三种模型中管节 E33 上各节段的轴力、横向弯矩和竖向弯矩反应分布分别如图 4-53、图 4-54 和图 4-55 所示。

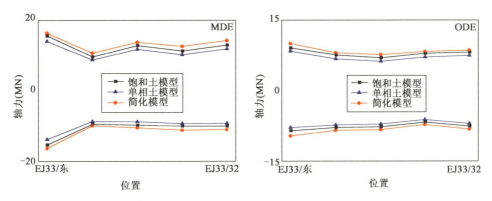

图 4-53　不同地震动横向激励下管节结构轴力反应

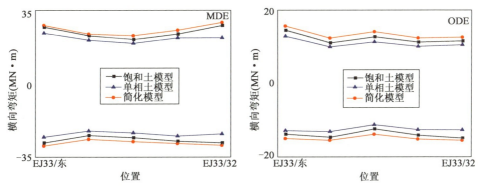

图 4-54　不同地震动横向激励下管节结构横向弯矩反应

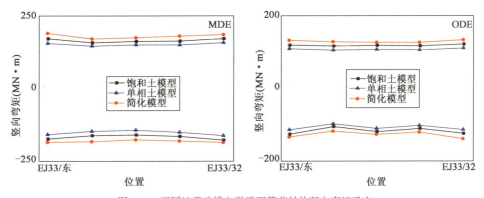

图 4-55　不同地震动横向激励下管节结构竖向弯矩反应

从图中的数据可以看出,沉管隧道中管节轴力和弯矩地震反应情况如下:

① 轴力。在 MDE 横向一致地震激励下,饱和土模型中 E33 管节 5 个节段中最大轴力为

15.491MN,单相土模型中 E33 管节 5 个节段中最大轴力为 13.936MN,简化模型中 E33 管节 5 个节段中最大轴力为 16.297MN。简化模型比饱和土模型增大了 5.20%,简化模型比单相土模型增大了 16.94%,饱和土模型比单相土模型增大了 11.16%。

②横向弯矩。在 MDE 横向一致地震激励下,饱和土模型中 E33 管节 5 个节段中最大横向弯矩为 28.280MN·m,单相土模型中 E33 管节 5 个节段中最大横向弯矩为 24.635MN·m,简化模型中 E33 管节 5 个节段中最大横向弯矩为 29.754MN·m。简化模型比饱和土模型增大了 5.21%,简化模型比单相土模型增大了 20.78%,饱和土模型比单相土模型增大了 14.80%。

③竖向弯矩。在 MDE 横向一致地震激励下,饱和土模型中 E33 管节 5 个节段中最大竖向弯矩为 169.672MN·m,单相土模型中 E33 管节 5 个节段中最大竖向弯矩为 155.619MN·m,简化模型中 E33 管节 5 个节段中最大竖向弯矩为 187.275MN·m。简化模型比饱和土模型增大了 10.37%,简化模型比单相土模型增大了 20.34%,饱和土模型比单相土模型增大了 9.03%。

从以上数据可以看出,横向一致地震激励下管节结构内力明显小于纵向一致地震激励下管节结构内力计算结果,这也说明纵向输入控制沉管隧道的设计,但是横向输入下引起的横断面上的内力的增加也是设计中不容忽视的关键因素之一。

6)纵向行波地震激励

本节以三种计算模型为例,行波视波速分别取 2 000m/s、3 000m/s 和 4 000m/s,进行 MDE 地震动行波激励的计算分析,研究行波激励和不同行波视波速和行波不同激励方向对隧道地震反应的影响,分析时土体按非线性考虑。

(1)接头典型位置处相对位移

在 MDE 地震动行波激励下,三种计算模型中管节 E33 两端管节接头和管节内节段接头在视波速分别为 2 000m/s、3 000m/s 和 4 000m/s 时不同激励方向下的纵向相对位移的最大值和最小值分别示于图 4-56、图 4-57 和图 4-58 中。图中给出了在不同视波速不同激励方向下饱和土模型中管节 E33 两端管节接头和管节内节段接头纵向相对位移峰值对比结果。

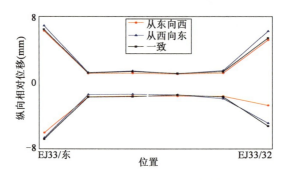

图 4-56 视波速为 2 000m/s 时饱和土模型管节接头和节段接头纵向相对位移

第4章 超长沉管隧道局部三维地震响应分析

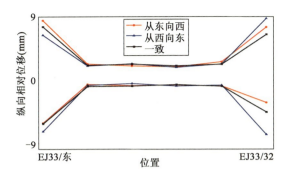

图 4-57 视波速为 3 000m/s 时饱和土模型管节接头和节段接头纵向相对位移

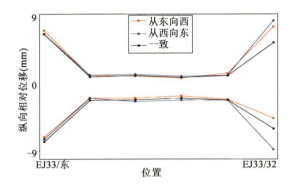

图 4-58 视波速为 4 000m/s 时饱和土模型管节接头和节段接头纵向相对位移

从图中的数据可以看出,在 MDE 地震动行波激励下沉管隧道管节间管节接头和管节内节段接头的纵向相对位移反应情况如下:

①视波速为 2 000m/s 时,在 MDE 地震动行波从东向西激励下,和一致输入下的结果进行对比,饱和土模型、单相土模型和简化模型中各接头纵向相对位移最大值的误差峰值分别为 -12.51%、-13.97% 和 -18.94%,纵向相对位移最小值的误差峰值分别为 -47.94%、-49.11% 和 -50.00%;在 MDE 地震动行波从西向东激励下,和一致输入下的结果进行对比,饱和土模型、单相土模型和简化模型中各接头纵向相对位移最大值的误差峰值分别为 15.76%、22.80% 和 23.63%,纵向相对位移最小值的误差峰值分别为 -17.98%、-17.68% 和 18.23%。

②视波速为 3 000m/s 时,在 MDE 地震动行波从东向西激励下,和一致输入下的结果进行对比,饱和土模型、单相土模型和简化模型中各接头纵向相对位移最大值的误差峰值分别为 24.15%、27.25% 和 27.23%,纵向相对位移最小值的误差峰值分别为 -24.90%、-23.57% 和 -25.11%;在 MDE 地震动行波从西向东激励下,和一致输入下的结果进行对比,饱和土模型、单相土模型和简化模型中各接头纵向相对位移最大值的误差峰值分别为 40.46%、53.05% 和 54.49%,纵向相对位移最小值的误差峰值分别为 58.64%、43.58% 和

50.33%。

③视波速为4 000m/s时,在MDE地震动行波从东向西激励下,和一致输入下的结果进行对比,饱和土模型、单相土模型和简化模型中各接头纵向相对位移最大值的误差峰值分别为36.15%、36.92%和36.16%,纵向相对位移最小值的误差峰值分别为-24.91%、-28.12%和-27.31%;在MDE地震动行波从西向东激励下,和一致输入下的结果进行对比,饱和土模型、单相土模型和简化模型中各接头纵向相对位移最大值的误差峰值分别为50.60%、44.65%和52.59%,纵向相对位移最小值的误差峰值分别为48.70%、42.78%和48.55%。

④以饱和土模型中管节接头EJ33/东为例,视波速为2 000m/s、3 000m/s和4 000m/s时自东向西输入时和一致输入时的误差分别为-6.20%、13.48%和6.97%;自西向东输入时和一致输入时的误差分别为6.95%、-17.61%和0.35%;可见不同行波方向激励下对计算结果还是有较大影响,其中视波速为3 000m/s时自西向东输入时误差最大。

⑤由以上分析可知,对于地下长大管线结构,由于纵向的接头相对位移远大于其余两个方向,行波输入的影响是很值得考虑的。不同视波速下结果会有较大差异,而且若计算体系在地形或其他条件影响下是非对称的,还需要考虑行波激励方向的影响。

(2)接头内力反应

在MDE地震动行波激励下,三种计算模型中管节E33两端管节接头和管节内节段接头在视波速分别为2 000m/s、3 000m/s和4 000m/s时不同激励方向下的轴力的最大值和最小值分别示于图4-59、图4-60和图4-61中。图中给出了在不同视波速不同激励方向下饱和土模型中管节E33两端管节接头和管节内节段接头轴力峰值对比结果。

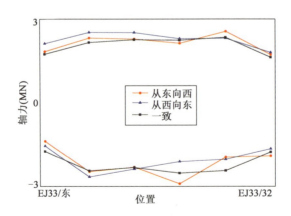

图4-59 视波速为2 000m/s时饱和土模型管节接头和节段接头轴力

从图中的数据可以看出,在MDE地震动行波激励下沉管隧道管节间管节接头和管节内节段接头的轴力反应情况如下:

①视波速为2 000m/s时,在MDE地震动行波从东向西激励下,和一致输入下的结果进行

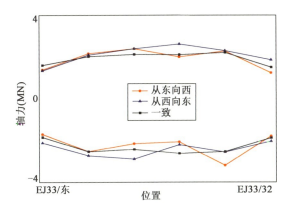

图4-60　视波速为3 000m/s时饱和土模型管节接头和节段接头轴力

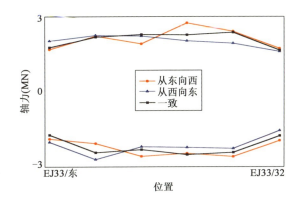

图4-61　视波速为4 000m/s时饱和土模型管节接头和节段接头轴力

对比,饱和土模型、单相土模型和简化模型中各接头轴力最大值的误差峰值分别为8.96%、13.63%和11.81%,轴力最小值的误差峰值分别为-20.54%、-20.35%和-19.01%;在MDE地震动行波从西向东激励下,和一致输入下的结果进行对比,饱和土模型、单相土模型和简化模型中各接头轴力最大值的误差峰值分别为21.47%、16.61%和19.62%,轴力最小值的误差峰值分别为-16.41%、-16.66%和-19.20%。

②视波速为3 000m/s时,在MDE地震动行波从东向西激励下,和一致输入下的结果进行对比,饱和土模型、单相土模型和简化模型中各接头轴力最大值的误差峰值分别为-16.17%、-16.66%和-16.39%,轴力最小值的误差峰值分别为27.60%、-21.82%和20.41%;在MDE地震动行波从西向东激励下,和一致输入下的结果进行对比,饱和土模型、单相土模型和简化模型中各接头轴力最大值的误差峰值分别为22.63%、23.42%和18.52%,轴力最小值的误差峰值分别为-16.71%、-18.02%和16.67%。

③视波速为4 000m/s时,在MDE地震动行波从东向西激励下,和一致输入下的结果进行对比,饱和土模型、单相土模型和简化模型中各接头轴力最大值的误差峰值分别为21.00%、

21.58%和19.23%,轴力最小值的误差峰值分别为-14.93%、19.88%和17.10%;在MDE地震动行波从西向东激励下,和一致输入下的结果进行对比,饱和土模型、单相土模型和简化模型中各接头轴力最大值的误差峰值分别为-18.48%、-15.66%和-14.22%,轴力最小值的误差峰值分别为16.65%、-14.50%和18.07%。

④以饱和土模型中管节接头EJ33/东为例,视波速为2 000m/s、3 000m/s和4 000m/s时自东向西输入时和一致输入时的误差分别为5.17%、-12.34%和-4.51%;自西向东输入时和一致输入时的误差分别为21.47%、-15.03%和14.96%;可见不同行波方向激励下对计算结果还是有较大影响,其中视波速为3 000m/s时计算结果减小较多。

(3)管节结构内力反应

在MDE地震动行波激励下,三种计算模型在视波速分别为2 000m/s、3 000m/s和4 000m/s时不同激励方向下管节E33上各节段的轴力的最大值和最小值分别示于图4-62、图4-63和图4-64中。图中给出了饱和土模型在不同视波速不同激励方向下管节E33上各节段管节轴力的峰值对比结果。

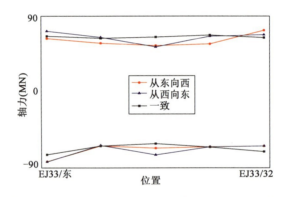

图4-62 视波速为2 000m/s时饱和土模型管节结构轴力反应

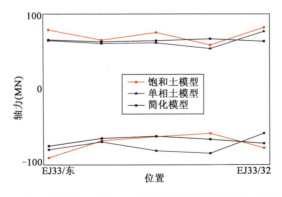

图4-63 视波速为3 000m/s时饱和土模型管节结构轴力反应

从图中的数据可以看出,在MDE地震动行波激励下沉管隧道管节结构轴力反应情况如下:

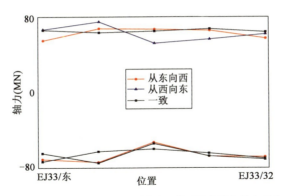

图 4-64 视波速为 4 000m/s 时饱和土模型管节结构轴力反应

①视波速为 2 000m/s 时,在 MDE 地震动行波从东向西激励下,和一致输入下的结果进行对比,饱和土模型、单相土模型和简化模型中管节轴力最大值的误差峰值分别为 −15.99%、−17.37% 和 −14.14%,轴力最小值的误差峰值分别为 11.09%、14.51% 和 12.43%;在 MDE 地震动行波从西向东激励下,和一致输入下的结果进行对比,饱和土模型、单相土模型和简化模型中管节轴力最大值的误差峰值分别为 −18.32%、−16.81% 和 −12.57%,轴力最小值的误差峰值分别为 21.71%、19.14% 和 13.45%。

②视波速为 3 000m/s 时,在 MDE 地震动行波从东向西激励下,和一致输入下的结果进行对比,饱和土模型、单相土模型和简化模型中管节轴力最大值的误差峰值分别为 28.59%、26.14% 和 25.66%,轴力最小值的误差峰值分别为 20.94%、25.63% 和 18.22%;在 MDE 地震动行波从西向东激励下,和一致输入下的结果进行对比,饱和土模型、单相土模型和简化模型管节中轴力最大值的误差峰值分别为 20.51%、21.35% 和 −17.84%,轴力最小值的误差峰值分别为 31.54%、26.67% 和 25.59%。

③视波速为 4 000m/s 时,在 MDE 地震动行波从东向西激励下,和一致输入下的结果进行对比,饱和土模型、单相土模型和简化模型中管节轴力最大值的误差峰值分别为 −16.23%、−11.96% 和 −16.72%,轴力最小值的误差峰值分别为 16.95%、13.05% 和 17.79%;在 MDE 地震动行波从西向东激励下,和一致输入下的结果进行对比,饱和土模型、单相土模型和简化模型中管节轴力最大值的误差峰值分别为 −19.24%、−21.83% 和 19.88%,轴力最小值的误差峰值分别为 18.09%、15.60% 和 19.65%。

④以饱和土模型中管节 E33 的第一节段为例,视波速为 2 000m/s、3 000m/s 和 4 000m/s 时自东向西输入时和一致输入时的轴力误差分别为 −4.37%、20.29% 和 −16.23%;自西向东输入时和一致输入时的轴力误差分别为 11.09%、−1.68% 和 0.83%;可见不同行波方向激励下对计算结果还是有较大影响,其中视波速为 3 000m/s 时自东向西输入计算结果变化较为明显。

4.3.3　西人工岛-沉管隧道局部体系地震反应分析

1) 计算模型和工况

本节主要研究对象为和西人工岛衔接的管节 E1,采用与东人工岛相似的方法,在 E1 管节东侧增加 2 个管节(分别为 E2、E3)与西人工岛的暗埋段及上部结构一起建模,局部建模范围如图 4-65 所示,所建东人工岛-沉管隧道-土层局部体系的三维有限元精细化模型如图 4-66 所示,计算模型中共有 521 692 个单元,537 989 个节点,共 4 649 841 自由度。土-隧道体系三维有限元模型中的岛上建筑与隧道结构局部体系的有限元网格如图 4-67 所示。

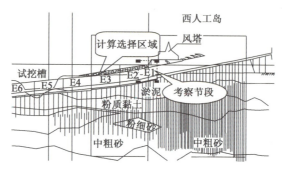

图 4-65　西人工岛-沉管隧道局部建模范围

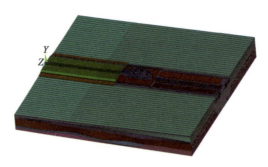

图 4-66　西人工岛-沉管隧道三维精细化有限元模型

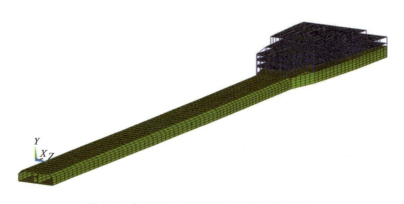

图 4-67　岛上建筑与隧道结构的局部有限元网格

建模中所采用的结构部件计算参数和输入地震动时程与上一节东人工岛局部计算模型相同。下卧土层有限元建模时,则根据前期由国家地震局地壳应力研究所完成的《港珠澳大桥工程场地设计地震动参数研究报告》(2009)[18],取西人工岛区段 XKD66 钻孔的土层计算模型参数,如表 4-15 所示。应用等效线性化方法考虑土层介质的非线性特性,各类土介质的应变-应力和应变-阻尼比的对应关系如表 4-14 所示。

西人工岛 XKD66 钻孔土层动力计算模型参数　　表 4-15

序号	土性描述	土类号	土层顶部深度（m）	土层底部深度（m）	层厚（m）	波速 v_s（m/s）	密度（g/cm³）
1	淤泥质粉黏土	14	13.2	17.8	4.6	98	1.77
2	粉质黏土	15	17.8	26.9	9.1	188	1.87
3	粉细砂	33	26.9	37.4	10.5	261	2.00
4	中粗砂	34	37.4	44.8	7.4	277	2.22
5	中粗砂	34	44.8	54.8	10.0	306	2.22
6	中粗砂	34	54.8	64.8	10.0	306	2.22
7	中粗砂	35	64.8	71.1	6.3	306	2.22
8	中风化花岗岩	38	71.1	76.5	5.4	663	2.10

通过多种计算工况的研究结果(邵新刚,2014)[21]比较表明:以纵向地震输入为主的 MDE 三维地震激励为沉管隧道地震反应的控制工况。下文给出考虑土层非线性特性和海水动水压力作用(以附加质量模拟)时,在 MDE 的一致和行波激励下的有关计算结果。根据相关研究(杨燕等,2011)[11],汶川强震发生时,远场的地震波传播的平均速度大于 3 000m/s,根据我们的研究,视波速为 3 000m/s 时,沉管隧道地震反应最大,为此,在计算土层-沉管隧道体系的地震反应时,取地震波行波的视波速为 3 000m/s,并取两个传播方向,即从东人工岛传向西人工岛(简称正向)和从西人工岛传向东人工岛(简称反向)。

2)E1 管节接头的相对位移

表 4-16 给出了 E1 管节两端管节接头 J1 和 J2/1 以及管节内节段接头相对位移时程反应中的最大值和最小值。根据表 4-16 中的数据,可比较在一致地震激励和行波激励地震下 E1 管节两端管节接头 J1 和 J2/1 以及管节内节段接头最大相对位移峰值,如表 4-17 所示。

MDE 三向地震激励下接头位移(单位:mm)　　表 4-16

激励方式	接头位置	横向		竖向		纵向	
		最大值	最小值	最大值	最小值	最大值	最小值
一致输入	管节接头 J2/1	0.606	-0.532	2.007	-1.443	1.190	-0.976
	管节接头 J1	1.139	-1.408	3.060	-0.697	1.953	-1.282
	E1 节段接头	1.101	-1.132	1.627	-2.311	0.031	-0.153

续上表

激励方式	接头位置	横向		竖向		纵向	
		最大值	最小值	最大值	最小值	最大值	最小值
3 000m/s 正向	管节接头 J2/1	0.792	-0.692	1.422	-2.224	1.679	-1.984
	管节接头 J1	1.051	-1.320	3.048	-0.688	2.075	-2.625
	E1 节段接头	0.871	-1.086	2.486	-5.251	0.031	-0.732
	管节接头 J2/1	0.816	-0.528	2.080	-1.717	2.564	-1.892
	管节接头 J1	1.072	-1.567	2.592	-0.797	2.411	-2.197
	E1 节段接头	1.329	-1.423	3.000	-3.817	0.031	-0.366

E1 管节接头相对位移峰值比较(单位:mm)　　表 4-17

接头位置	横向相对位移		竖向相对位移		纵向相对位移	
	一致	行波	一致	行波	一致	行波
管节接头 J2/1	0.606	0.792	2.007	2.224	1.190	1.984
管节接头 J1	1.408	1.320	3.060	3.048	1.953	2.625
E1 节段接头	1.132	1.086	2.311	5.251	0.153	0.732

从表 4-16 和表 4-17 中数据可以看出，不同地震激励方式对沉管隧道中管节间管节接头和管节内节段接头相对位移的影响如下：

(1)横向相对位移

相对于一致激励，在 3 000m/s 行波激励下，EJ2/1 管节接头的横向相对位移增加了 34.60%；EJ1 管节接头的横向相对位移增加了 11.31%；E1 管节节段接头的横向相对位移增加了 25.70%。

(2)竖向相对位移

相对于一致激励，在 3 000m/s 行波激励下，EJ2/1 管节接头的竖向相对位移增加了 10.86%；EJ1 管节接头的竖向相对位移减小了 0.40%；E1 管节节段接头的竖向相对位移增加了 127.25%。

(3)纵向相对位移

相对于一致激励，在 3 000m/s 行波激励下，EJ2/1 管节接头的纵向相对位移增加了 115.38%；EJ1 管节接头的纵向相对位移增加了 34.37%；E1 管节节段接头的纵向相对位移增加了 379.95%。

总的来看，在 3 000m/s 地震行波三向激励下，相对于一致三向输入时隧道接头的纵向位移，增加的幅度最大，其次是竖向位移，横向位移增幅较小。对于纵向位移和竖向位移而言，地震行波输入对节段接头的影响要大于管节接头。

3) E1 管节接头的地震内力

表 4-18 给出了 E1 管节两端管节接头 J1 和 J2/1 以及管节内节段接头地震内力时程反应

中的最大值和最小值。根据表 4-18 中的数据，可比较在一致地震激励和行波激励地震下 E1 管节两端管节接头 J1 和 J2/1 以及管节内节段接头地震内力峰值，如表 4-19 所示。

MDE 三向地震输入条件下接头的地震剪力（单位：MN）　　　　表 4-18

激励方式	接头位置	竖向剪力		横向剪力	
		最大值	最小值	最大值	最小值
一致输入	管节接头 J2/1	0.011	−0.005	0.007	−0.008
	管节接头 J1	0.017	−0.004	0.019	−0.016
	E1 节段接头	0.004	−0.003	0.002	−0.002
3 000m/s 正向	管节接头 J2/1	0.013	−0.011	0.010	−0.012
	管节接头 J1	0.019	−0.010	0.018	−0.021
	E1 节段接头	0.004	−0.003	0.001	−0.001
3 000m/s 反向	管节接头 J2/1	0.009	−0.002	0.009	−0.009
	管节接头 J1	0.016	−0.006	0.018	−0.018
	E1 节段接头	0.007	0.000	0.003	−0.002

E1 管节接头地震剪力峰值比较（单位：MN）　　　　表 4-19

接头位置	竖向剪力		横向剪力	
	一致输入	行波输入	一致输入	行波输入
管节接头 J2/1	0.011	0.013	0.008	0.012
管节接头 J1	0.017	0.019	0.019	0.021
E1 节段接头	0.004	0.007	0.002	0.003

通过比较，可以分析出不同地震激励方式对沉管隧道 E1 管节两端管节接头和管节内节段接头地震剪力的影响：

(1) 竖向剪力

相对于一致激励，在行波波速 3 000m/s 激励下，EJ2/1 管节接头竖向剪力正向增加了 16.18%；EJ1 管节接头竖向剪力正向增加了 9.68%；E1 管节内节段接头的竖向剪力增加 60.61%。

(2) 横向剪力

相对于一致激励，在行波波速 3 000m/s 激励下，EJ2/1 管节接头横向剪力正向增大了 48.71%；EJ1 管节接头横向剪力正向增大了 11.02%；E1 管节内节段接头的横向剪力增加 79.22%。

总的来说，行波效应使得大、节段接头的横向、竖向剪力均有所增加。

4）E1 管节截面内力

表 4-20 给出了 E1 管节结构截面地震内力时程反应中的最大值和最小值。根据表 4-20 中

的数据,可比较在一致地震激励和行波激励地震下 E1 管节结构截面地震内力峰值,如表4-21所示。

MDE 三向地震输入条件 E1 管节结构截面内力　　表4-20

激励方式	轴力(MN)		竖向弯矩(MN·m)		横向弯矩(MN·m)	
	最大值	最小值	最大值	最小值	最大值	最小值
一致输入	43.966	-32.408	134.917	-119.763	135.979	-33.187
3 000m/s 正向	54.475	-68.282	124.290	-99.931	196.263	-64.318
3 000m/s 反向	77.815	-57.971	116.387	-127.475	105.073	-43.501

E1 管节结构截面内力峰值比较　　表4-21

轴力(MN)		竖向弯矩(MN·m)		横向弯矩(MN·m)	
一致输入	行波输入	一致输入	行波输入	一致输入	行波输入
43.966	68.282	134.917	124.290	135.979	196.263

从表中的数据可以看出,在一致地震激励和行波激励地震下沉管隧道中 E1 管节截面轴力和弯矩变化情况如下:

(1)轴力

相对于一致激励,在波速 3 000m/s 激励下,E1 管节的截面轴力峰值增加了 76.99%。

(2)竖向弯矩

相对于一致激励,在行波波速 3 000m/s 激励下,E1 管节的截面竖向弯矩峰值减少了 5.52%。

(3)横向弯矩

相对于一致激励,在行波波速 3 000m/s 激励下,E1 管节的截面横向弯矩峰值增加了 44.33%。

总的来看,地震行波效应使得 E1 管节的截面内力增大。

4.4 本章小结

本章以港珠澳大桥超长沉管隧道为背景,对沉管隧道关键部位的三维地震响应分析进行了详细阐述。首先介绍了沉管隧道三维地震响应分析方法,对三维土-结构动力相互作用问题整体分析中的几个特殊问题开展了相应的研究,提出了在三维有限元精细化建模和计算时应特别需要关注的有关结论和建议。然后通过整体简化模型的数值计算,讨论了沉管隧道管节间的相互作用影响,提出了超长沉管隧道分段局部建模的计算方案。针对东、西人工岛与沉管隧道连接的特殊部位,分别建立了东人工岛-沉管隧道-土层和西人工岛-沉管隧道-土层两个局部精细化有限元计算模型,深入考察了与人工岛相连的沉管及其两端管节接头的地震反应特点,分析了沉管隧道的抗震性能。

本章参考文献

[1] 中华人民共和国国家标准.GB 50011—2010 建筑抗震设计规范[S].北京:中国建筑工业出版社,2010.

[2] 上海市地震局,同济大学.上海市地震动参数区划[M].北京:地震出版社,2004.

[3] 潘旦光,楼梦麟.基岩弹性刚度对土层地震反应的影响[J].地震工程与工程振动,2004(4):158-163.

[4] 楼梦麟,潘旦光,范立础.土层地震反应分析中侧向人工边界的影响[J].同济大学学报(自然科学版),2003,31(7):757-761.

[5] 乔冠东,楼梦麟.大型沉井基础地震反应分析中侧向边界的影响[J].工程力学,2012,26(S1):111-114.

[6] 潘旦光,楼梦麟,董聪.一致输入作用下土层的地震反应分析[J].计算力学学报,2005,22(05):562-567.

[7] 楼梦麟,董云.加速度反应谱规准化对场地位移反应的影响[J].震灾防御技术,2014,9(2):149-158.

[8] 邬都,楼梦麟.水平成层土层地震反应分析的一维有限元方法[J].震灾防御技术,2008(1):45-52.

[9] 宗福开.波传播问题中有限元分析的频散特性及离散化准则[J].爆炸与冲击,1984,4(4):16-21.

[10] 白建方,楼梦麟.复杂场地土层有限元建模的两个问题研究[J].岩土工程界,2008,11(9):27-30.

[11] 杨燕,楼梦麟.汶川地震中远场深覆盖土层动力反应分析[J].防灾减灾工程学报,2011,31(4):462-468.

[12] 白建方,楼梦麟.行波输入下土层有限元网格的划分原则[J].世界地震工程,2009,25(01):48-51.

[13] 楼梦麟,邵新刚.深覆盖土层 Rayleigh 阻尼矩阵建模问题的讨论[J].岩土工程学报,2013,41(8):24-30.

[14] 楼梦麟,邵新刚.土层地震反应显式计算中阻尼矩阵系数的选取[J].同济大学学报(自然科学版),2013,41(8):24-30.

[15] Bowen R M. Incompressible porous media models by use of the theory of mixtures[J]. International Journal of Engineering Science,1980,18(9):1 129-1 148.

[16] Zienkiewicz O C, Shiomi T. Dynamic behavior of saturated porous media: the generalized Biot formulation and its numerical solution[J]. International Journal for Numerical and Analytical Methods in Geomechanics,1984,8(1):71-96.

[17] 董云,楼梦麟.基于饱和多孔介质的复杂自由场地震反应分析[J].同济大学学报(自然科学版),2014,41(2):198-202.

[18] 中国地震局地壳应力研究所.港珠澳大桥工程场地设计地震动参数研究报告[R],2009.

[19] 张如林.大型地下结构-土层相互作用体系地震反应分析[D].上海:同济大学,2012.

[20] 王勖成.有限单元法[M].北京:清华大学出版社,2003.

[21] 邵新刚.港珠澳大桥工程西人工岛-沉管隧道体系地震反应分析[D].上海:同济大学,2014.

第 5 章 沉管隧道管节接头抗震性能研究

管节接头作为沉管隧道中最薄弱也是最关键的环节,其工作性能的优劣往往直接决定了整座沉管隧道的工作性能。对于位于地震高烈度区的沉管隧道,深入研究管节接头的抗震性能和破坏机理,以及沉管隧道减震控制技术具有重大的意义。本章首先对沉管隧道管节接头类型和构造进行系统调研,在此基础上建立柔性管节接头的简化力学模型,并推导接头刚度的解析表达式。为研究管节接头的力学性能,设计沉管隧道大比尺管节接头力学性能试验,开发适用于隧道结构的大型门式通用反力架系统和基于图像处理技术的非接触式观测系统,并进行沉管隧道大比尺管节接头力学性能试验,得到不同轴向压力下接头力学参数的变化规律。最后通过研究不同形式减震接头的减震效果,形成基于限位拉杆和屈曲约束金属阻尼器的沉管隧道减震控制技术。

5.1 沉管隧道管节接头

5.1.1 管节接头类型

按照管节接头刚度与管节刚度比的不同作为划分标准,管节接头可分为刚性接头和柔性接头两大类(陈韶章,2002[1];管敏鑫等,1994[2])。其中,水下灌注混凝土法在两层钢板之间充填混凝土形成的接头是刚性接头,其断面惯性矩与管节基本上一致。水力压接法形成的接头为柔性接头,由两种橡胶止水带组成,能较好地吸收由于基础不均匀沉降引起的位移和温度变化引起的伸缩,具有较好的耐震性。也有的水力压接法形成的接头在其凹槽内加钢模然后浇筑钢筋混凝土,后浇筑的钢筋混凝土高度只有壁厚的一半,这种接头称为先柔后刚式接头,亦即半刚性接头。对于有抗震要求的柔性接头,根据其采用的纵向限位弹簧构件的不同,主要有两种形式:一种是在管节之间采用Ω形或W形钢板作为纵向弹簧构件;另一种是在管节之间采用预应力钢索及连接装置作为纵向弹簧构件。还有一种不太常见的柔性接头方式,与一般的水力压接法形成的接头不同,此种接头在受力下允许较大的水平位移而不影响接头的止水效果,称为自由移动式接头。

1) 刚性接头

刚性接头主要包括水下连接的钢板和水下现场浇筑的混凝土,如图 5-1 所示。刚性接头具有与沉管管节相同的构成材料和相同的几何截面形状,因此与沉管管节具有同等的强度和刚度。

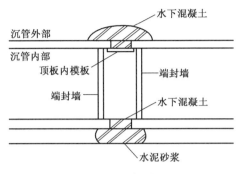

图 5-1 刚性接头构造

刚性接头一般适用于地质条件较好,结构抗震要求不高的沉管隧道工程中,这种形式的接头首先在美国使用,在我国公路、铁路隧道以外的特殊小型沉管隧道中应用较多。刚性接头结构相对简单,其受力和止水性能受沉管沉放对接的施工精度和淤泥回淤的影响较大。

与水力压接接头方式不同,采用水中浇筑混凝土方式的刚性接头的施工是先将相邻两个沉管沉放到位,然后通过在两个管节端头上预埋的插接式装置,插入事先加工好的钢板并焊接,形成水下混凝土浇筑的内模,最后浇筑水下混凝土形成刚性接头。

刚性接头可以提供较高的抗拉压和抗剪能力,接头的位移和变形量小,对于隧道的纵向不均匀沉降具有较好的抗变形能力。但是刚性接头的缺点也比较明显,水下作业工作量大,构筑的接头质量在受力和止水方面往往也不理想,容易在接头部位产生裂缝和渗漏,渗漏发生后不容易修补,只适用于止水要求不高的沉管隧道,有一定的应用局限性。

2) 半刚性接头

半刚性接头一般由 GINA 止水带、钢端壳、连接钢板、接头钢筋混凝土等组成,如图 5-2 所示。GINA 止水带是半刚性接头的主要防水构件,钢端壳则由钢板和型钢焊接而成,形成强度、刚度均较大的钢构件。端部还焊接两道连接钢板,厚度为 10mm 左右,用来承受沉管的弯

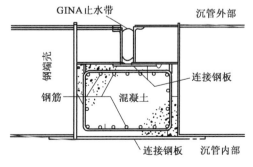

图 5-2 半刚性接头构造

矩、剪力和轴力(主要是拉伸)。在接头槽内绑扎钢筋后浇筑混凝土,使相邻管节连成整体,其抗弯刚度约为管节本体刚度的60%。半刚性接头因为GINA止水带的安装导致管节断面局部减小,刚度有所折减,有的采用将接头局部断面扩大的方法来使接头部位刚度增加。

半刚性接头同样适用于地质条件较好的地区,但是其止水性能要优于刚性接头。半刚性接头采用水力压接方式施工,在管节沉放水力压接,GINA止水带一次止水后,后沉放的预留纵向钢筋与先前沉放好的管节结构本体中预留的结构纵向钢筋或钢板焊接,最后在接头部位充填混凝土使之形成接头,因此半刚性接头也称为先柔后刚式接头。

半刚性接头混凝土的轴向抗压刚度较管节本体刚度要小,靠GINA止水带和混凝土部分共同作用以抵抗管节轴向压力,而轴向拉力可由钢板以及钢筋等承担。接头的止水则由GINA止水带和止水钢板实现。由于轴向压力由混凝土部分和GINA止水带共同承担,橡胶止水带不能自由的压缩,因此半刚性接头的压缩量较柔性结构方式的可压缩量要小。

3)半刚半柔性接头

半刚半柔性接头主要由GINA止水带、钢端壳、Ω(或M)形止水带、波形钢板或Ω形钢板连接件、水平剪切键和垂直剪切键等组成,如图5-3所示。半刚半柔性接头构造比较复杂,接头通常不使用钢筋混凝土,仅用混凝土填充,较半刚性接头的刚度更小,接头的本体刚度为正常管节的1/600~1/400,接头的变形适应能力较强,适用于地质条件较差、隧道不均匀沉降较大的软土地区和有抗震要求的沉管隧道。我国已建的宁波甬江沉管隧道和广州珠江沉管隧道采用了这种接头形式。

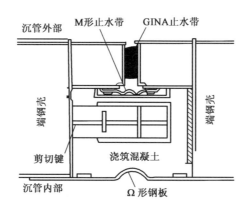

图5-3 半刚半柔性接头构造

GINA止水带是接头的第一道防水,它既能防水又能承受轴向压缩,类似弹簧构件;Ω(或M)形止水带作为第二道防水,它连接两节管节,主要承受隧道长期运营所产生的轴向、垂直、横向位移;除止水带外,还在其端面焊接水平和垂直剪切键,限制因地震、沉降而产生的水平、竖直方向的位移,使其不超过水密性要求的允许值;波形钢板或Ω钢板连接件作为两节管节的连接纽带,由高强钢材制作,其作用是控制沉管接头纵向拉压变形,同时由于剪切键的存在也能承受一定的弯矩。

半刚半柔性接头在施工时按照"从外到里"的施工顺序,先在水下对接将接头的 GINA 止水带进行水力压接实现一次止水,再安装 Ω 形止水带进行二次止水,然后在 Ω 形止水带外侧焊接槽钢实现三次止水并且形成对 Ω 形止水带的保护,再然后在形成的接头槽形体内浇筑混凝土,最后在沉管内侧沿管节截面四周焊接波形钢板(或 Ω 形钢板)连接件形成接头。

半刚半柔性接头能有效减小由地震力引起的隧道纵向管节断面应力,吸收由于地基不均匀沉降产生的各管节间相对位移和接头变形,从而降低隧道的纵向断面内力。虽然半刚半柔性接头对地基不均匀沉降的追随性以及地震时降低隧道的纵向断面内力有较好效果,但要求接头本身有相当高的强度、变形性能和水密性。

4) 柔性接头

柔性接头主要由钢端壳、GINA 止水带、Ω 形止水带、连接预应力钢索、剪切键等组成,如图 5-4 所示。柔性接头的刚度很小,抗震能力和抵抗由于温度变化、接头位移等产生的接头应力的能力强。柔性管节接头的轴向压力和拉力分别由 GINA 止水带和预应力钢索来抵抗,接头的压缩刚度和压缩量可以通过对 GINA 橡胶止水带的特性、形状以及高度等指标进行设计来调整,接头的伸缩量可以通过对预应力钢索的直径和自由长度的控制来调整。

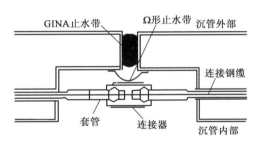

图 5-4 柔性管节接头构造

20 世纪 60 年代以来,随着橡胶止水带的出现,柔性接头在沉管隧道中的运用越来越广泛。柔性接头适用于地质条件差、地震活动频繁、抗震设防烈度高的地区,我国采用沉管法施工的大型公路隧道,如宁波常洪隧道、上海外环线沉管隧道、广州仓头—生物岛沉管隧道以及生物岛—大学城沉管隧道均采用了这种形式的接头。

柔性接头的 GINA 止水带和 Ω 形止水带的作用与半刚半柔性接头基本相同,GINA 止水带既能防水,又能在轴向产生伸缩,允许一定的轴向变形,Ω 形止水带形成第二道防水线,也能承受一定的接头水平位移和竖直位移。

连接预应力钢索是柔性接头的重要组成部分,与 GINA 止水带和 Ω 形止水带一起形成弹簧,以抵抗地震、温度变化产生的接头内力,避免接头产生纵向分离。剪切键主要承受地震和地基不均匀沉降所产生的断面剪力,在水平和垂直两方向均有布置,可分别设置在沉管底板、顶板、边墙、中隔墙等部位,与连接预应力钢索相间布置。另外在接头的凹槽表层可以敷设一层耐火材料。

柔性接头的施工过程与半刚半柔性接头基本相同,也是先水力压接使 GINA 止水带形成第一道防水,接着安装 Ω 形止水带形成第二道防水,最后连接预应力钢索。

5) 自由移动式接头

自由移动式接头主要由异型钢板、止水橡胶条和剪切键等组成,如图 5-5 所示。接头的纵向刚度非常小,可移动的橡胶止水条可以实现相邻管节之间的相对移动,沉管接头的轴向可在一定范围内自由伸缩。接头有较强的横向抗剪能力,但抗弯拉的能力较弱。自由移动式接头中为防止过大的移动量需设置剪切键作为轴向限位装置,接头一次止水由设置在外侧的异型钢板来实现,移动橡胶止水条可兼作二次止水。自由移动式接头在国外早期混凝土沉管隧道和非交通隧道中曾有出现,但现在已较少采用。

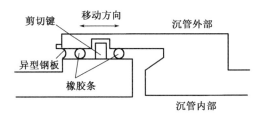

图 5-5 自由移动式接头

上述各种类型的管节接头的比较如表 5-1 所示。

管节接头结构形式特性比较(刘正根,2009)[3]　　　表 5-1

管节接头类型	刚 度	适用地质	施工难度	防水效果	用途分类
刚性接头	刚度大,抗变形能力强	要求地质条件较好	施工步骤少,但水下作业多,难度大	没有橡胶止水带,接头部位易产生裂缝和漏水	一般不用于防水要求高的隧道及地震区的隧道
半刚性接头	刚度较大,不易产生变形,抗压及抗剪能力均较强	要求地质条件较好	施工步骤适中,难度不大	防水效果完全取决于第一道 GINA 止水带	用于防水要求不高的非地震区隧道
半刚半柔性接头	刚度较小,允许一定的变形	适用于淤泥质和软土地层	结构复杂,施工步骤较多,施工难度大	GINA 止水带+Ω 形止水带+焊接钢槽三层止水,止水效果好	可用于各种用途隧道
柔性接头	刚度小,具有良好的变形适应能力	适用于抗震等级要求高的软土地质	施工简便,施工周期短	GINA 止水带+Ω 形止水带,止水效果较好	可用于各种隧道,特别是有抗震要求的隧道
自由移动式接头	刚度小,变形能力强	适用于软土地质	施工难度较大	异型钢板+双橡胶条,止水效果较好	不太常见,一般不用于交通隧道

5.1.2 管节接头构造

目前我国已建成的几座沉管隧道柔性接头或半刚半柔性接头的结构形式，其构造如表 5-2 所示。

国内沉管隧道管节接头构造一览（刘正根，2009）[3]　　　表 5-2

沉管隧道	管节接头形式	GINA 型号、安装方式	第二道止水	剪切键	钢端壳	纵向限位
上海外环沉管隧道	柔性接头	ETS-180-220 型，卡箍式固定	Ω 形橡胶止水带，无穿孔杠杆原理固定	混凝土和钢剪切键混合	对称的焊接工字形钢+钢面板	钢索型抗震纵向限位装置
广州珠江沉管隧道	半刚半柔性接头	G150-125-60 型，螺栓穿孔固定	Ω 形橡胶止水带，无穿孔压板固定	混凝土和钢剪切键混合	不对称焊接工字形钢+反扣槽钢面板	Ω 形钢板
宁波甬江沉管隧道	半刚半柔性接头	G150-109-60 型，螺栓穿孔固定	M 形橡胶止水带，焊接 U 形槽钢	钢剪切键	L 形钢+钢面板焊接	Ω 形钢板
宁波常洪沉管隧道	柔性接头	TB-ETS-130/160 型	Ω 形橡胶止水带，压板固定，焊接 U 形槽钢	钢筋混凝土剪切键	型钢分块拼接	预应力钢拉索
广州仓头—生物岛—大学城沉管隧道	柔性接头	卡箍式固定	Ω 形橡胶止水带，无穿孔杠杆原理固定	混凝土和钢剪切键混合	型钢骨架+断面钢板	PC 拉索，预应力钢绞线

1) GINA 止水带

GINA 止水带是接头防水的主要构件，是接头防水的第一道防线。其材质通常为天然橡胶或丁苯橡胶，具有超弹性、可压缩性和抗腐蚀性。GINA 型橡胶止水带的优点为：在管节拉合时，在较低压力下能初步止水；压接后，能抵抗巨大水压产生的轴向力及横向力；具有良好的抗老化性能，能长期保持橡胶的特性，确保止水。

GINA 止水带的常见截面形式如图 5-6 所示（管敏鑫，2004[4]；薛勇，2005[5]）。其中，Ⅰ、Ⅱ为开孔结构，压缩性大，Ⅲ、Ⅳ为非开孔结构，压缩性较小。Ⅰ为荷兰生产的 GINA 止水带，中央开孔，底部有凸缘，上海外环线沉管隧道使用的是此种 GINA 止水带；Ⅱ为德国制造的 GINA 止水带，中央开孔，底部凹形，尖肋为具有非对称不规则边缘的唇形构造，随着沉管外侧水压的增加，该 GINA 止水带的尖肋会越压越紧，产生良好的止水效果；Ⅲ同为荷兰生产的 GINA 止水带，中央无开孔，底部平整，广州珠江沉管隧道采用此种 GINA 止水带；Ⅳ为日本设计的 GINA 止水带，截面形状与Ⅲ有些相似，只是在底部有凸缘底肋，并且在底翼缘内衬尼龙纤维，加强 GINA 止水带的抗拉能力，宁波甬江沉管隧道曾采用此种形式的 GINA 止水带。Ⅴ、Ⅵ均为日本制造,应用在高水压以及地震荷载大的地区的沉管隧道中,这种 GINA 止水带具有较大变形能力和承载能力(压力和横向剪力)。

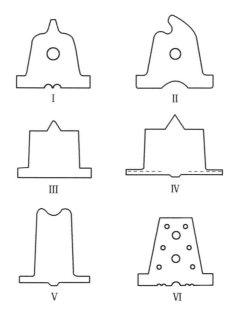

图 5-6　GINA 止水带的常见截面形式

GINA 止水带有卡箍固定和穿孔固定两种固定方式(陆明等,2005)[6]。卡箍固定方式采用焊接于钢端壳上的压块和压板,卡住安装到位的 GINA 止水带两层的凸缘,起到固定就位的作用。优点是 GINA 止水带本身不破坏,安装便利,但若接头受到猛烈冲击(如地震),则 GINA 止水带有从卡箍固定装置中脱落出来的可能性。穿孔固定方式即在 GINA 止水带两侧凸缘间隔一定距离预留螺孔,安装时螺栓穿过压板、凸缘,最后固定在钢端壳上。其优点是止水带固定牢固,不会脱落。但螺孔要求较高的对位精度,施工不便,而且在钢端壳上开孔降低了钢端壳的整体防水性能。

GINA 止水带的压接是管节沉放过程中的一个重要部分。整个 GINA 止水带的压接过程大致分为初步压接和最终止水压接两个阶段(陈鸿等,2006)[7]。初步压接时,GINA 止水带的鼻尖压缩,达到接头初步止水的效果;最终止水压接是依靠管节自由端巨大的水压力将 GINA 止水带进一步压缩,达到接头最终止水的目的。

水力压接过程就是 GINA 止水带在相邻管节接头钢端壳之间受压缩变形的过程。钢端壳的平整度和倾斜度直接关系到水力压接成功与否和沉放后管节轴线的精度。通常设计要求钢端壳的面不平整度小于 3mm,每米的面不平整度小于 1mm,端面的垂直和水平倾斜误差小于 3mm(陈鸿等,2006)[7]。

GINA 止水带选型,应根据水力压接时水位下实际压缩量、在最高水位下保证水密性所需的最小压缩量、GINA 止水带本身的松弛、钢端壳的不平整度、混凝土干缩和温度变化引起的纵向变形、水力压接安装误差、地震作用和地层沉降引起的纵向位移等,经计算确定。

2) Ω(或 M)形止水带

Ω(或 M)形止水带是接头部位第二道防水线,也是重要的防水构件,和 GINA 止水带一起承担永久运营阶段管节柔性接头的防水功能。Ω 形止水带要能满足高水位条件下管节轴向位移、竖向差异沉降及侧向位移等位移时的接头水密性要求。

Ω 形止水带的材质一般为丁苯橡胶,变形能力强,厚度通常为 10~15mm,由两层 SBR 橡胶及置于其中的尼龙片经压模机压制而成(陆明,2002)[8],其构造如图 5-7 所示。Ω 形止水带的选型要进行水压验算和位移验算,其选型应考虑接头处最高水位时的水压及温度变化、地震作用、混凝土干缩、地层沉降等引起的纵向位移,并经计算确定。Ω 形止水带的预埋件和扣件也是保证其能否顺利止水的关键因素,应有良好的设计和施工质量。

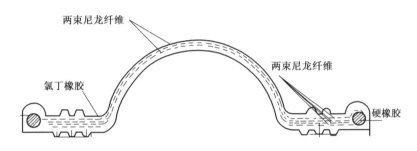

图 5-7　Ω 形止水带横断面图

为了保证安全,Ω 形止水带的安装在管节沉放后、临时端封墙拆除前进行,通过压板固定在型钢的翼缘上。首先将 Ω 形止水带初步安装,即止水带就位,并将压板基本固定;然后,待管底囊袋灌浆完成、管节沉降基本稳定后,再拧紧压板螺栓,完成安装。Ω 形止水带安装完成后还应进行检漏试验,试验在 GINA 止水带和 Ω 形止水带之间通过钢端壳的预留检漏孔进行,通过加载一定的检漏试验压力,检查 Ω 形止水带有无渗漏现象,确保无渗漏现象即为合格,若有渗漏点则需将渗漏处的压板重新调紧。

3) 焊接槽钢

焊接槽钢是接头部位的第三道防水线,由 U 形槽钢焊接在钢端壳上,分布在接头横断面的环向。槽钢在接头止水和结构上都起到很重要作用,槽钢覆盖在 Ω 形止水带上面,可以对 GINA 止水带和 Ω 形止水带形成保护,防止橡胶止水带受到来自沉管内部的损坏和腐蚀;当 GINA 止水带和 Ω 形止水带双双发生失效渗漏时,由于密封焊接槽钢的存在可以暂时延缓渗漏向沉管内部的发展;槽钢是具有一定厚度的钢板,在接头部位也能提供一定的承载能力。

槽钢的焊接在 GINA 止水带水力压接和 Ω 形止水带安装完成之后进行,焊接完成之后可直接作为内模板浇筑填充混凝土。

4)剪切键

剪切键是限制相邻管节之间发生垂直于轴线方向相对位移的受力构件,因而也约束了GINA止水带的横向滑移,对GINA止水带和Ω形止水带的正常止水能起到保护的作用。

剪切键在相邻管节端面相对设置,抗剪切能力强,主要阻止接头横断面内水平和竖直方向过大的相对位移,剪切键可以用钢筋混凝土浇筑而成,也可以采用钢板焊接而成(陈鸿等,2006)[7]。剪切键分为水平剪切键和垂直剪切键两种。水平剪切键在接头内间隔安装,其主要作用是控制管节间水平方向的错位,承担各种荷载作用下的水平剪力。水平剪切键有钢剪切键和钢筋混凝土剪切键,钢剪切键安装在顶板、底板,钢筋混凝土剪切键在管节内另行绑扎钢筋浇筑混凝土形成。垂直钢剪切键,由钢板焊成封闭箱形构件,同样在接头内间隔安装,相互啮合以控制管节间垂直方向的错位,承担各种荷载作用下的竖直方向上的剪力。水平和垂直剪切键的键与键之间还会设置橡胶支座,以适应管节接头的伸缩和转动变形。

使用阶段剪切键的设计荷载主要根据纵向静力计算工况和地震工况确定。值得一提的是,垂直剪切键的设计分施工阶段与使用阶段。施工阶段中隔墙的垂直剪切键(上键与中键)作为对接端的支承点与自由端垂直千斤顶共同承担管节除浮力部分的全部荷载。

剪切键的施工放在接头对接施工中的最后进行,安装好GINA止水带和Ω形止水带之后才进行管节底板处水平剪切键的制作,中隔墙处垂直剪切键的施工须待管节稳定后才进行(周松等,2002)[9]。

5)纵向限位装置

纵向限位装置是限制柔性接头纵向张开,防止GINA止水带压缩量过小出现止水失效的构件。

位于抗震设防区的沉管隧道,其柔性接头必须设置纵向限位装置。因为水力压接的作用,柔性接头一般都处于完全受压状态,GINA止水带承担着巨大的水力压接力。在地震作用下,柔性接头有可能出现较大的轴向变形。如果地震作用产生的接头变形使GINA止水带的压缩量小于保证水密性要求的最小压缩量,将会出现接头漏水的严重情况。

柔性接头抗震纵向限位装置主要有钢板型和钢索型两种,钢板型即采用波形钢板或Ω形钢板,钢索型即采用预应力钢拉索。我国已建成的广州珠江沉管隧道、宁波甬江沉管隧道都采用Ω形钢板作为纵向限位装置,国外日本的东京港沉管隧道亦采用钢板型纵向限位装置,但目前采用预应力钢拉索形式的接头纵向限位装置的情况增多,如日本的京叶线台场沉管隧道、多摩川和川崎航道沉管隧道,以及我国上海外环线沉管隧道等。

波形钢板或Ω形钢板安装在接头的里侧,由高强钢材制作,与管节端部钢壳搭连焊接,可以同时控制沉管接头纵向的拉、压变形。柔性接头承受压缩力时,由橡胶止水带承受,出现拉力时,由波形连接件承受,同时产生相应的变形。钢板型限位装置作为两段管节的连接纽带,也是接头的最后一道防护措施。

钢板型构造的缺点是,在提供轴向抗拉约束的同时会产生抗剪和抗弯的附加约束,附加约束产生的次内力会造成结构局部应力增高;其次,钢板型构造需要进行大量的现场焊接,焊接产生的局部高温会对接头区域的混凝土构成伤害。由于温度变化等原因,在钢板型构造中产生的纵向约束力有可能会使部分材料进入塑性工作阶段。通常采用改变钢板外形(如Ω形、M形)的方式来降低刚度,改善其应力状态,限制应力水平,延长疲劳寿命。另外,钢板型构造需采用特殊钢材制作,因而成本高,施工工艺复杂。

预应力钢拉索主要由一对索体和连接套筒组成。通常索的主体由多根高强度低松弛钢绞线构成,索体的两端固定,接头两侧管节的索体通过中间的一对定位套环实现和连接套筒的连接。

钢索型纵向限位装置具有比钢板型纵向限位装置更高的性价比,在接头形成受拉约束的同时不对接头产生其他附加约束,避免了对接头部位造成有害次内力。另外,钢索型限位装置的施工的速度较快,安装过程中无需采用焊接工艺,对接头部位的混凝土也不会产生不利影响(朱家祥,2001)[10]。

6) 钢端壳

钢端壳主要由型钢骨架和端面钢板构成,布置在每个接头两侧管节端头的四周,形成一个环形的具有较大刚度和强度的钢壳结构,钢端壳通过背侧布置的连接锚筋与管节本体组成一体。钢端壳由钢板、型钢焊接而成,钢端壳安装完成后,其空腔体内再用细石混凝土填充,形成强度、刚度均较大的钢构件(陈海军,2007)[11]。

钢端壳是连接混凝土管节和接头的重要构件,一方面,钢端壳可以作为混凝土端头的保护外壳,保护整个管节端头,防止混凝土端头在施工中遭到损害;另一方面,钢端壳既是固定GINA止水带和M型止水带的基座,也是焊接槽钢的基座,是接头和管节端头有效连接的基础。

5.2 管节接头力学模型

沉管隧道管节接头力学性能是其结构整体地震响应分析的基础。可以通过理论假定推导出接头刚度的表达式。

5.2.1 简化假定

根据沉管隧道管节接头的构造和受力特点,即管节接头的轴向压力和弯矩由GINA止水带来承担,横向剪力由水平和竖向剪力键来承担,可以假定:①由于接头管节位置顶底板及侧墙厚度、刚度远大于接头处的GINA止水带,将接头断面假定为不产生挠曲变形的刚性板;

②沿周边布置的 GINA 止水带可看作分布于顶、底板和侧墙位置处的四个只受压不抗拉的弹簧。

5.2.2 力学模型

根据上述简化计算假定,以钢板和弹簧元件建立管节接头结构力学模型,如图 5-8 所示。图中,K_A 为接头断面顶板布置 GINA 止水带简化后的只受压不受拉弹簧;K_B 为接头断面中性轴上部侧墙布置 GINA 止水带简化后的只受压不受拉弹簧;K_C 为接头断面底中性轴下部侧墙布置 GINA 止水带简化后的只受压不受拉弹簧;K_D 为接头断面底板布置 GINA 止水带简化后的只受压不受拉弹簧;a、b、c、d 分别为弹簧 K_A、K_B、K_C、K_D 到中性轴的距离。

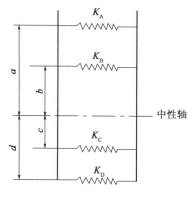

图 5-8 管节接头力学模型

5.2.3 刚度解析表达式

1) 纵向压缩刚度

根据 GINA 止水带的力学曲线,管节接头的纵向压缩刚度可以表示为:

$$K_{SX}^{E} = E_G L_G \tag{5-1}$$

式中,E_G 为 GINA 止水带弹性模量,根据压缩量的大小分两阶段变化,如图 5-9 所示;L_G 为 GINA 止水带沿隧道断面布置的周长。

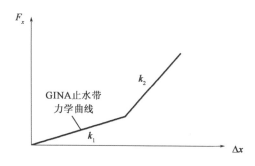

图 5-9 管节接头纵向抗压刚度

2) 横向剪切刚度

管节接头的横向剪切刚度分为两阶段,分别由橡胶垫层和剪力键提供,如图 5-10 所示。其中,水平剪切刚度可以表示为:

$$\left.\begin{array}{l} K_{QY1}^{E} = E_P L_{P1} \\ K_{QY2}^{E} = \sum\limits_{m} \dfrac{G_s A_m}{L_m} \end{array}\right\} \qquad (5\text{-}2)$$

竖向剪切刚度表示为:

$$\left.\begin{array}{l} K_{QZ1}^{E} = E_P L_{P2} \\ K_{QZ2}^{E} = \sum\limits_{n} \dfrac{G_s A_n}{L_n} \end{array}\right\} \qquad (5\text{-}3)$$

式中,E_P 为橡胶垫层的弹性模量;L_{P1} 和 L_{P2} 分别为水平剪力键和竖向剪力键上橡胶垫层的总长度;G_s 为管节接头单个剪力键的刚度;m 和 n 分别为沿水平横断面方向和竖向的剪力键个数;A_m 和 A_n 分别为沿水平横断面方向第 m 个和沿竖向第 n 个剪力键的面积;L_m 和 L_n 分别为沿水平横断面方向第 m 个和沿竖向第 n 个剪力键的厚度。

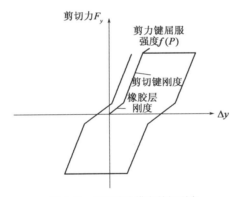

图 5-10 管节接头横向剪切刚度

3) 纵向弯曲刚度

管节接头的纵向弯曲刚度由 GINA 止水带的压缩刚度控制,如图 5-11 所示。

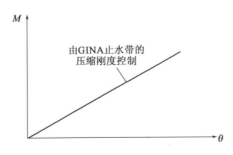

图 5-11 管节接头纵向弯曲刚度

根据图 5-8 所建立的管节接头结构力学模型,并考虑初始条件的影响,即在所建立的接头力学模型中,将由水力压接引起的轴向压力 N_0 作为外部力施加在离中性轴距离为初始偏心距 e_0 的位置上,从而可以得出如图 5-12 所示的接头结构受力分析模型。

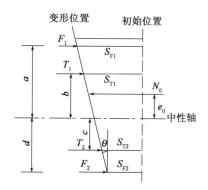

图 5-12 管节接头受力分析模型

首先,管节接头在初始轴向外水压力 N_0 作用下处于压紧状态,计算中考虑了初始外力的偏心距 e_0。在 N_0 作用下接头 GINA 止水带处于压紧状态,产生位移 S_0,同时产生转角 θ,根据几何关系,通常 θ 很小,有 $\tan\theta \approx \theta$,则顶底板和侧墙处的 GINA 止水带压缩量分别为:

$$\left.\begin{aligned} S_{F1} &= S_0 + (a+d)\theta \\ S_{T1} &= S_0 + (b+d)\theta \\ S_{T2} &= S_0 + (d-c)\theta \\ S_{F2} &= S_0 \end{aligned}\right\} \quad (5\text{-}4)$$

式中,S_{F1} 为接头断面顶板布置 GINA 止水带的压缩量;S_{T1} 为接头断面中性轴上部侧墙布置 GINA 止水带的压缩量;S_{F2} 为接头断面底板布置 GINA 止水带的压缩量;S_{T2} 为接头断面中性轴下部侧墙布置 GINA 止水带的压缩量;a、b、c、d 分别为弹簧 K_A、K_B、K_C、K_D 到中性轴的距离(图 5-12),由断面中性轴和 GINA 止水带布置的相对位置来确定。

GINA 止水带所受压力为:

$$\left.\begin{aligned} F_1 &= k_{G1} S_{F1} = k_{G1}[S_0 + (a+d)\theta] \\ F_2 &= k_{G2} S_{F2} = k_{G2}(S_0) \\ T_1 &= k_{G3} S_{T1} = k_{G3}[S_0 + (b+d)\theta] \\ T_2 &= k_{G4} S_{T2} = k_{G4}[S_0 + (d-c)\theta] \end{aligned}\right\} \quad (5\text{-}5)$$

式中,k_{G1}、k_{G2}、k_{G3} 和 k_{G4} 分别为顶、底板和侧墙处 GINA 止水带产生相应压缩量所对应的刚度。

由力的平衡,有:

$$F_1 + F_2 + T_1 + T_2 = N_0 \tag{5-6}$$

由力矩的平衡，有：

$$F_1 a + T_1 b = T_2 c + F_2 d + N_0 e_0 \tag{5-7}$$

联立式(5-6)和式(5-7)，解得：

$$\left. \begin{aligned} S_0 &= \frac{DN - BM}{AD - BC} \\ \theta &= \frac{AM - NC}{AD - BC} \end{aligned} \right\} \tag{5-8}$$

式中：

$$\left. \begin{aligned} A &= k_{G1} + k_{G2} + k_{G3} + k_{G4} \\ B &= k_{G1}(a+d) + k_{G3}(b+d) + k_{G4}(d-c) \\ C &= k_{G1}a + k_{G3}b - k_{G2}d - k_{G4}c \\ D &= k_{G1}a(a+d) + k_{G3}b(b+d) - k_{G4}c(d-c) \end{aligned} \right\} \tag{5-9}$$

$$\left. \begin{aligned} N &= N_0 + (k_{G1} + k_{G2} + k_{G3} + k_{G4}) \\ M &= N_0 e_0 + (k_{G1}a + k_{G3}b - k_{G2}d - k_{G4}c) \end{aligned} \right\} \tag{5-10}$$

从而可推得管节接头竖直面内纵向抗弯刚度为：

$$K_{MY}^E = \frac{M_W}{\theta} = \frac{N_0 e_0}{\theta} = \frac{N_0 e_0 (AD - BC)}{AM - NC} \tag{5-11}$$

同样可推得管节接头水平面内纵向抗弯刚度，与上式相同。

5.3 管节接头抗震性能试验

为更好地了解管节接头的抗震性能，开展大比尺管节接头力学性能试验研究，通过低周往复加卸载模型试验获得管节接头的力学参数，如轴向刚度、剪切刚度、弯曲刚度以及剪切破坏模式。

5.3.1 大比尺管节接头力学性能试验设计

1) 几何比尺的优选

模型试验拟采用与原型相同的材料，则材料的弹性模量 E、密度 ρ 和应变 ε 的相似比均为1，由此可根据量纲分析得到结构模型中其他物理量的相似比关系。表5-3给出了几个不同几何比尺的试验方案的对比。通过优选分析，采用1:10的几何比尺作为试验的几何比尺。

大比尺管节接头试验几何比尺优选　　　　表 5-3

几何比尺	轴压力加载设备能力（t）	剪切力加载设备能力（t）	管节尺寸（高×宽）（m）	接头压缩量错位量（cm）	造价估算（万元）	优　点	缺　点
1∶1	23 000	3 200	11.4×38	15/0.5	3 375	足尺试验，与实际情况完全相同	试验设备加载能力达不到，尺寸超大
1∶2	5 750	800	5.7×19	7.5/0.25	422	几何比尺较大，能够合理反映实际情况，便于量测	试验设备加载能力较大，管节结构高度过大
1∶5	920	128	2.3×7.6	3/0.1	27	几何比尺大，剪切力加载设备能力可以实现，剪力键尺寸能反映其力学性能，接头压缩量可以合理地量测	轴压力加载设备能力较大，模型高度偏大，管节结构高度偏大
1∶10	230	32	1.1×3.8	1.5/0.05	3.4	几何比尺大，加载设备能力、管节尺寸均可实现，剪力键尺寸能够反映其力学性能	接头压缩量测试误差偏大

2) 构件设计

(1) 管节主体结构

管节主体结构采用 C50 混凝土，受力钢筋、箍筋和构造钢筋采用牌号为 HRB400 的钢筋。结构设计原则是在符合《混凝土结构设计规范》（GB 50010—2010）[12] 前提下，依据试验比例尺，使结构配筋率与原工程设计保持一致。设计内容包括：①配筋率换算；②钢筋混凝土截面承载力验算；③素混凝土承载力验算；④构造设计。管节缩尺模型如图 5-13 所示，其中管节横断面宽 3 800mm，高 1 125mm，墙板厚度为 150mm，单个管节沿轴向长度为 1 250mm。

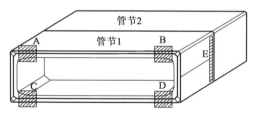

图 5-13　管节缩尺模型

管节模型制作步骤分为：①制作底模板；②安放预埋件；③绑扎钢筋；④制作侧模板；⑤混凝土浇筑；⑥拆模养护。制作过程如图 5-14 所示。

(2) 钢剪力键

本试验采用的是钢剪力键，由于国内没有相关设计计算规范，因此可把剪力键看成一种普通钢结构来处理。钢剪力键是接头承受剪力的主要构件，由螺栓和剪力块共同受力。钢剪力键可按照深梁受弯理论，以螺栓受拉强度作为剪力键控制强度，根据《钢结构设计规范》

(GB 50017—2003)[13]进行设计和验算,其外形尺寸基本符合原工程设计。剪力键和预埋件选用 Q345 钢材,而螺栓简化后,选用 C4.8 级普通螺栓,加工完成后的钢剪力键如图 5-15 所示。

图 5-14　管节模型制作过程

图 5-15　加工完成后的钢剪力键

(3)橡胶止水带

本试验依托港珠澳大桥沉管隧道工程,故用于试验的橡胶止水带的横断面形状与实际工程的 GINA 止水带基本一致,而尺寸为实际工程的十分之一。缩尺后的橡胶止水带横断面设计如图 5-16 所示,其中宽度为 30.7mm,高度为 37.5mm,所具备的压缩量为 15~20mm。橡胶止水带沿管节模型周边布置的总长度为 9.26m。

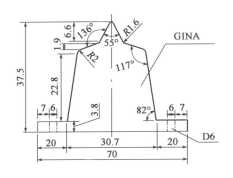
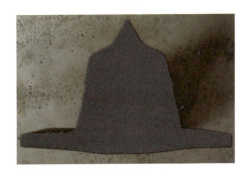

图 5-16　试验用橡胶止水带横断面(尺寸单位:mm)

因不能获得原型 GINA 止水带橡胶材料,本次试验在吻合原型 GINA 橡胶止水带力学曲线的前提下,委托国内橡胶生产商采用氯丁橡胶制作试验用橡胶止水带[14]。对制作好的橡胶止水带进行力学测试,并将得到的力-压缩量曲线与目标曲线进行比较,见图 5-17。

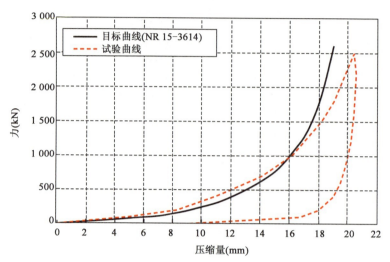

图 5-17 试验用橡胶止水带材性试验结果与目标曲线对比

在加载性能上,当受力较小时,试验采用的橡胶止水带与目标曲线比较接近;而当力增大时,试验用的橡胶止水带刚度变小;最终位移比目标曲线的值小 1.4mm,相差 7%,因此试验用橡胶止水带基本符合要求。另外,由于目标曲线没有提供卸载曲线,故卸载性能无法比较。因此,试验所参考的橡胶止水带力学性能以本次材性试验所得的结果为准。

3)试验装置

大比尺管节接头试验借助同济大学多功能实验室 T 形反力墙和箱形地锚组成的静力试验平台开展。根据试验要求,提出了一个双向闭合自平衡框架系统,该系统由一个竖向门式框架、两个水平闭合框架和立柱组成,而每个框架由一根受弯梁和两根拉杆组成,如图 5-18 所示。每个闭合框架构成自平衡体系,拉杆承受轴向拉力,受弯梁承受集中力作用下的弯矩,并且拉杆与受弯梁的连接为铰接(采用连接板与螺栓连接)。竖向框架用于固定右端管节,使右端管节在压剪工况下不产生水平位移;水平框架则约束管节轴位移;而立柱只起承受水平框架重力的作用,与框架没有固定连接。另外,在反力架底部设置球铰形式的支座,以减小管节底部的水平摩擦力,使左端管节能水平双向自由移动。整个框架采用型钢梁制作。

试验为拟静力试验,拟采用千斤顶单向施加轴力,采用作动器施加双向剪力。由于试验场地反力墙螺孔的限制和管节断面形状为矩形,施加轴力的千斤顶必须对称设计,故一共设置四个。同时,为了能更好地施加剪力,剪力键加载点要尽量靠近接头处,如图 5-19 所示。其中,A、B、C 和 D 四个点为轴向力和弯矩施加点,E 为剪力施加点。而且,管节 B 为固定管节,在力施加在管节 A 上时,管节 B 不随管节 A 移动,此时,接头的变形便能得到很好地反映。

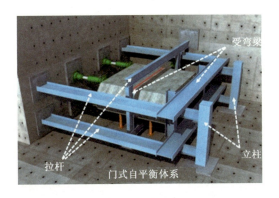

图 5-18 闭合自平衡框架示意图

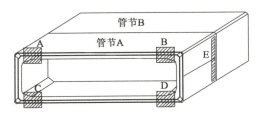

图 5-19 试验加载点布置

4）非接触式测量系统

本次试验研发了基于图像处理的非接触式结构变形和位移测量系统，能够得到结构加载全时程的数据，解决了结构大变形阶段和破坏状态下变形参数测量的难题。

本次试验所采用的非接触式测量系统包括摄像头、网络交换器和计算机，如图 5-20 所示。图 5-21 为放置在管节内部用三脚架固定的摄像头。由于本次试验共四组剪力键，因摄像头视域限制，故试验采用四组摄像头，分别拍摄四组剪力键。摄像头通过网络交换器和网线连接到位于管节外部的计算机上，然后再利用计算机上的软件进行数据处理。

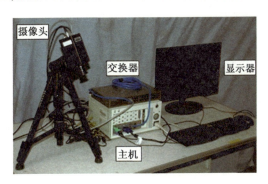

图 5-20 非接触式测量系统

该系统的工作过程如下：摄像头中装有小型处理器保证工作时 4 个摄像头能同步拍摄。试验时，试验人员可从计算机屏幕实时观察摄像头中的情况，并在每一个工况完成后，试验人员利用软件控制摄像头进行拍照,拍摄后的照片经过编号后同时储存在计算机的硬盘上,等检测结束之后使用外接设备拷贝计算机内的照片进行备份和分析。

图 5-21 位于管节中的摄像头

在获取图片数据后,经过加工处理可得试验全过程结构加载的变形视频。同时,由于试验构件事先已被划分好网格,那么试验过程中构件的变形亦可通过摄像头的照片获取,如图 5-22 所示。而且,在试验破坏阶段,由于观测困难和破坏工况危险性较大,摄像头便可取代人工观测来观察结构是否已经破坏。因此,该非接触式测量系统便可得到沉管隧道试验大变形阶段和破坏状态下的变形情况和变形数据。

图 5-22 摄像头拍摄的画面

5.3.2 接头压弯力学性能

1) 试验加载工况

压弯试验的荷载由千斤顶提供,千斤顶布置在图 5-19 中的 A~D 点。由于千斤顶只能单向加载,因此在一定轴向压力下可以通过千斤顶加卸载而产生的压力差形成弯矩,以研究接头抗弯力学性能。压弯试验的加载如图 5-23 所示。

压弯试验的目的是,研究接头承受不同轴向压力下的变形性能以及在不同轴压力下接头的抗弯性能。因此,本次试验共设置五级轴力,分别为 500kN、1 000kN、1 500kN、2 000kN 和 2 500kN,然后在五级轴力下分别施加相同弯矩,其值为 350kN·m。对于实际工程,管节接头最大和最小静水压力分别为1 760kN和440kN,而试验荷载范围涵盖了这两个水压值。压弯试验的加载工况见表5-4。

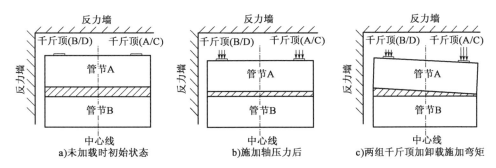

图 5-23　压弯试验荷载施加示意图

压弯试验加载工况表　　　　　　　表 5-4

工况编号	轴力(kN)	弯矩(kN·m)	剪力(kN)	周期
CB-500-350	500	±350	0	1
CB-1000-350	1 000	±350	0	1
CB-1500-350	1 500	±350	0	1
CB-2000-350	2 000	±350	0	1
CB-2500-350	2 500	±350	0	1

2) 测点布置

根据压弯试验方案的要求,本工况需要测量接头受弯矩作用下的张开量以及确定管节接头转动中心。因此,位移计布置在管节接头顶部和管节内部连接处。图5-24为位移计布置示意图(#为位移计编号),一共布置9个弹簧式位移计。

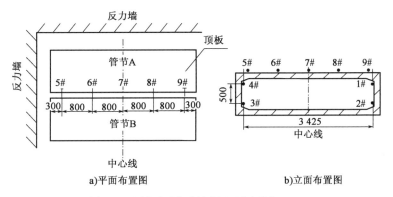

图 5-24　压弯试验位移计布置(尺寸单位:mm)

3) 试验结果与分析

(1) 轴向压缩试验

图5-25是根据试验加载工况中弯矩为零的加载点得到的管节接头处变形的加卸载曲线。

在加载过程中,管节接头的轴向压缩刚度随着轴向荷载的增大而增大;在卸载过程中,管节接头的压缩变形与加载过程中的变形量有一定的差异,存在滞后性,压缩量随着荷载减小而缓慢变化,当荷载下降到 800kN 时,压缩量迅速减小;且在当荷载卸为零时,还有残余变形约 3.1mm,约为最大压缩量的 23%。

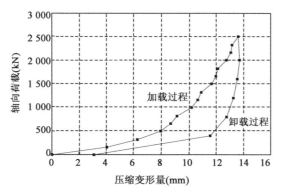

图 5-25 管节接头轴向压缩变形曲线

最大设计水压下的管节接头压缩量为 12.1mm,而最小设计水压下的管节接头压缩量为 8.0mm,符合管节接头最小压缩量要求,即达到接头设计防水要求。轴向压力为 850kN 时,接头压缩量为 9.3mm。按照试验比尺折算后,对应实际工程的压缩量为 93mm。

(2)基准压弯试验

图 5-26 为轴向压力为 500kN 时的弯矩-转角曲线。由图可以看出,弯矩从 0kN·m 增加到 350kN·m 或从 0kN·m 增加到 -350kN·m 时,转角呈非线性增加,增加速率先快后略变慢。而当弯矩从峰值卸载为 ±250kN·m 时,转角减小速度较快,当弯矩从 ±250kN·m 卸载到 0kN·m 时,转角减小的速率略为减小,同时基本呈线性递减。另外,在完成加卸载一个循环后,可以看出接头转角不为 0rad,该残余转角为峰值转角的 44%。在反向加卸载一个循环后,累计残余转角变大。在施加往复弯矩荷载一周期后,接头变形存在不可恢复的残余转角,为 0.000 345rad,对应接头的张开量为 1.21mm,小于张开量设计限值(3mm),满足水密性要求。

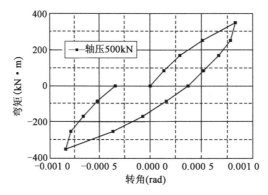

图 5-26 CB-500-350 工况的弯矩-转角曲线

图 5-27 为不同轴向压力下接头弯矩-转角加卸载 1 周期的曲线。由图可知,管节接头另一方向的转角也随轴向压力的增大而减小。因此可得,接头抗弯刚度整体上也是随着轴向力增大而增大。在轴向压力比较小的时候,接头弯矩-转角曲线的滞回圈比较饱满;当轴压力逐渐增大的时候,GINA 橡胶止水带滞回圈随之逐步减小;当轴压力达到 2 500kN 时,弯矩-转角接近线性关系。可见,随着轴向压力的增大,GINA 止水带压缩刚度增大,GINA 止水带的滞回性能下降。

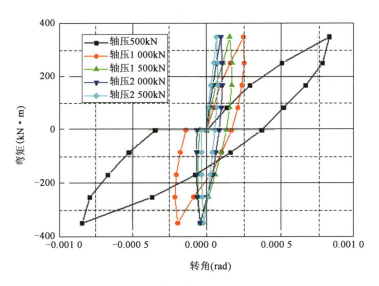

图 5-27　管节接头弯矩-转角曲线

表 5-5 分别为管节接头轴压力和抗弯刚度的关系曲线和每一级轴力所对应的抗弯刚度值。从表中可以看出,接头刚度变化趋势基本呈线性增长。而根据线性插值计算可知,特征水压(轴压力为 850kN)下接头抗弯割线刚度为 1 113MN·m/rad,为实际工程的 1.7 倍。

接头不同轴力下的抗弯割线刚度　　　　　表 5-5

轴力(kN)	500	1 000	1 500	2 000	2 500
抗弯割线刚度(MN·m/rad)	420	1 410	2 260	3 660	5 270

5.3.3　接头压剪力学性能

1) 试验加载工况

压剪试验的荷载包括轴向压力和横向剪力两部分,前者由千斤顶提供,后者由作动器提供。压剪试验是利用千斤顶施加一定的轴向压力后,在接头处施加静/动剪力,以研究接头的抗剪力学性能。压剪试验加载平面布置和接头变形示意如图 5-28 所示。

压剪试验包括动力压剪试验工况和静力压剪试验工况两种。

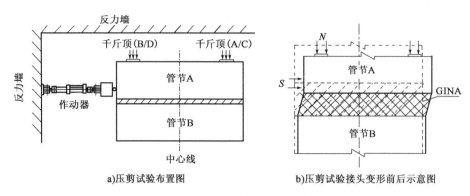

a) 压剪试验布置图　　　　　　　　b) 压剪试验接头变形前后示意图

图 5-28　压剪试验荷载施加示意图

(1) 动力压剪试验工况

动力压剪试验的目的是,研究沉管隧道接头在某特定频率动剪力下的响应,同时计算接头的动刚度以及研究影响动刚度的因素。这里,影响动刚度的因素主要有轴向压力、动剪力幅值和动剪力频率三个方面。其中,轴向压力有 0kN、440kN 和 1 760kN;动剪力幅值有 10kN、20kN、30kN 和 40kN;动剪力频率有 1Hz、2Hz、3Hz 和 4.2Hz。基于此,通过影响因素的不同组合,本次动力压剪试验共设置 48 个工况,见表 5-6。

动力压剪试验工况　　　　　　表 5-6

加载工况	总轴力(kN)	剪力幅值(kN)	输入频率(Hz)	加载工况	总轴力(kN)	剪力幅值(kN)	输入频率(Hz)
CSD-1	1 760	10	4.2	CSD-19	440	30	4.2
CSD-2	1 760	20	4.2	CSD-20	440	40	4.2
CSD-3	1 760	30	4.2	CSD-21	440	10	3
CSD-4	1 760	40	4.2	CSD-22	440	20	3
CSD-5	1 760	10	3	CSD-23	440	30	3
CSD-6	1 760	20	3	CSD-24	440	40	3
CSD-7	1 760	30	3	CSD-25	440	10	2
CSD-8	1 760	40	3	CSD-26	440	20	2
CSD-9	1 760	10	2	CSD-27	440	30	2
CSD-10	1 760	20	2	CSD-28	440	40	2
CSD-11	1 760	30	2	CSD-29	440	10	1
CSD-12	1 760	40	2	CSD-30	440	20	1
CSD-13	1 760	10	1	CSD-31	440	30	1
CSD-14	1 760	20	1	CSD-32	440	40	1
CSD-15	1 760	30	1	CSD-33	0	10	4.2
CSD-16	1 760	40	1	CSD-34	0	20	4.2
CSD-17	440	10	4.2	CSD-35	0	30	4.2
CSD-18	440	20	4.2	CSD-36	0	40	4.2

续上表

加载工况	总轴力（kN）	剪力幅值（kN）	输入频率（Hz）	加载工况	总轴力（kN）	剪力幅值（kN）	输入频率（Hz）
CSD-37	0	10	3	CSD-43	0	30	2
CSD-38	0	20	3	CSD-44	0	40	2
CSD-39	0	30	3	CSD-45	0	10	1
CSD-40	0	40	3	CSD-46	0	20	1
CSD-41	0	10	2	CSD-47	0	30	1
CSD-42	0	20	2	CSD-48	0	40	1

（2）静力压剪试验工况

静力压剪试验的目的是，通过对结构施加低周往复的剪力，研究沉管隧道接头在某特征水压下的抗剪力学性能以及其在受剪作用下力学机理和破坏模式，同时计算接头的静刚度以及研究轴向压力对静刚度的影响。因此，静力压剪试验工况分为静力压剪工况和静力压剪破坏工况。

对于静力压剪工况，剪力最大值的取值同动力压剪工况中的剪力幅值，为40kN。同时，为研究轴向压力对接头静刚度的影响，还设置了三个不同轴力，具体数值同动力工况。

对于静力压剪破坏工况，为了更好地研究接头的受剪力学机理，采用力-位移混合控制模式，试验阶段前一部分，采用力控制，当力达到一定值时，采取位移控制。这样既能保证试验顺利完成，又能在钢剪力键发生屈服后较好地获得接头力-位移曲线。静力压剪工况见表5-7。

静力压剪试验工况　　表5-7

工况编号	轴力(kN)	弯矩(kN·m)	剪力幅值(kN)	周　期
CSS-1760-40	1 760	0	±40	3
CSS-440-40	440	0	±40	3
CSS-0-40	0	0	±40	3
CSS-850-Failure	850	0	—	—

2）测点布置

根据压剪试验的试验要求和试验工况，压剪试验需要测量接头的错位量，钢剪力键应变及其预埋件附近混凝土应变。

对于接头错位量的测量，本试验采取了两种不同的方法，以保证测量数据的准确性和减小误差。接头同时受轴向压力和横向剪力时，其变形示意图见图5-29。从图中可知，d_0为两个管节相对错位量，即为所求的接头错位量，因此，本试验在管节内部布置4个横向位移计，以测量管节相对错位量。另外，d_1和d_2分别为管节A和管节B的绝对错位量，那么理论上$d_0 = d_1 - d_2$，因此在管节外侧，布置了4个激光位移计，以测量绝对位移。尽管管节B相对固定，但是考虑到反力架间隙等不可预见因素，故在管节B上也布置位移计。综上，错位量位移计的布置见图5-30和图5-31。

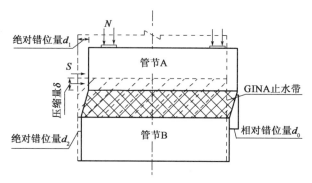

图 5-29 压剪工况接头变形示意图

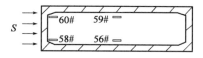

图 5-30 测量相对错位量激光位移计布置图

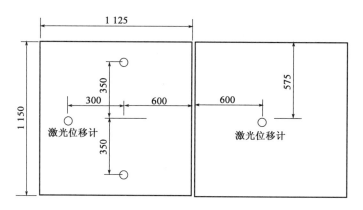

图 5-31 测量绝对位移的激光位移计布置示意图(尺寸单位:mm)

对于钢剪力键应变,设置目的是为了测量钢剪力键应变及其分布规律。因此,在钢剪力键上布置三向应变花。考虑到通道的限制,不能在所有剪力键上都布置应变花。因此,本试验以从四组剪力键中选取对角两组集中布置为原则布置应变花。单个钢剪力键应变花布置方式见图 5-32,集中布置应变花的位置见图 5-33。

3)试验结果与分析

(1)接头静刚度分析

图 5-34 和图 5-35 分别为 CSS-850-Failure 工况的剪力和错位量关系曲线和骨架曲线。从图中可以看出,当轴力较小时,接头剪力和错位量大致呈线性关系;相反,轴力较大时,错位量增长较快,滞回圈也较大,表明钢剪力键屈服或破坏。图 5-35 也表明,剪力较小时,剪力和错位量变化呈线性关系,接头处于弹性工作阶段;当剪力达到 180kN 左右时,曲线斜率减小了约 35%,接头进入屈服硬化阶段;在 400kN 以后,位移明显增大,剪力键进入破坏阶段。

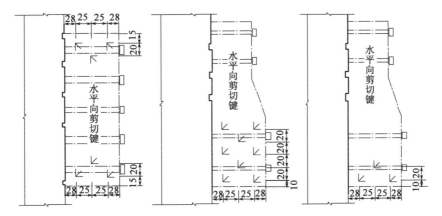

图 5-32 单个剪力键应变花布置形式示意图(尺寸单位:mm)

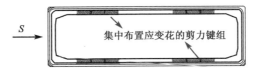

图 5-33 集中布置剪力键应变花的位置

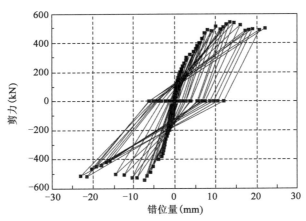

图 5-34 CSS-850-Failure 工况的剪力和错位量关系曲线

图 5-36 为接头压剪试验静力刚度随轴力增加的曲线。这里,压剪静力刚度为剪力与错位量的比值。两种颜色的曲线仅表示接头所受剪力的方向,根据设计,两者理论上是一致的。而试验结果表明,两者相差也不大。显然,当轴力增大的时候,压剪刚度增大,但不是呈线性增长。

不同轴力下的静力刚度分别为 140MN/m、211MN/m、297MN/m(正常水压)和 900MN/m(正向和反向的平均值)。

(2)接头动刚度分析

本次试验研究了不同轴力下的沉管隧道接头动刚度与轴向力关系,如图 5-37 和图 5-38 所示。根据工况设计,轴向力的设置与水压力有关。由图 5-37 和图 5-38 可以明显看出,接头动刚度随轴力的增大而增大,这符合常理。而动刚度增大幅度在 2.5~6 倍之间(个别点除外)。

但由于试验工况不多,故不能判断其增长是否呈线性或者非线性关系。另外,随着轴压力的增大,由于输入剪力的性质不同所造成的差异就越明显。同时,也可以看出,不同剪力幅值和不同剪力输入频率对接头动刚度有一定的影响,但不明显。

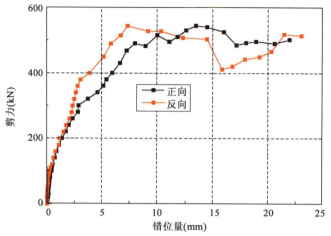

图 5-35 CSS-850-Failure 工况的骨架曲线

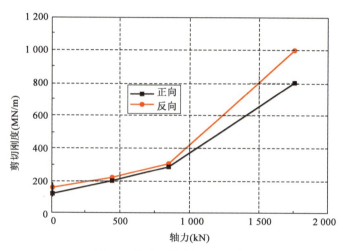

图 5-36 接头压剪刚度和轴力曲线

(3)接头静刚度与动刚度对比

根据上述分析,为了将动刚度与静刚度作对比,这里选取剪力幅值为 40kN,同时其输入频率为其响应频率,即 4.2Hz。图 5-39 表示的是接头静刚度与动刚度分别随轴力变化的曲线。可以看出,动刚度与静刚度的随轴压力增长的趋势基本保持一致。当轴压力为 0kN 时,接头静力刚度和动力刚度比较接近,此时,动剪力幅值较小,钢剪力键在弹性受力阶段,故钢剪力键动力响应也较小。轴压力增大时,GINA 橡胶止水带参与分担剪力。此时,动刚度变化较大,说明 GINA 橡胶止水带的动力刚度较大,对接头动刚度有较大影响。当轴力为特征水压,即 850kN 时,接头动刚度为 524MN/m(插值计算所得),为与之对应的静刚度(341MN/m)的 1.5 倍。

第5章 沉管隧道管节接头抗震性能研究

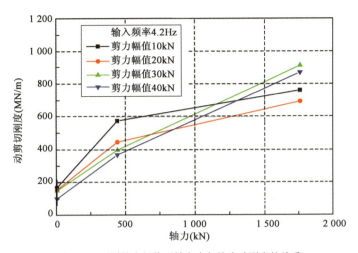

图 5-37 不同剪力幅值下轴向力与接头动刚度的关系

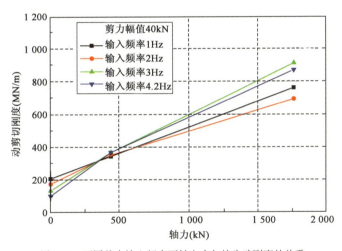

图 5-38 不同剪力输入频率下轴向力与接头动刚度的关系

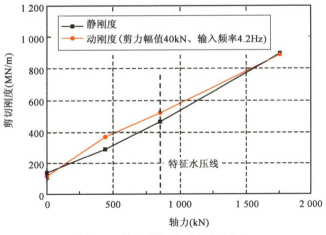

图 5-39 接头动刚度与静刚度的比较

5.3.4 接头压剪破坏能力

1）接头极限承载力

图 5-40 为最后破坏阶段实时记录的加载曲线。该工况是由位移控制,轴压力保持为 850kN(正常水压水平),直至接头所有剪力键被破坏,而剪力则是通过作动器压力传感器读取。可以看出,接头的极限承载力约 ±540kN,其中,包括 GINA 橡胶止水带承担的剪力和钢剪力键承担的剪力。当位移达到约 ±45mm 时,接头剪力键全部破坏。全部剪力键破坏均发生在 HSK2 处,与原设计一致。

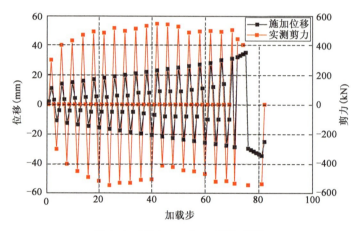

图 5-40 CSS-850-Failure 工况加载图

图 5-35 显示,当剪力达到 280kN 时,曲线出现拐点,斜率发生改变,此时第一个剪力键被剪坏。而图 5-40 中显示,接头所受剪力大于 400kN 时,其余剪力键才开始破坏。这说明,第一个剪力键的承载力较小,原因有以下两点：①剪力较小时,接头错位量较小,GINA 橡胶止水带刚度不大,因而分担剪力较小,钢剪力键承受大部分剪力。当剪力增加,错位量增大,GINA 橡胶止水带刚度增大,GINA 橡胶止水带分担的剪力也逐渐变大;②由于做工差异致使第一个破坏的钢剪力键承载力较低。

2）接头破坏模式

原设计接头受剪破坏模式是钢剪力键螺栓被拉坏,接头抗剪承载力下降至原来的 80% 时,即接头被破坏。但是试验结果显示,钢剪力键的破坏模式是钢剪力键螺栓和剪力块共同受剪破坏。因此,由图 5-35 可以看出,在位移不断增加时,剪力并没有增加,而是在 500kN 上下波动,并出现一段下降段,这是因为剪力键破坏后,GINA 橡胶止水带仍然受力所致。钢剪力键破坏后的情况见图 5-41。很明显,图中钢剪力键与剪力块破坏面平滑一致,断口平面为钢剪力键底板平面。而从钢剪力键上的网格可知,钢剪力键箱体没有明显变化,只在剪力键接触处出现互相接触的压痕,表明其刚度相对较大。另外,GINA 橡胶止水带在压剪工况中破坏严重。侧墙上 GINA 严重变形,固定 GINA 橡胶止水带的钢条扭曲,螺栓剥落甚至弯曲,如图 5-42 所示。

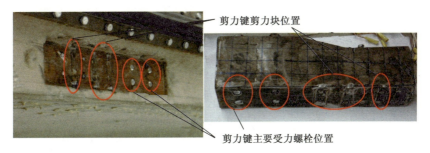

图 5-41 试验后钢剪力键破坏后的情况

图 5-42 扭曲的侧墙 GINA 橡胶止水带以及已变形的螺栓

5.4 管节接头减震耗能装置试验

接头的减震限位性能设计是本次试验的一个重要目的之一。在一般的柔性接头里,会埋设预应力拉索来限制接头的张开量,以达到限位的目的;而目前在隧道结构里,构件通常不进入塑性工作阶段,即积聚在耗能构件中的弹性应变能将随着变形的恢复释放出来,如 PC 拉索、波形钢板等,故在隧道结构中不考虑减震耗能这一问题。因此,本次试验首次在沉管隧道中引入屈曲约束金属阻尼器作为耗能装置,设置了两个工况来研究接头减震耗能和限位装置的性能和规律,目的是将两者与柔性接头结合起来,减小地震等作用对管节接头的影响,为工程设计和应用做出指导。

5.4.1 限位拉杆设计及其减震作用

1) 接头限位装置的设计

一般来说,柔性接头会使用预应力拉索来限制接头的张开。由于预应力拉索设计和安装困难,故本次试验采用拉杆代替预应力拉索的功能。另外,由于本次试验只考虑水平力的作用,故限位拉杆设置在接头两侧侧墙处,以使其发挥最大的作用。

图 5-43 为本次试验所对应的压缩量,为 16.2mm。为保证接头的防水性能,接头在初始压缩量为 16.2mm 的基础上最大张开量为 3mm,因此在对接头施加弯矩后,限位拉杆起作用时 GINA 橡胶止水带的最小压缩量为 13.2mm。在此基础上,单位长度 GINA 橡胶止水带的压力为 103.95kN/m,初始压缩量为 16.2mm,压缩刚度为 2.73×10^4 kN/m,则管节接头平面外弯曲刚度为:

$$K_R = \left(\frac{1}{2}hb^2 + \frac{1}{6}b^3\right)k_1$$
$$= \left(\frac{1}{2} \times 1.08 \times 3.73^2 + \frac{1}{6} \times 3.73^3\right) \times 2.73 \times 10^4 = 4.41 \times 10^5 (\text{kN} \cdot \text{m}) \quad (5\text{-}12)$$

拉杆起作用时,管节接头水平转角为:

$$\theta = \frac{\delta}{b/2} = \frac{3}{3\,730/2} = 1.61 \times 10^3 (\text{rad}) \quad (5\text{-}13)$$

此时 GINA 橡胶止水带承担的弯矩为:

$$M_{\text{GINA}} = K_R\theta = 4.41 \times 10^5 \times 1.61 \times 10^3 = 710(\text{kN} \cdot \text{m}) \quad (5\text{-}14)$$

换算到加卸载作用力为:

$$\delta F = \frac{710}{4 \times 1.375} = 129.1(\text{kN}) \quad (5\text{-}15)$$

为初始水力压接力的 0.52 倍。即千斤顶加卸载的作用力超过初始水力压接力的 0.52 倍,拉杆就会发挥限位作用,而接头余下的弯矩由张开一侧的拉杆承担。

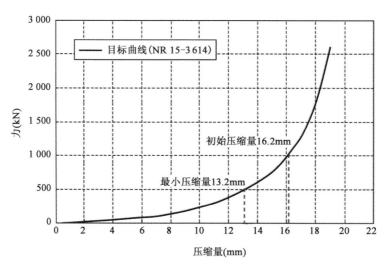

图 5-43 GINA 橡胶止水带力-压缩量曲线和本次试验对应的压缩量

拉杆布置在管节外墙的预留孔洞中,每侧布置 4 根,共 8 根,见图 5-44。接头弯曲时 GINA 橡胶止水带的力臂 $L_0 = 1.865$m,拉杆力臂 $L_1 = 1.810$m,$L_2 = 1.760$m。根据 GINA 橡胶止水带未压缩时的横截面高度 37mm 和拉杆起作用的最小压缩量 13.2mm,则拉杆的有效长度为:

$$\begin{cases} l_1 = 2 \times 1\,125 + 37 - 16.2 + 3 \times 1.81/1.865 = 2\,273.7(\text{mm}) \\ l_2 = 2 \times 1\,125 + 37 - 16.2 + 3 \times 1.76/1.865 = 2\,273.6(\text{mm}) \end{cases} \quad (5\text{-}16)$$

考虑螺母高度 10mm 和螺母外侧 30mm 的预留量,拉杆总长度定为 2 400mm。拟定千斤顶加卸载的最大作用力为 $\delta F = 160\text{kN}$,为初始水力压接力的 0.64 倍。

联立求解力和力矩平衡方程:

$$\begin{cases} 2(T_1 + T_2) + F_0 = \sum F \\ 2(T_1 L_1 + T_2 L_2) + M_0 = \sum M \end{cases} \quad (5\text{-}17)$$

可以得到,拉杆拉力 $T_1 \approx T_2 = 23.81\text{kN}$。

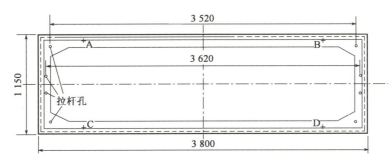

图 5-44 拉杆布置示意图(尺寸单位:mm)

管体预留孔内径 16mm,采用 $\phi = 12\text{mm}$ 的 HPB235 光面钢筋作为拉杆,则拉杆最大拉应力为:

$$\sigma = \frac{4T}{\pi d^2} = \frac{4 \times 23.81 \times 10^3}{\pi \times 12^2} = 210(\text{N/mm}^2) \quad (5\text{-}18)$$

$\sigma < 420\text{N/mm}^2 = f_{\text{stk}}$(抗拉强度标准值),故满足抗拉强度要求。而且拉应力没有超过 235N/mm^2,钢筋不会发生屈服。

对于限位装置拉杆使用的 HRB235 光面钢筋,把两端加工成带螺纹状即可。同时,由于设计比例尺为 1:10,接头间隙只有 12cm,故限位拉杆不能像实际工程一样仅设置在接头中,而是贯穿整个管节。因此,在管节对接前就需要将拉杆安装到位,然后待管节对接后,在拉杆两端装上螺母和传感器,见图 5-45。

图 5-45 放置就位的限位拉杆

2) 带限位拉杆的接头压弯试验

带拉杆的压弯试验目的是研究限位拉杆在接头张开时的限位作用。为了对比设置拉杆前后的接头张开量的变化规律,本工况采用的初始轴向压力 1 000kN,为基准压弯试验的第二级轴向力。同时,为了让拉杆能够抵抗更大的弯矩,试验采用的弯矩值为 1 000kN·m。而且,在施加初始轴向压力后,再安装固定限位拉杆,此时拉杆处于临界受力状态,即弯矩开始施加时,限位拉杆开始受力。加载工况见表 5-8。试验先完成带拉杆试验,故加载工况前段较密。

带拉杆压弯试验工况表　　　　　　　　　表5-8

工况编号	轴力(kN)	弯矩(kN·m)	剪力(kN)	周期
CB-1000-1000	1 000	±1 000	0	1
CBL-1000-1000	1 000	±1 000	0	1

带拉杆压弯试验与基准压弯试验的弯矩-转角曲线的对比如图 5-46 所示。由图可见,增设限位拉杆后,接头刚度明显提高,转角明显减小,张开量减小约 47%,具有良好的减震限位效果。

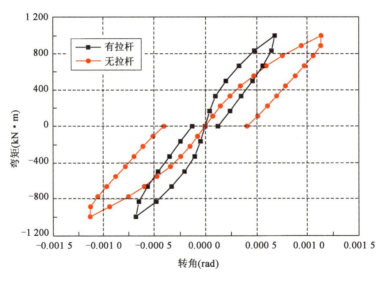

图 5-46　CBL-1000-1000 工况弯矩-转角曲线

5.4.2　屈曲约束金属阻尼器设计及其耗能作用

1) 接头减震装置的设计

试验采用两组上海蓝科减震科技有限公司自主研发的 TJ-II 型屈曲约束金属阻尼器,分别布置于管节两侧内侧墙。屈曲约束金属阻尼器长 1.3m,横截面尺寸为 9cm×10cm,两端与支座连接方式为焊接。芯板采用 Q235 钢,实测强度为 268MPa;芯板呈一字形,竖直放置。支座由 M18、12.9 级高强螺栓固定在管节上。

根据试验目的和要求,屈曲约束金属阻尼器(BRB)布置如图 5-47 所示。

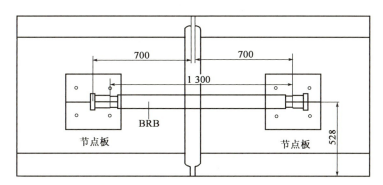

图 5-47 屈曲约束金属阻尼器布置示意图(尺寸单位:mm)

BRB 设计参数包括屈服位移和弹性阶段线刚度。在沉管隧道接头中试验中,由于接头张开量较小,故,BRB 需要尽早进入屈服才能达到理想耗能效果;同时参考生产工艺水平,确定 BRB 屈服位移为 0.5mm。

在确定屈服位移后,以屈服位移为已知参数,通过参数最优化方法设计 BRB 线刚度。其设计依据为:在相同输入条件下,管节接头弯矩-转角曲线所围成的面积最大时的 BRB 线刚度为最优解。

分别将 GINA 橡胶止水带和 BRB 单独作用下的接头弯矩-转角模型简化为多折线模型,如图 5-48 中的圆形和方形符号所示。假设 GINA 橡胶止水带和 BRB 为并联体系,两者叠加得到两者共同作用时的接头弯矩-转角曲线,见图 5-48 中三角形符号。问题转化为计算 BRB 参数使得接头弯矩-转角曲线所围成的滞回面积最大。

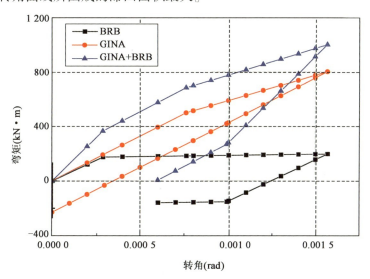

图 5-48 接头弯矩-转角理论曲线

以接头最大转角为参数,通过计算分析,可得最大转角为 0.001 5rad 时,接头滞回圈面积最大。此时 BRB 的线刚度为 $103 \times 10^3 \text{kN/m}$,单根 BRB 屈服时内力为 51.5kN,BRB 力学参数见表 5-9。理论上,在相同外部输入位移下,增设 BRB 后,接头耗能面积提高约 110%。

屈曲约束金属阻尼器力学参数表　　　　　　　　　　　　表 5-9

长度	1.3m	延伸率	>26%
弹性线刚度	$103 \times 10^3 \text{kN/m}$	两端固定方式	固定端(焊接)
屈服位移	0.5mm		

根据设计,减震构件 BRB 对称安装在管节侧墙内侧,而 BRB 两端需要支座板。BRB 两端固接,以保证 BRB 的正常工作。由于在管节浇筑时没有安装支座板,故需在侧墙处打孔,用高强摩擦型螺栓固定支座板。安装完成后的情况见图 5-49。

图 5-49　管节内部的屈曲约束金属阻尼器

2)带屈曲约束金属阻尼器的接头压弯试验

带屈曲约束金属阻尼器的压弯试验目的是研究屈曲约束金属阻尼器在接头张开时的减震耗能作用。为了对比设置 BRB 前后的接头张开量的变化规律,此工况包括带 BRB 压弯工况和带 BRB 的轴向拉伸压缩工况。同时,两种采用的初始轴向压力均为 1 000kN,为基准压弯试验的第二级轴向力。

对于 BRB 压弯试验,所采用的弯矩最大值分别为 900kN·m(1 周期)和 1 000kN·m(2 周期),同带拉杆压弯试验。而对于 BRB 轴向试验,在初始轴压力的基础上,施加 ±500kN(1 周期)和 ±800kN(2 周期)的轴力。加载工况见表 5-10。

带 BRB 压弯工况表　　　　　　　　　　　表 5-10

工况编号	轴力(kN)	弯矩(kN·m)	剪力(kN)	周期
CBB-1000-900	1 000	±900	0	1
CBB-1000-1000	1 000	±1 000	0	2
CBr-1000-±500	1 000 ±500	0	0	1
CBr-1000-±800	1 000 ±800	0	0	1

图 5-50 为 CBB-850-100 工况接头弯矩-转角曲线。由图可以看出,当最大转角一致时,有 BRB 的接头所承受的最大弯矩为 1 000kN·m,比无 BRB 时高 37%,同时抗弯刚度也较无 BRB 时大。根据接头弯矩-转角曲线滞回圈面积的大小,有 BRB 时接头的耗能面积较无 BRB 时的大约 90%,耗能效果较为明显。

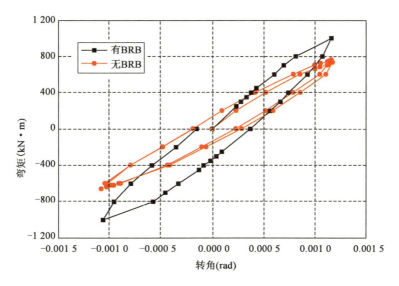

图 5-50　CBB-850-800 工况接头弯矩-转角曲线

3) 屈曲约束金属阻尼器实际耗能作用

屈曲约束金属阻尼器的耗能作用只要通过其核心段钢板屈服所体现,因此 BRB 端部在试验过程中保持在弹性阶段,并假设轴向应变在端部横截面均匀分布,故可通过设置在端部的应变片读数来计算出 BRB 的实际受力情况。

根据计算所得的 BRB 内力,可计算出 BRB 在接头中所承担的弯矩值,因而可得到 BRB 实际的弯矩-转角曲线,见图 5-51。由图可见,当弯矩在 240kN·m 前,BRB 弯矩-转角曲线基本呈线性变化,当弯矩超过 240kN·m 达到 270kN·m 时,BRB 出现屈服拐点和屈服平台,即出现屈服现象。达到最大弯矩后,卸载到反向加载过程中,弯矩-转角曲线也基本呈线性变化;当弯矩达到 −270kN·m 时,弯矩-转角曲线也出现屈服平台,即反向加载时 BRB 也出现屈服。总体上看,BRB 出现屈服,但屈服平台较短,屈服效果不明显。

将试验结果与设计计算结果对比,可得图 5-52。由图可以看出,BRB 总体耗能性能没有达到设计要求,试验曲线的滞回圈面积约为设计的一半。同时,BRB 试验弯矩-转角曲线线性段斜率较小,即其线刚度较小;且试验所得的屈服位移约为 1.3mm,为设计值的 2.6 倍;试验屈服平台也较短。

本试验中,BRB 有明显的屈服现象;设置 BRB 后,接头弯矩-转角曲线滞回圈变大,耗能效果提升 90%,试验基本成功。但是 BRB 自身耗能效果比设计要低,还有很大的提升空间。

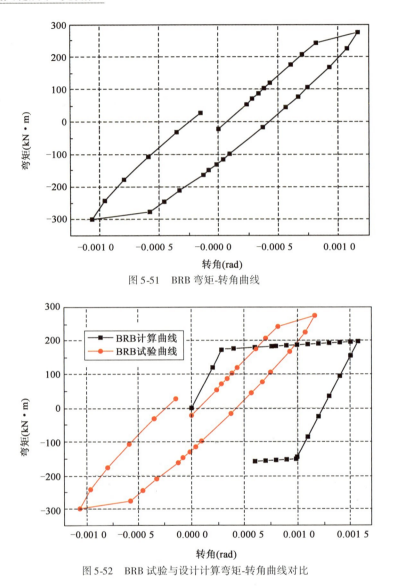

图 5-51 BRB 弯矩-转角曲线

图 5-52 BRB 试验与设计计算弯矩-转角曲线对比

5.5 本章小结

本章对沉管隧道管节接头抗震减震性能进行了深入研究。首先系统调研了沉管隧道管节接头类型和构造,在此基础上建立了柔性管节接头的简化力学模型并推导了接头刚度的解析表达式。然后研发了沉管隧道接头力学性能试验技术,进行了沉管隧道大比尺管节接头力学性能试验,得到了不同轴向压力下接头力学参数的变化规律。试验结果表明:接头抗弯刚度随轴压力的增加而基本呈线性增长,且标准水压下接头最大张开量满足水密性要求;接头压弯加卸载存在一定的滞回性能,且随压力的增大而减小;接头静力/动力剪切刚度均随轴压力的增大而增大,动剪切刚度约为静刚度的 1.2~1.5 倍;接头抗剪极限承载力为 545kN,破坏模式为钢剪力键螺栓与剪力块共同受剪破坏。最后提出并通过试验证实了限位拉杆和屈曲约束金属阻尼器在管节接头中的减震耗能作用,形成基于限位拉杆和屈曲约束金属阻尼器的沉管隧道减震控制技术,试验结果表明:在相同转角下,管节接头弯矩-转角曲线滞回圈面积较无屈曲约束金属阻尼器时大90%,即耗能性能提高约90%,耗能效果明显;接头所受荷载提高约37%。而设置限位拉杆可有效提高接头抗弯刚度和限制接头张开量;设置拉杆后,接头张开量可减少47%,刚度提升至原来的1.6倍。

本章参考文献

[1] 陈韶章.沉管隧道设计与施工[M].北京:科学出版社,2002.

[2] 管敏鑫,高伟豪.沉埋隧道管段接头的设计与施工[J].隧道及地下工程,1994(3):1-8.

[3] 刘正根.沉管隧道接头性态与安全评估[D].上海:同济大学,2009.

[4] 管敏鑫.越江沉管隧道管段及接头防水[J].现代隧道技术,2004(12):57-59.

[5] 薛勇.沉管隧道技术的进展[J].特种结构,2005,22(1):70-72.

[6] 陆明,张勇,陈心茹,等.上海外环沉管隧道防水设计(九)——防水设计[J].地下工程与隧道,2005(3):30-35.

[7] 陈鸿,贺春宁,乔宗昭.上海外环沉管隧道设计(十一)——管节接头设计[J].地下工程与隧道,2006(1):15-19.

[8] 陆明.沉管隧道管段接头等部位的防水防腐设计[J].中国建筑防水,2002(4):27-29.

[9] 周松,刘千伟,杨国祥.常洪沉管隧道关键施工技术概述[C]//国际隧道研讨会暨公路建设技术交流大会论文集.北京:世界道路协会,2002:393-401.

[10] 朱家祥,陈彬,刘千伟,等.上海外环沉管关键施工技术概述[J].岩土工程界,2001,9(6):7-10.

[11] 陈海军.沉管隧道主体结构设计关键技术分析研究[J].隧道建设,2007,27(1):46-50.

[12] 中华人民共和国国家标准.GB 50010—2010 混凝土结构设计规范[S].北京:中国建筑工业出版社,2010.

[13] 中华人民共和国国家标准.GB 50017—2003 钢结构设计规范[S].北京:中国计划出版社,2003.

[14] 中交公路规划设计院有限公司.沉管隧道节段接头构造形式研究及120年设计使用寿命止水带研发——物理模型试验大纲.2011.

第 6 章 沉管隧道多点振动台模型试验技术

目前,国内外关于非一致激励下沉管隧道抗震研究均集中于理论分析和数值模拟。由于试验设备的限制,非一致激励下沉管隧道地震试验研究仍是空白。本章旨在研发适用于超长沉管隧道的多点振动台试验模拟技术,并通过多点振动台模型试验研究非一致激励下超长沉管隧道的地震响应。首先,基于多点振动台试验设备,提出离散多点非一致地震输入机制,以实现离散多点振动台输入到多点连续非一致输入的等效转换。其次,根据相似比设计理论,确定振动台试验各物理量之间的相似比关系;以土体剪切模量和阻尼比动力特性参数及变化曲线为控制目标,配制试验模型土;以土与结构相对刚度比为控制指标,设计沉管隧道结构模型。再次,研发基于多点振动台试验的可拼装式超长节段模型箱、可滑动式模型箱支撑系统和可转动式模型箱接头连动装置,以及模型箱边界吸能系统。然后,进行自由场多点振动台试验,研究一致和非一致激励下自由场的地震反应,从而获得不同位置处土体的动力响应。最后,进行沉管隧道多点振动台模型试验,研究一致和非一致地震动输入、不同地震波、地震动大小、振动方向以及是否回淤等多种因素对沉管隧道地震响应的影响,并评估沉管隧道在地震下的接头安全性。

6.1 地下结构振动台试验现状调研

随着地下结构抗震问题日益受到关注,针对土-地下结构相互作用等关键问题的研究不断深入,已经建立了许多地下结构抗震分析方法,但是不同研究者采用不同的简化方法,由此得到的结论也各不相同。为验证理论分析的合理性,研究土-结构动力相互作用及地下结构的破坏机理和破坏模式等,模型试验是一条切实可行的途径。国内外学者对地下结构的抗震问题进行了大量的试验研究。这些研究对了解地下结构地震响应特点、验证所建立方法的可靠性等方面起到了十分积极的作用。目前,地下结构地震响应的模型试验主要包括离心机模型试验和振动台模型试验。由于振动台试验法能较好地把握地下结构的地震反应特性以及地下结构与地基之间的相互作用特性等问题,而且也可为数值模拟的可靠性提供验证,因此得到了比较广泛的应用。

Goto 等(1973)[1]对沉管隧道在地震时的反应做了振动台模拟试验,隧道结构模型的形式为 8cm×8cm 方形橡胶管。模型箱采用刚性材料制作,平面尺寸为 1.5m×1.0m。采用明胶模拟砂土,试验中没有考虑尺寸效应和边界效应等问题。

Okamoto 等(1973)[2]也对沉管隧道的地震反应进行了振动台试验研究。隧道结构模型采用硅橡胶制作,模型比例为 1:250。场地土采用明胶模拟,模型箱平面尺寸为 2.2m×1.0m。采用硅橡胶和明胶制作模型的主要原因是,因为这两类材料的弹性模量非常小,易于量测试验时模型的位移和应变值,且这些材料易于加工。

杨林德等(2003[3],2004[4])对上海地铁车站、车站与隧道接头以及区间隧道结构进行了振动台模型试验。该试验在同济大学 4m×4m 的振动台上进行,车站结构几何相似比为 1/30,采用重力失真模型。车站模型由微粒混凝土材料和镀锌钢丝制作而成,模型土由原型土配制而成。模型箱采用的边界为刚性固定边界,激振方向上刚性边界的内侧衬有柔性材料。刚性固定边界由焊接热轧等边角钢制成支撑框架,其内采用木板作为箱体侧壁,底部材料为钢板。在与水平振动方向垂直的方向上,箱体内壁均衬厚 175mm 的聚苯乙烯泡沫塑料板;而在顺沿水平振动的方向上,箱体内壁均粘贴光滑的聚氯乙烯薄膜,以减小在箱壁与土体的接触面上的摩擦阻力。在模型箱底部黏结了一层碎石,用以增大接触面上的摩擦阻力,以免激振时模型土体与底板间发生相对滑移。模型箱高 1.2m,沿振动方向的净长度为 3.0m,垂直于振动方向的净宽度为 2.5m。试验主要研究内容是对典型地铁车站结构模型的地震反应得出规律性的结论。

陈国兴等(2007)[5]对浅埋于可液化南京细砂地基中的地铁车站结构进行了大型振动台试验研究。模型几何相似比尺为 1/25,采用重力失真模型。以密度、位移和弹性模量为基本物理量,得到了模型体系各物理量的相似比及其相似关系。模型箱采用剪切模型箱,净尺寸为 4.5m(振动方向)×3.0m(纵向)×1.8m(高度),在振动方向两端箱壁粘贴聚氯苯稀泡沫板,以减小地震动模型箱壁的反射效应。模型场地土层分 3 层,顶层和底层为黏土层,中间土层为饱和粉细砂层,其厚度分别为 16cm、120cm 和 24cm,模拟原型场地土层的总厚度为 40m,该土层厚度接近南京基岩上覆土层的常见厚度;模型地基的宽度为 4.1m;模型车站结构的上覆土层厚度为 8cm。模型土采用原状土配制。通过对试验结果进行整理,分析了模型地基的加速度和振动孔隙水压力的反应规律。

隧道结构一般沿纵向较长,因此进行非一致激励的模型试验更加符合实际情况。陈隽等(2010)[6]进行了非一致地震激励地下综合管廊大型振动台试验。试验目的在于探索地下线型结构在非一致地震动作用下的响应特性和规律。试验中设计了一种能适当消除边界效应的剪切模型箱,同时满足模型结构的穿越和分别在水平两个方向进行激振的需要。地震模拟振动台是由一个固定台和一个移动台组成的振动台台面。试验中设计了两个相同的模型箱,每个模型箱的内空尺寸为 3.0m(长)×1.8m(宽)×1.92m(高),由 16 层彼此独立的矩形钢框架叠合而成。模型几何比尺为1/8,模型土直接采用原状土分层夯实得到。该试验设计模型隧道置于两个分离的模型箱内,并置于两个振动台上。显然,这与实际情况不符,并没有考虑两个模型箱之间土层的连续性。

用振动台试验研究隧道的实际动力性能并发展或验证其设计理论是可取的。但是,目前关于非一致地震荷载下隧道响应的类似研究都集中于理论分析和数值模拟。由于试验设备的限制,非一致激励下隧道性能的试验研究仍是空白,对沉管隧道进行多点非一致地震激励下的振动台试验研究国内外还未见报道。同时,振动台阵系统为试验研究开辟了一定的自由空间,研究人员可以采用大尺寸结构模型进行试验研究,在一定程度上可以摆脱小尺寸模型带来的种种限制。另一方面,目前台阵试验技术正处于起步阶段,仅有桥梁结构进行过多点非一致激励的振动台模型试验,在隧道结构方面没有成熟的经验可供借鉴和参考。

6.2 离散多点输入机制

本研究基于同济大学土木工程国家重点实验室的多功能振动实验中心,由4个独立的大型振动台组成,分布在一个70m长槽和一个30m短槽的试验基槽内,如图6-1所示。各台面尺寸均为4m×6m,其中B/C两台面最大承重为70t,其余A/D两台面为30t。多功能振动台性能参数列于表6-1。四个振动台沿70m的基槽布置,可以以一个大型线阵的方式协同工作,应用于桥梁或隧道,如图6-1a)所示;还可以形成一个大型方阵的振动体系,应用于空间结构,如图6-1b)所示。

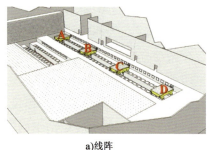
a)线阵

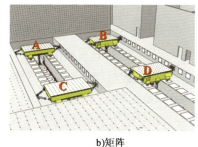
b)矩阵

图6-1 振动台阵工作模式示意图

多点振动台参数 表6-1

振动台	承载(t)	尺寸(m)	频率(Hz)	位移(mm)	速度(mm/s)	加速度(g)	扭矩(t·m)
A	30						200
B	70	4×6	0.1~50.0	±500	±1 000	±1.5	400
C	70						400
D	30						200

非一致地震动空间变化是隧道结构抗震分析的重要因素。空间地震动输入模式有很多种,其中以行波输入最为常见,即假定基岩不同位置点受到的地震激励是不同步的,有一个相位差,如图 6-2 所示。4 个独立振动台面组成的线性台阵为实现非一致地震激励作用提供了设备条件。对于桥梁结构,由于每个桥墩的单独分布,桥梁的非一致激励很容易由四个台面实现。但是对于隧道而言,地震输入往往来自基岩或土层底部的连续激励。因而,沉管隧道多点振动台试验的技术难点是如何设计合理的模型箱,以实现多个离散振动台面来近似模拟实际的连续多点非一致地震激励特征。

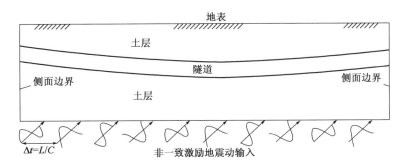

图 6-2 连续多点非一致地震激励模式

6.2.1 离散多点输入与连续输入等效性的解析表达

离散多点输入机制研究的难点在于如何通过 4 个独立振动台面的运动实现实际的连续多点输入,其复杂程度与模型箱设计相关。为此,以弹性地基梁理论为基础,采用 Fourier 和 Laplace 积分变换将弹性梁动力控制方程转换为代数方程,推求出在四台面离散多点输入下模型箱的动力响应解析表达式,从而对离散多点输入机制进行直观的剖析。

假设模型箱连续且弯曲刚度为 EI,单位长度质量为 ρA,地基弹性刚度为 K,阻尼为 C,在模型箱上作用动力分布荷载 $p(x,t)$,则模型箱的偏微分动力方程为:

$$EI\frac{\partial^4 y}{\partial x^4} + \rho A \frac{\partial^2 y}{\partial t^2} + C\frac{\partial y}{\partial t} + Ky = p(x,t) \quad (6-1)$$

初始条件:

$$\left.\begin{array}{r} y(x,t)\mid_{t=0} = 0 \\ \dfrac{\partial y(x,t)}{\partial t}\bigg|_{t=0} = 0 \end{array}\right\} \quad (6-2)$$

假设无限长梁,则边界条件:

$$\lim_{x \to \pm\infty} \frac{\partial^n y(x,t)}{\partial x^n} = 0 \quad (n = 0,1,2,3) \quad (6-3)$$

则弹性地基无限长梁一般动力问题的通用解析解(Yu 和 Yuan,2014)[7]为:

$$y(x,t) = \int_{-\infty}^{+\infty} e^{-\alpha t}\left\{\int_0^t R(r-x,t-\tau)p(r,\tau)e^{\alpha\tau}d\tau\right\}dr \quad (6\text{-}4)$$

其中：

$$R(r,t) = \frac{1}{\pi}\frac{1}{\rho A}\int_0^{+\infty}\frac{1}{\beta(u)}\cos ur\sin[\beta(u)t]du \quad (6\text{-}5)$$

$$\alpha = \frac{C}{2\rho A} \quad (6\text{-}6)$$

$$\beta(u) = \sqrt{\frac{EI}{\rho A}u^4 + \frac{K}{\rho A} - \frac{C^2}{4(\rho A)^2}} \quad (6\text{-}7)$$

假设不考虑土体的作用，则 $K=0$；不考虑阻尼，则 $C=0$，则有：

$$\alpha = \frac{C}{2\rho A} = 0, \quad \beta(u) = \sqrt{\frac{EI}{\rho A}u^4} \quad (6\text{-}8)$$

则式(6-4)变为：

$$y(x,t) = \int_{-\infty}^{+\infty}\left\{\int_0^t R(r-x,t-\tau)p(r,\tau)d\tau\right\}dr \quad (6\text{-}9)$$

对于四台面行波输入：

$$p(x,t) = \begin{cases} 0 & t < t_1 \\ \rho AU\sin 2\pi f(t-t_1) & t \geq t_1 \end{cases} \quad x_1 \leq x \leq x_2 \\ \begin{cases} 0 & t < t_2 \\ \rho AU\sin 2\pi f(t-t_2) & t \geq t_2 \end{cases} \quad x_3 \leq x \leq x_4 \\ \begin{cases} 0 & t < t_3 \\ \rho AU\sin 2\pi f(t-t_3) & t \geq t_3 \end{cases} \quad x_5 \leq x \leq x_6 \\ \begin{cases} 0 & t < t_4 \\ \rho AU\sin 2\pi f(t-t_4) & t \geq t_4 \end{cases} \quad x_7 \leq x \leq x_8 \quad (6\text{-}10)$$

那么四台面输入下空模型箱的位移解析解为：

$$y(x,t) = \frac{1}{\pi}U\int_0^{+\infty}\frac{1}{\beta(u)}\left(\frac{2}{u}\sin\frac{ub}{2}\cos[u(a+\frac{b}{2}-x)]\right)\left(\frac{\beta(u)\sin[2\pi f(t-t_1)] - 2\pi f\sin[\beta(u)(t-t_1)]}{\beta^2(u) - 4\pi^2 f^2}\right)du + \\
\frac{1}{\pi}U\int_0^{+\infty}\frac{1}{\beta(u)}\left(\frac{2}{u}\sin\frac{ub}{2}\cos[u(a+\frac{3}{2}b+c-x)]\right)\left(\frac{\beta(u)\sin[2\pi f(t-t_2)] - 2\pi f\sin[\beta(u)(t-t_2)]}{\beta^2(u) - 4\pi^2 f^2}\right)du + \\
\frac{1}{\pi}U\int_0^{+\infty}\frac{1}{\beta(u)}\left(\frac{2}{u}\sin\frac{ub}{2}\cos[u(a+\frac{5}{2}b+2c-x)]\right)\left(\frac{\beta(u)\sin[2\pi f(t-t_3)] - 2\pi f\sin[\beta(u)(t-t_3)]}{\beta^2(u) - 4\pi^2 f^2}\right)du + \\
\frac{1}{\pi}U\int_0^{+\infty}\frac{1}{\beta(u)}\left(\frac{2}{u}\sin\frac{ub}{2}\cos[u(a+\frac{7}{2}b+3c-x)]\right)\left(\frac{\beta(u)\sin[2\pi f(t-t_4)] - 2\pi f\sin[\beta(u)(t-t_4)]}{\beta^2(u) - 4\pi^2 f^2}\right)du$$

$$(6\text{-}11)$$

6.2.2 离散多点输入研究方案设计

实现沉管隧道多点振动台试验模拟的关键的问题是,如何通过 4 个独立的振动台来实现实际非一致地震动的连续多点激励。因此,有必要研发一个节段式模型箱,其功能不仅能装载模型土和模型隧道,而且要实现由 4 个独立台面引起的离散多点非一致输入到实际连续非一致激励的转换。根据模型箱与振动台面之间的位置,将全长节段式模型箱划分为主动箱和随动箱。主动箱直接固定于振动台面,作为地震激励源;而随动箱与主动箱相连,通过主动箱激励从而带动随动箱参与振动。考虑到实际试验场地和设备能力,节段式模型箱设计由 12 节模型箱组成,4 个主动箱分别固定于 4 个振动台面,其余 8 个随动箱则通过箱体间连接参与振动,如图 6-3 所示。本研究假定各模型箱宽度(垂直于基槽轴线)和高度分别为 4.5m 和 1.2m,且各主动箱长度(沿基槽轴线)与振动台面尺寸相同,即 $a = 4$m,见图 6-3。

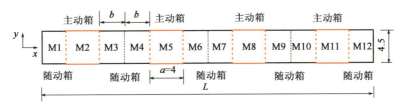

图 6-3 节段式模型箱的布置示意图(尺寸单位:m)

为实现 4 个独立振动台引起的离散多点输入到实际连续多点非一致激励的等效转换,需要满足以下目标:①随动箱的加速度响应峰值应与主动箱输入相同;②随动箱的加速度响应主频应与主动箱输入相同;③相邻模型箱间的时间差沿行波传播方向应保持一致。为了实现上述目标,将通过解析解和数值分析共同优化随动箱长度 b(见图 6-3)以及相邻箱体之间的连接方式。

本研究将节段式模型箱假定为弹性梁体系,即各箱体均假设为欧拉—伯努利梁,箱体之间的连接采用弹簧铰模拟,定义转动刚度为 k。这样,12 段梁沿纵向用 11 个弹簧铰连成一串,如图 6-4 所示。在这个简化梁模型中,考察三种连接方式:刚性连接($k = \infty$)、铰接($k = 0$)和弹性铰接($0 < k < \infty$)。梁沿水平纵向和水平横向运动,但竖向固定。通过施加谐波来得到整个体系的运动。图 6-4 示出了主动箱 M2、M5、M8 和 M11 的谐波输入运动序列,各个箱体之间的时间差为 Δt。

通过解析解和数值分析来确定随动箱的长度以及箱体之间的连接方式。简化模型的优化设计方法,分两步实现。第一步,假设简化梁模型为无限长,且相邻模型箱之间为刚性连接($k = \infty$),随动箱与托架之间无摩擦。利用积分变换推导出 4 个主动箱简谐行波下无限长梁动力响应的解析表达。这是因为解析解不仅可以显著减少计算量,而且还可用于验证数值解。

随动箱长度通过解析解进行参数化分析,最终确定随动箱长度的优化设计以实现体系响应的最优化目标。第二步,由于含接头的离散梁模型无法获得解析解,只能通过数值解来考虑梁的不同连接方式。由第一步确定的随动箱优化长度,基于有限元方法建立简化梁的数值模型,并进行模型箱接头的参数化分析,最终确定模型箱接头的最优化设计方案。

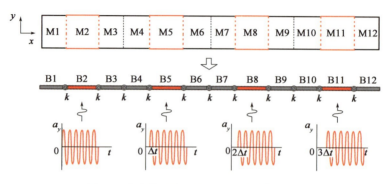

图 6-4 简化模型及有时间差的离散多点输入

6.2.3 离散多点输入机制的最优方案

1) 模型箱长度优化

由于试验基槽长度以及相邻振动台之间距离的限制,主要考虑三种随动箱长度的变化:即 $b=2\mathrm{m}$、$3\mathrm{m}$ 和 $4\mathrm{m}$。通过比较三种情况的解析结果来优化系统的响应。

为了详细说明优化设计过程,假定每个主动箱和随动箱横截面均为薄壁钢框架结构,尺寸为 $4.5\mathrm{m}$ 宽和 $1.2\mathrm{m}$ 高。梁每延米刚度为 $EI=1\times10^{11}\mathrm{N\cdot m^2}$,每延米质量为 $\rho A=50\mathrm{kg/m}$。简谐荷载的频率和振幅分别为 $\Omega=50\mathrm{Hz}$ 和 $P=500\mathrm{N/m}$,换算为梁的目标加速度幅值为 $P/\rho A=10\mathrm{m/s^2}$。考虑到后续拟开展的港珠澳沉管隧道多点振动台试验模拟,视波速取为 $C_\mathrm{a}=289\mathrm{m/s}$,即对应于 $b=2\mathrm{m}$、$3\mathrm{m}$ 和 $4\mathrm{m}$ 三种情况,相邻振动台之间的时间差分别为 0.028s,0.035s 和 0.042s。

简谐行波荷载下三种情况对应的梁加速度响应如图 6-5 所示。图中分别给出了各箱体中心位置处的加速度响应峰值、主频和时间差以及与对应目标函数的对比。由图可见,每种情况模型箱的主频与目标值十分吻合,而加速度响应峰值和时间差与目标值有一定差异。相比而言,$b=3\mathrm{m}$ 情况下模型箱的加速度响应与目标值更为接近,尤其是加速度响应峰值。因此,随动箱的优化长度可以确定为 $b=3\mathrm{m}$。

2) 模型箱接头优化

基于前述确定的随动箱优化长度,采用有限元建立考虑接头离散梁的数值模型,并进行接头参数化分析。

首先通过与相同条件下的无限长梁解析解对比验证了所建立数值模型的有效性。其次,

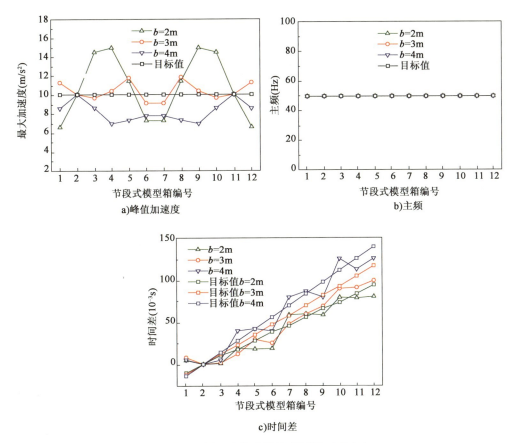

图 6-5 随动箱不同长度情况下梁的加速度响应

基于随动箱优化长度建立节段式模型箱(图 6-4)简化后的有限长梁数值模型,其中各箱体采用简化梁单元模拟,箱体之间考虑三种连接方式,即刚性连接($k=\infty$),铰接($k=0$)和弹性铰接($0<k<\infty$)。对于弹性铰接,采用弹簧单元实现,考虑梁本身弯曲刚度 EI 设置了三种转动刚度,即 $k=100EI$,EI 和 $0.01EI$,全面覆盖了梁接头实际转动刚度的取值范围,如表 6-2 所示。为保持与实际节段式模型箱边界条件一致,该有限长梁数值模型两端自由,主动箱对应的梁单元施加与上节解析解参数一致的简谐荷载,而随动箱对应的梁单元保持自由边界,忽略随动箱与托架支撑系统之间的摩擦作用。

模型箱接头优化的计算工况　　表 6-2

工况	接头形式	弯曲刚度 k	a(m)	b(m)
1	刚接	∞	4	3
2	弹性铰接	$100EI$		
3		EI		
4		$0.01EI$		
5	铰接	0		

图 6-6 给出了不同接头的加速度响应峰值、主频和时间差以及与对应目标函数的对比。可以看出,各工况模型箱的主频响应与目标值非常吻合,而加速度响应峰值和时间差与目标值有所偏离。值得注意的是,加速度响应主频和时间差具有相似的形状和特征,表明接头连接方式对模型箱响应影响较小。然而各工况的加速度响应峰值具有显著差异,如接头刚性或较大刚度时($k=\infty$ 和 $k=100EI$),模型箱加速度响应峰值有所放大,而随接头转动刚度的减小而减小,当接头铰接 $k=0$ 时达到最小值。相比而言,当接头刚度 $k=EI$ 时,模型箱加速度响应峰值与目标值最为接近。因此,模型箱连接接头优化设计为转动刚度 $k=EI$ 的弹性铰接。

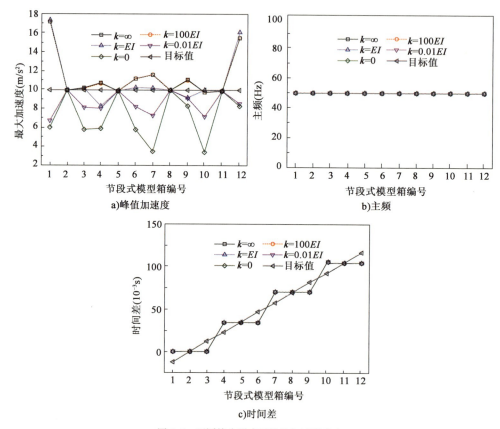

图 6-6　不同接头形式下梁的加速度响应

3)最优化节段式模型箱

基于上述多工况解析解和数值分析,最终确定了该节段式模型箱的最优化设计方案:模型箱总长度为 40m,由固定于振动台面的 4 个主动箱和置于振动台之间的 8 个随动箱体组成,其中每个主动箱长度均与振动台面相同,即为 $a=4\text{m}$,相邻振动台面之间由两个随动箱连接,每个随动箱长度均为 $b=3\text{m}$,各箱体之间的连接接头通过转动刚度为 $k=1\times10^{11}\text{N}\cdot\text{m/rad}$ 的弹性铰接来实现,如图 6-7 所示。

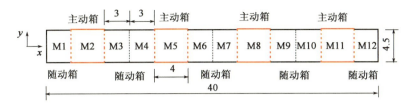

图 6-7 节段式模型箱的优化布置示意图(尺寸单位:m)

6.3 "重力场失真"条件下的动力相似律

地下结构振动台模型试验中,相似比例问题包括三个层面的含义,即地下结构模型与原型的相似,场地土模型与原型的相似,以及地下结构模型与场地土模型相似比例的匹配(季倩倩,2002)[8]。

相似比例问题,首先来源于振动台设备能力的限制,如台面尺寸限制了模型的最大尺寸,模型系统的最大重量不能超过振动台的最大承载能力,试验须在重力场条件下进行等。其次来源于模型材料的选择,虽然相似理论提供了相似原则,但因可供选择的材料的种类很少,且模型材料的特性往往不能同时符合各类相似条件的要求,从而由此使问题变得比较复杂。实践中,通常只能根据被研究的问题的特点,使主要相似指标得到满足,而放宽对其他指标的要求。

相似比例问题直接关系到将模型试验结果用于分析原型,得到的结果是否正确或令人可信,但到目前为止,由于土的复杂性和特殊性,地下结构模型试验对相似比例问题的考虑仍很难面面俱到。实际试验时,一般只能根据研究问题的侧重点确定相似比例,对一些非关键相似比例允许失真。

根据相似理论,土体和结构的相似模拟主要从几何尺寸相似、物理性态相似和力学特性相似三个方面来考虑。目前相似比推导大都采用 Buckingham-π 定理,即以几何尺寸、密度和弹性模量相似比为基本已知量来推求其他未知量相似比。

6.3.1 以土-结构相对刚度比为控制指标的动力相似比设计方法

1) 土体相似比分析

(1) 土体物理相似比控制指标

引用双曲线模型表示土体应力-应变关系:

$$\sigma = \frac{\varepsilon}{a + b\varepsilon} \tag{6-12}$$

式中,σ、ε 为应力和应变;a 和 b 为材料常数,二者量纲均为应力量纲的倒数。对上式无量纲化得到:

$$\frac{\sigma}{E} = \varepsilon \frac{1}{aE + b\sigma} \tag{6-13}$$

从而，

$$\frac{S_\sigma}{S_E} = 1 \qquad S_\varepsilon = 1 \tag{6-14}$$

需要说明的是，根据量纲分析法得到的相似常数之间关系式经过简单的数学变化，完全可以得到上式，说明推导相似常数之间关系式的量纲分析思想及其过程是正确的，且满足模型与原型之间应力-应变关系相似的要求。

(2) 土体动力特性相似比控制指标

考虑到振动台模型试验主要是研究场地土-隧道结构动力体系在地震作用下的动力反应规律，因此，本试验中模型土的相似模拟也以土的动力特性，即动模量和阻尼比，作为主要研究目标，尽量使设计配制出的模型土与原型土的动力特性满足相似条件。假设地基土体为均质半无限弹性体，根据土介质的运动方程：

$$\rho \frac{\partial^2 u}{\partial t^2} = (\lambda + G)\frac{\partial \varepsilon}{\partial x} + G\nabla^2 u \tag{6-15}$$

由相似分析的积分类比法可得模型土设计须遵循的相似关系式：

$$S_{G_d}/S_\rho S_l = S_a \tag{6-16}$$

式中，S_{G_d}、S_ρ、S_l 和 S_a 分别为模型土与原型土的动剪切模量、密度、几何尺寸和加速度相似比。本试验模型土的设计目标是为了使得模型土的密度、动剪切模量与原型土的密度、动剪切模量相似比值要满足或尽量接近。由于土体的非线性，动剪切模量是随剪应变幅值而变化的，因而：

$$\frac{G_d^m(\gamma)}{G_d^p(\gamma)} = S_{G_d} = S_l S_\rho S_a \tag{6-17}$$

式中，$G_d^m(\gamma)$ 为模型土的动剪切模量；$G_d^p(\gamma)$ 为原型土的动剪切模量。

阻尼比是土体的动力特性中另外一个重要参数，由于它为无量纲量，所以模型土和原型土应该具有相同的阻尼比-剪应变曲线。

2) 结构相似比分析

由于沉管隧道管段刚度大，本构关系可以考虑为线弹性，结合弹性力学平衡方程、几何方程以及边界条件，可以推得：

$$S_\sigma S_l^2/S_P = 1 \tag{6-18}$$

式中，S_P 为荷载相似比。

3) 土-结构动力相互作用相似比分析

在地下结构抗震设计中，考虑土-结构动力相互作用非常重要。土-结构动力相互作用最为关键的控制指标是土与结构之间的相对刚度比,因而在本试验相似比理论设计中必须考虑这一重要因素。沉管隧道与周围土体之间的相对刚度比可以参照第2.2节矩形框架结构的土-结构相对刚度比的分析原理进行推导。

对于两孔一管廊形式的沉管隧道,其横截面可以简化为如图6-8所示的三孔框架结构。假设结构的弹性模量为E,结构高度为H,两主孔和中孔的宽度分别为L和B,顶底板、侧墙和中墙的惯性矩分别为I_L、I_H和I_W。通过结构分析可以推导单位集中荷载作用下产生的推压变形为:

$$\Delta_1 = \frac{H^3}{24EI_H} \frac{3a_1^2(1+4b^3) + 2a_1a_2(1+b)^3 + 2a_1(1+b^3) + a_2(1+b)^2}{(1+6a_1+a_2)(1+b)^2} \quad (6-19)$$

式中:

$$a_1 = \frac{I_H}{I_L}\frac{L}{H} \quad a_2 = \frac{I_H}{I_W} \quad b = \frac{B}{2L} \quad (6-20)$$

对式(6-19)求倒数,可以得到单位推压刚度S_1,再代入式(2-7),则土和结构的相对刚度比可以表示为:

$$F = \frac{G_m(2L+B)}{S_1 H} = \frac{G_m}{12}\left(\frac{H^2 L}{EI_H}\Psi\right) \quad (6-21)$$

式中:

$$\Psi = \frac{3a_1^2(1+4b^3) + 2a_1a_2(1+b)^3 + 2a_1(1+b^3) + a_2(1+b)^2}{(1+6a_1+a_2)(1+b)} \quad (6-22)$$

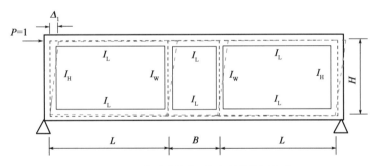

图6-8 沉管隧道横截面框架结构推压变形

根据式(6-21)可得:

$$S_F = \frac{S_{G_m}S_H^2 S_L S_\Psi}{S_E S_{I_H}} = \frac{S_{G_m} S_1^3 S_\Psi}{S_E S_1^3} = \frac{S_{G_m} S_\Psi}{S_E} \quad (6-23)$$

由于Ψ为无量纲系数,故$S_\Psi = 1$,则式(6-23)改写为:

$$S_F = \frac{S_{G_m}}{S_E} \quad (6-24)$$

为使土-结构动力相互作用满足相似关系,必须使土和结构的相对刚度比保持不变,即$S_F = 1$,那么:

$$S_E = S_{G_m} \quad (6\text{-}25)$$

上式表明，为了满足土-结构动力相互作用的相似关系，结构弹性模量的相似比应等于土体剪切模量的相似比。

6.3.2 动力相似比设计方案

基于以上的相似比理论分析，可以得到各物理量相似比之间的关系：

$$S_\sigma = S_E = S_G \quad S_u = S_l \quad S_m = S_\rho S_l^3$$
$$S_v = S_E^{1/2} S_\rho^{-1/2} \quad S_a = S_E S_\rho^{-1} S_l^{-1}$$
$$S_t = S_E^{-1/2} S_\rho^{1/2} S_l \quad S_\omega = S_E^{1/2} S_\rho^{-1/2} S_l^{-1} \quad (6\text{-}26)$$

式中，S_l 为几何相似比；S_ρ 为密度相似比；S_E 为弹性模量相似比；S_G 为剪切模量相似比；S_σ 为应力相似比；S_u 为位移相似比；S_m 为质量相似比；S_v 为速度相似比；S_a 为加速度相似比；S_t 为时间相似比；S_ω 为频率相似比。

为了模拟数公里的沉管隧道，本试验确定模型几何相似比为 $S_l = 1/60$，加速度相似比 $S_a = 5$。以相似关系式 $S_a = S_E S_l^{-1} S_\rho^{-1}$ 为模型土和沉管隧道结构模型相似比设计时的主要控制方程，制定动力相似比设计方案如表 6-3 所示。

模型相似比及其相互关系 表 6-3

物理量	符号及关系式	相似比	物理量	符号及关系式	相似比
应变 ε	S_ε	1	速度 v	$S_v = S_{G_d}^{1/2} S_\rho^{-1/2}$	0.288
长度 l	S_l	1/60	时间 t	$S_t = S_{G_d}^{-1/2} S_\rho^{1/2} S_l$	0.057 8
质量密度 ρ	S_ρ	0.4	频率 ω	$S_\omega = S_{G_d}^{1/2} S_\rho^{-1/2} S_l^{-1}$	17.32
动剪切模量 G_d	S_{G_d}	1/30	应力 σ	$S_\sigma = S_{G_d}$	1/30
质量 m	$S_m = S_\rho S_l^3$	1.85×10^{-6}	加速度 a	$S_a = S_{G_d} S_\rho^{-1} S_l^{-1}$	5

6.4 超长沉管隧道振动台试验的模型箱设计

6.4.1 箱体结构形式

模型箱设计主要包括断面尺寸以及长度两个部分。其中断面尺寸包括模型箱宽度、高度、模型箱底板及侧墙结构设计；长度主要为各模型箱间连接形式的确定。根据前期计算结果，模型箱宽度为 4.5m，侧壁施加塑料吸振材料，厚度为 20cm，从而有效减小边界反射对于土体振动的影响。如图 6-9、图 6-10 所示。

此外，由于模型土厚度要求变为最高 1.1m，相应的模型箱高度设计为 1.2m。虽然沿轴向模型土厚度及坡度有所改变，但考虑到模型箱设计及制作的标准化和统一性，所有箱体均按最不利情况设计为单一形式。

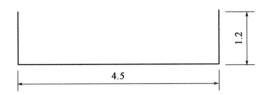

图6-9　模型箱横断面尺寸示意图(尺寸单位:m)

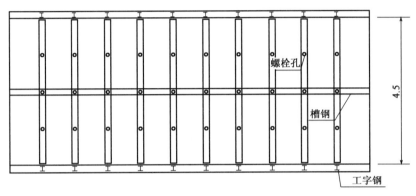

图6-10　模型箱平面示意图(尺寸单位:m)

1)侧墙结构选型及设计

通过前期对混凝土及型钢结构的计算对比,已把模型箱设计定型为"型钢框架式结构",具体主要构件如下:

①以底板槽钢及侧墙工字钢组成一榀框架,作为模型箱骨架,间距优化后为每延米1榀;

②底板槽钢位于模型箱内侧,加大底板与模型土的摩擦力;

③侧墙工字钢外包挡土薄钢板,内侧填充吸振材料,钢板外侧布置有角钢增加模型箱两榀框架间的整体性及侧墙整体刚度。

(1)侧墙工字钢、侧墙角钢型号及布置形式初步确定

模型箱侧墙工字钢及侧墙角钢主要需满足模型箱在试验过程中的侧向刚度和强度要求。经过计算及分析,发现侧墙结构尺寸主要由刚度需求确定,主要依据为满足模型箱一阶主频远离模型土前四阶主频,且保证侧墙为整体变形而非钢板局部变形过大。

通过比较不同工字钢型号下计算模型主频情况发现,当工字钢型号为I20a,角钢型号为L75×10mm时满足刚度要求。此时模型箱主频为60~70Hz,而模型土前4阶主频分别为:12.368Hz、16.533Hz、23.287Hz、23.920Hz,满足模型箱主频高于模型土4阶主频的设计目标。

(2)模型箱侧墙结构形式优化

侧墙结构优化主要考虑通过对工字钢添加辅助侧向刚度增大构建,以减小工字钢及角钢型号,达到减少模型箱重量的目的。主要考虑对工字钢增设斜撑及加劲板两种形式。

考虑斜撑后,虽然可以减小框架工字钢的截面尺寸,但斜撑与振动台连接节点难以处理;

斜撑本身质量大于所减少工字钢截面尺寸带来的质量减少;斜撑沿模型箱轴线方向刚度太小,试验过程中可能出现沿轴线方向的振动。因此不采用增设斜撑形式。

而采用加劲板时,可明显增强模型箱侧向刚度,且由于加劲板设于模型箱内侧,实验过程中模型土对加劲板有较好的纵向约束,防止加劲板局部振动和变形;此外,加劲板与工字钢连接长度较大,节点易于控制,还能增加工字钢与底部槽钢的连接。但若加劲板过大,会导致地震波在模型土纵向传递过程中遇到障碍,破坏了试验所需的传递机制,因此本试验最终只采用 200mm×300mm 的小三角加劲钢板对工字钢与槽钢的节点进行加固,由此可将侧墙角钢型号由 L75×10mm 降为 L50×6mm。

2)模型箱整体设计

通过以上分析,基本确定了模型箱侧墙的结构形式及材料选型。而箱体底部槽钢统一采用 C10,包括横向及轴向两部分,横向槽钢即为一榀框架的组成部分,与工字钢连接。轴向槽钢主要承受模型箱轴向荷载,并且在模型箱连接处起到传力和连接作用。3 根轴向槽钢 1 根位于模型箱中央,2 根与工字钢相接,在箱体部分起到连接两榀框架及轴向受力的作用。箱体侧壁钢板厚度5mm。模型箱三维视图如图 6-11 所示。

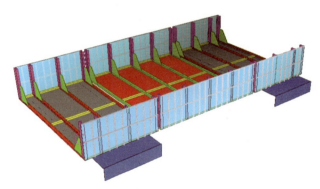

图 6-11　模型箱三维视图

图中有 3 个模型箱,其中中间箱体为主动箱,两边是随动箱。模型箱总共由 4 个主动箱和 8 个随动箱组成。主动箱长 4m,随动箱长 3m,箱体本身共长 40m,箱体宽度均为 4.5m,高度为 1.2m。图中深蓝色部分为随动箱的托架,用于随动箱的支撑作用,随动箱与托架之间设置万向球,以减小托架板与随动箱之间的摩擦作用,如图 6-12 所示。

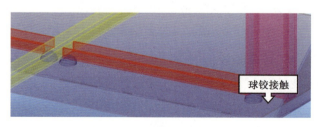

图 6-12　万向球接触示意图

6.4.2 主动-随动箱体间的振动传递机构

通过前期对离散多点输入机制研究以及计算分析,确定模型箱连接要求为:轴力和剪力为刚性传递,弯矩为弹性传递,即两箱体间轴向和横向为刚性连接,但也具有一定的转动能力。经过对多种现有机械设备和铰接接头调研后,设计出结构形式如下:中间仍沿用铰接形式,但为自由铰,而在铰的两侧设置弹簧,提供转动刚度。如图6-13所示。

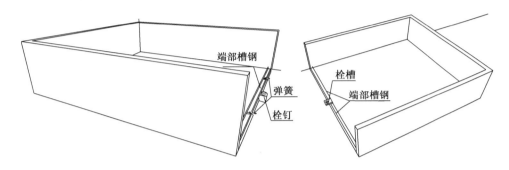

图6-13 铰+弹簧设计示意图

如图6-13所示,左右两箱体各伸出一个栓钉和栓槽用以形成转动铰,而两侧对称布置弹簧。弹簧刚度及长度由计算确定。箱体形式如图6-14所示。

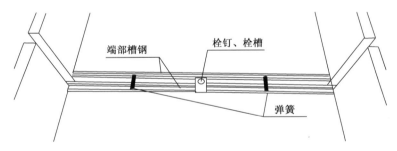

图6-14 箱体连接示意图

此箱体连接方式不仅能完全满足试验要求,且便于加工和安装。

由于试验用振动台不允许有模型土泄漏,且需要保证试验过程中模型土不流失,因此需在模型箱接头处做密封处理。本试验采用伸缩橡胶达到密封效果,如图6-15所示。首先采用钢板对端部槽钢顶端开口进行密封,一则加大端部槽钢强度和刚度,达到模型箱连接处有效传力的效果,二则方便密封橡胶的安装。

6.4.3 箱体的边界消能模式

如前所述,刚性模型箱由于其侧壁本身刚度较大,需要设置柔性垫层以尽可能消除边界对模型箱内土体响应的影响。一般的方法是在模型箱侧壁内侧安置一定厚度的泡沫板,但对此泡沫板厚度缺少具体试验数据支持。因此,本节将通过有限元数值模拟对这一问题展开研究,从而确定本试验所采用的泡沫吸振材料厚度。

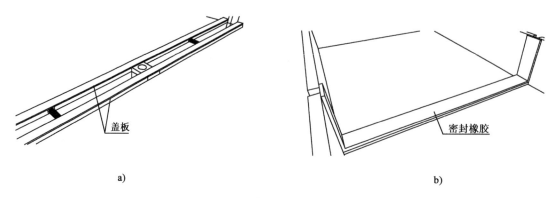

图 6-15 接头密封处理示意图

1) 模型箱边界效应判定方法

结构振动台模型试验中的模型箱、模型土及模型结构的几何尺寸以及材料特性一般根据实际工程按照试验相似比换算所得。考查其边界效应影响的方法是假定某层土体中心点的振动响应为标准值,通过对比该层土体边界点与中心点的振动特性来判断边界效应的影响程度。一般的比较方法有三种:一是直接比较边界测点与中心点的加速度时程图;二是根据边界点与中心点加速度峰值的比值,越接近1,认为边界效应越小;三是将边界点与中心点的加速度时程进行傅立叶变化,通过计算试验关注频率范围内的比值,越接近1,边界效应越小。方法二较之方法一能够在定量层面对模型箱边界效应的影响进行判定,而方法三存在比值会在模型场地卓越频率附近产生剧烈波动的现象。因此,本文主要采用方法二对模型箱边界效应的影响进行判定,并通过方法一辅助考查全时程范围内中心点与边界点的振动响应关系。

2) 有限元计算参数

有限元计算模型的模型箱高度为 1.2m,宽度考虑 2m、4.5m 和 6m 三种情况,其中 4.5m 情况为本书所设计模型箱的宽度,模型土高度为 1.0m。材料参数选用港珠澳大桥沉管隧道段土层,并根据试验相似比进行换算。通过前期分析发现,泡沫柔性垫层厚度对边界效应的影响与模型箱振动方向的宽度有直接关系。由此引入无量纲参数 $\beta = b_p/b_s$(即泡沫厚度 b_p 与振动方向模型箱宽度 b_s 之比),并定义其为泡沫效能系数。

地震波分别选用频率相似比 17.32 换算后的 Kobe 波、El-Centro 波及珠海人工波。泡沫厚度选用 β = 0.5%、1%、3%、5%、7% 及 10% 六种情况。

3) 计算结果

计算结果给出了不同地震波及箱体宽度下,边界点加速度峰值与中心点加速度峰值之比和泡沫厚度与振动方向模型箱宽度之比(泡沫消能系数 β)的关系。计算过程中,模型箱底板竖向自由度被约束。从结果可以看出，泡沫垫层厚度对边界效应有较大的影响。泡沫厚度过小或过大都会带来较为明显的边界土体加速度误差。综合来看，不同平面尺寸下垫层厚度的最优值具有一定的差异，但消能系数 β 的最优值固定在 2%~4% 范围内，此时泡沫垫层的作用最好。

上面虽然能够从定量层面上进行判别，但相较于整个响应时程而言，仅仅考虑边界点加速度峰值与中心点加速度峰值之比来进行边界效应判断是不全面的。

对全时程范围内进行边界效应分析，常用的方法是将边界点加速度时程图与中心点加速度时程图进行比较，这种方法虽然比较直观，但明显缺乏定量依据。故此处采用 2-范数比较方法。

引入 2-范数偏差值（史晓军，2008）[9]，定义为

$$\alpha = \frac{\|x_i - x_j\|}{\|x_i\|} = \sqrt{\frac{\sum(x_i - x_j)^2}{\sum x_i^2}} \tag{6-27}$$

式中，x_i 为基准点加速度值（即中心点加速度）；x_j 为比较点加速度值（即边界点加速度）。从定义可知，α 的大小反映了全时程范围内，边界点加速度与中心点加速度的偏离程度，α 越小，说明边界点加速度时程曲线与中心点越吻合。理论上，当 $\alpha = 0$ 时，可以认为边界效应完全消除。

上面为模型箱宽度为 4.5m 的计算结果，因为考虑到地震波频率对边界效应带来的影响，此处分别考虑了实际地震波在不同相似比（即不同地震波输入频率）下的计算结果。可以看到，虽然不同地震波及其相似比情况下，2-范数偏差值 α 与泡沫消能系数 β 的关系有所区别，但都具有相同的规律：当 β 小于 3% 时，随着泡沫垫层厚度的增大，2-范数偏差值 α 迅速减小，但 β 大于 3% 之后，α 的变化幅度明显减小，趋于一个稳定值。这与之前的分析结果基本吻合，即认为当泡沫厚度与箱体振动方向宽度的比值 β 在 2%~4% 时，边界效应最小。

4）泡沫材料设计方案

通过计算得到的结论是泡沫材料厚度与模型箱箱体宽度的比值在 2%~4% 时，边界效应结果最理想。本试验节段式模型箱的宽度为 4.5m，则理论最优泡沫板厚度在 9~18cm 之间。由于模型箱侧壁工字钢的型号为 I20a，即工字钢截面高度为 20cm，考虑到泡沫板与工字钢之间的相互关系及固定方式，制定泡沫板厚度为 20cm。当然此设计可以通过后面的自由场试验进一步加以验证。

6.4.4　随动箱的支撑托架与减摩系统

1）随动箱托架设计

随动箱托架的设计主要考虑两个因素，一是托架本身的强度和刚度；二是托架与随动箱的

接触形式。

对于第二个问题,必须考虑采取措施尽可能减少随动箱底板与托架的摩擦,经调研决定采用成品球铰装置,球铰外观及内部结构见图6-16。随动箱与球铰接触点见图6-17。

 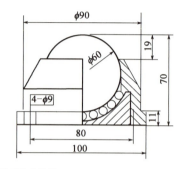

图6-16 托架接触点球铰(尺寸单位:mm)

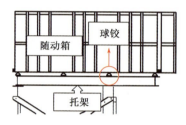

图6-17 随动箱与球铰接触点

而通过前期计算发现,托架本身的设计主要为刚度控制,考虑到试验精度要求较高,托架支撑梁的挠度控制为$[\Delta]=l/2\,000$(高于一般工业要求的$[\Delta]=l/600$),最终设计方案为支撑梁采用H200型钢,竖向设置4道支撑柱,如图6-18所示。

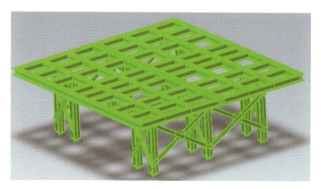

图6-18 随动箱支撑系统示意图

2)模型箱加工制作

整体上,模型箱采用型钢搭配钢板的刚性模型箱设计方案。沿纵向共设置4个主动箱和8个随动箱,每个主动箱两侧各布置1个随动箱。每个主动箱长4m,随动箱长3m,全长共40m。

横断面上，每延米设置一榀由 I20 工字钢和 C10 槽钢组成的框架，为模型箱的主要受力构件。每个主动箱设置 5 榀框架，随动箱设置 4 榀框架。每榀框架间以 5mm 厚钢板作为模型箱侧墙，并设置若干角钢增大侧壁横向刚度。模型箱侧向内壁设置 20cm 厚泡沫吸振材料。

纵断面上，每个主动箱底板设置 3 榀 C10 槽钢；考虑到随动箱底部与托架支撑系统球铰的接触，随动箱底板除设置与主动箱相对应的 3 榀 C10 槽钢外，另增设 4 道 C10 槽钢，即共 7 榀 C10 槽钢。

模型箱箱体间的连接采用弹性铰方案，即在箱体接头处设置 1 个自由铰 + 2 个弹簧的形式。

随动箱支撑系统与随动箱底板之间设置球铰，以最大限度地降低两者之间的摩擦力，减小对试验结果的影响。

模型箱的加工制作要求精度较高。图 6-19 ~ 图 6-21 所示为全部箱体加工拼装完成后的效果图及部分箱体和托架的实物图。

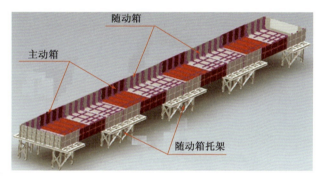

图 6-19　模型箱及随动箱托架整体三维视图

图 6-20　模型箱细部图

3）模型箱测试

通过振动台对单个模型箱进行白噪声扫描测试，结果显示，模型箱侧壁呈整体变形且两端壁结构特性对称，模型箱加工符合设计要求。模型箱侧壁横向振动响应主频为 33 ~ 35Hz

(图6-22),钢板部分未产生局部高频振动。与有限元计算结果对比,整体性好于有限元模拟结果,未产生类似有限元中的局部钢板高频振动现象,侧墙可认为是整体变形,一阶频率小于有限元计算结果(60~70Hz),但前期设计中已考虑到加工后箱体存在主频降低的可能性。模型箱实际主频仍高于模型土前4阶主频,满足设计要求。

图6-21 随动箱及托架

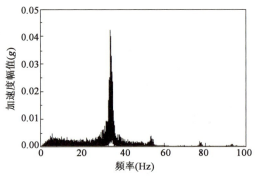

图6-22 模型箱侧壁中点横向振动响应频谱

6.5 沉管隧道结构模型的等效与设计

6.5.1 模型土设计

振动台试验要求配制出的模型土剪切模量相似比 S_G 和密度相似比 S_ρ 满足如下的相似关系基本方程:

$$S_G = S_l S_\rho S_a \tag{6-28}$$

其中,几何尺寸相似比 $S_l = 1/60$,惯性加速度相似比 $S_a = 5$。

在振动台试验中,由于振动台的承载能力有限,一般要求模型土的密度小于原状土。根据相似比理论,S_ρ 减小的同时要求 S_G 也要减小才能满足相似关系基本方程。在砂土中加入锯末可以将模型土的密度控制在一个较低水平,另外锯末也可以降低土的动剪切模量。采用锯末和砂为模型土的主要原料,就需要找出满足试验要求的锯末和砂的最优配比。

除动剪切模量外,阻尼比是土的动力特性中的又一重要参数。由于土的非线性变形特性,动剪切模量 G_d 和阻尼比 λ 都随着剪应变的变化而改变。理论上,理想模型土的 G_d/G_{dmax}-γ 曲线和 λ-γ 曲线应和原状土一致。但模型土的配制材料和原状土完全不同,动力特性曲线基本不可能一致。因此,试验认为在满足相似比要求的同时,动力特性曲线趋势与原状土相似的模型土即为合格。

1) 动三轴试验方案

试验选取不含杂质的均匀干燥锯末。由于锯末吸水性较强,且属于易燃材料,不能用干燥箱烘干,因此其所含水分不能完全除去,测得锯末含水率为7%。选用中砂作为模型土混合物的另一种材料。其平均粒径为 0.25~0.5mm,且粒径大于 0.25mm 的颗粒质量超过总质量的50%,并测得含水率为2%。为了找出模型土的最优配比,配制了7种不同质量比例的模型土。具体配比情况见表6-4。

模型土配比   表6-4

锯末:砂(质量比)	1:15	1:10	1:8	1:5	1:3	1:2.5	1:2
密度 ρ (g/cm³)	1.24	1.07	0.982	0.924	0.731	0.694	0.66

试验在同济大学GDS单向激振式动三轴仪上进行。该仪器通过计算机控制加载和处理数据,其试验结果具有较好的精确性。由于配制的模型土具有砂土的性质,故按照土工试验规程,将搅拌均匀的锯末和砂的混合物在仪器上直接制样,试样直径39.1mm,高度80mm。因振动台试验要求模型土处于干燥状态,所以制成试样为干模型土试样,且在试验过程中不对其反压饱和。

试验开始先施加围压对试样进行等向固结。由相似比理论可知,围压相似比与剪切模量相似比一致,因此各种配比的模型土在不同围压下试验。循环荷载选用正弦波,加载频率为1Hz,分20级施加循环荷载,每级荷载施加10个循环。试验方案见表6-5。

模型土试验方案   表6-5

质量配比	围压(kPa)	频率(Hz)	荷载等级	每级循环
1:15	16.7	1	20	10
1:10	14.4	1	20	10
1:8	13.2	1	20	10
1:5	12.5	1	20	10
1:3	10	1	20	10
1:2.5	9.4	1	20	10
1:2	8.9	1	20	10

2) 模型土优化配比

试验得到了各组试样在不同围压下的动应力-应变滞回曲线,采用双曲线模型法取得模型土的最大动弹性模量值。从试验结果(表6-6)可以看出,试验得出的最大动剪切模量均小于由相似比理论计算出的动剪切模量值。其中1:15的模型土最大动剪切模量与相似比理论值的下限最为接近,比下限值小20.2%。其次是1:2.5的模型土,比相似比下限值小23.9%。考虑振动台承载能力的限制,1:15的模型土密度较大,不符合振动台的承重要求,相比之下1:2.5的模型土较优。总之,模型土基本满足相似性条件。

模型土试验结果　　　　表6-6

质量配比	密度相似比	模量相似比	模量范围(MPa)	试验结果(MPa)
1:15	0.734	1/27	3.87~4.9	3.09
1:10	0.641	1/31	3.37~4.27	2.54
1:8	0.588	1/34	3.07~3.89	2.21
1:5	0.553	1/36	2.9~3.68	1.97
1:3	0.438	1/46	2.27~2.88	1.72
1:2.5	0.416	1/48	2.18~2.76	1.66
1:2	0.395	1/51	2.05~2.6	1.45

图6-23给出了模型土与原状土动力特性曲线的对比图。由动剪切模量比-剪应变曲线发现,模型土不仅在相同剪应变下剪切模量比相差不大,而且变化趋势相近。与原状土相比,模型土的动剪切模量较大,但二者下降趋势及覆盖范围相似。由阻尼比曲线可知,模型土与原状土在相同剪应变下的阻尼比相差不大,而且发现在剪应变大于10^{-2}之后,阻尼比基本维持稳定。模型土的动力特性基本满足振动台试验要求。

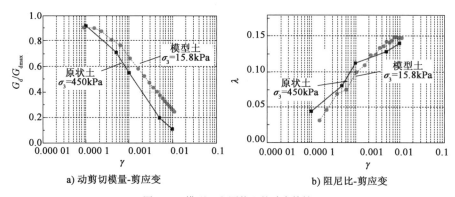

a) 动剪切模量-剪应变　　　b) 阻尼比-剪应变

图6-23 模型土和原状土的动力特性

比较各种配比模型土相似性关系,并进行综合考虑,选定锯末和砂质量比1:2.5作为振动台试验模型土的最优配比。

6.5.2 模型管节的设计方法

1) 管节模型

对于沉管隧道这种浅埋的地下结构,土-结构动力相互作用中的惯性相互作用和运动相互作用可能都很重要,因此,沉管隧道振动台试验的管节模型应尽可能地同时满足这两个方面的相似性。

沉管隧道结构的惯性力相似比关系为:

$$S_I = S_a S_\rho S_L S_T S_t \tag{6-29}$$

式中,S_I 为结构惯性力相似比;S_L 为结构纵向几何相似比;S_T 为结构横向几何相似比;S_t 为结构管壁厚度相似比。在加速度相似比和结构纵向几何相似比一定的情况下,惯性力相似比取决于结构密度、横向几何相似比和管壁厚度相似比。

土-结构运动相互作用的相似关系应满足土与结构之间的相对刚度比保持不变。根据沉管隧道的土与结构相对刚度比公式(6-21),相对刚度的相似比关系为:

$$S_F = \frac{S_{G_m}}{S_E} \frac{S_T^3}{S_t^3} = 1 \tag{6-30}$$

即在土体剪切模量相似比确定的情况下,结构的弹性模量相似比与结构横向几何相似比的立方成正比,与结构板厚相似比的立方成反比。

结构模型试验中,常用的材料有微粒混凝土、石膏、铝材和有机玻璃等。其中,微粒混凝土和石膏模型需配制材料并制作模板浇筑,工序复杂且工作量大;沉管隧道模型涉及管节接头和节段接头的模拟,有机玻璃为脆性材料,接头切口容易折断破坏,相对而言铝材的延展性能更好,便于加工和搬运。因此试验选择铝材作为管节模型的材料。原型管节混凝土和铝材的物理力学参数见表 6-7。

材料物理力学参数 表 6-7

参数	$\rho(\text{kg/m}^3)$	$E(\text{GPa})$	S_ρ	S_E
管节混凝土	2 650	34.5	—	—
铝材	2 700	70	1.02	0.290

综合结构惯性力和土与结构相对刚度两方面的相似分析,模型管节横截面的优化设计方案如图 6-24 所示。

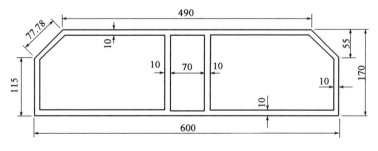

图 6-24　模型管节横断面方案(尺寸单位:mm)

隧道模型采用翻砂制模、整浇铝铸件而成。图 6-25 为带管节接头的节段加工图,图 6-26 为标准节段的加工图。标准模型节段长 375mm,宽 600mm,高 170mm,管壁厚度 10mm。

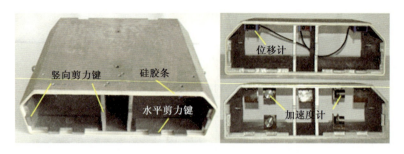

图 6-25　带管节接头的模型节段

图 6-26　标准模型节段

2) 接头模拟

为了模拟管节接头的柔性 GINA 止水带,试验采用 5mm 厚的硅胶条来连接相邻管节模型。单位长度的硅胶条和按相似比缩尺后的 GINA 止水带的力学曲线见图 6-27。由图可知,硅胶条的力学曲线虽然与硬度小的缩尺曲线之间有一定的差距,但与硬度 66 的缩尺曲线很接近,基本上符合相似比要求。为了统一,试验模型的所有管节接头采用同一性质的硅胶条。模型管节管壁厚度为 10mm,管节模型加工时在管壁上留出 5mm 宽的暗槽,硅胶条嵌在管壁的暗槽内,如图 6-25 所示。

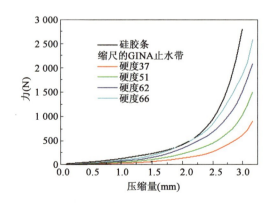

图 6-27　单位长度的硅胶条和缩尺的 GINA 止水带的力-压缩量曲线

由于管壁厚度有限,在管节底板和侧墙采用内嵌剪力板形成管节接头的剪力键,加工时与管节一起浇筑,如图 6-25 所示。节段接头采用原型凹凸剪力键的方式模拟,如图 6-26 所示。剪力键榫的尺寸为宽 40mm、凸出管节的长度 10mm,剪力键槽的尺寸为宽 41mm、槽深 11mm。

6.5.3 海底基床-隧道结构安装

按照实际沉管隧道浇筑、浮运和沉放工序,对沉管隧道结构模型进行拼装、吊运和安放。首先将 8 个模型节段通过节段接头一个一个拼接在一起,并用紧固钢丝拉索固定成 1 个标准模型管节(图 6-28),然后用吊车将模型管节吊运(图 6-29)并安放在模型箱内装填好的模型土而形成的海底基槽上(图 6-30)。相邻模型管节通过安置在管节端头的橡胶带连接,管节接头的初始水力压接通过在管节接头两端设置紧固拉索实现,水力压接力通过拉力计实时调整。

图 6-28 管节拼装

图 6-29 管节吊运

图 6-30 沉管隧道模型拼装安放至基槽

6.6 工程应用

6.6.1 港珠澳大桥超长沉管隧道多点振动台模型试验方案

多点振动台模型试验以港珠澳大桥沉管隧道为研究对象。受试验室场地条件和设备能力的限制以及相似比关系的约束,试验只模拟 E1~E13 管节的部分沉管隧道,该区域隧道总长 2 205m。

1) 自由场试验

沉管隧道模型试验之前先进行自由场试验,以了解场地尤其是隧道位置处的动力响应规律。自由场土体依照海床走势和实际沉管隧道海底基槽状况装填,沿纵向和横向均有坡度。试验前在模型箱两端土坡表面绘制网格,以便观察地震荷载下土坡的变形,如图 6-31 所示。为了描述方便,将模型箱按图 6-32 进行编号,其中红色区域为主动箱,黑色区域为随动箱,蓝色代表沉管隧道模型试验中的隧道模型。

图 6-31 自由场试验海底基槽

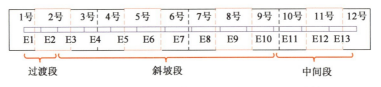

图 6-32 模型箱布置图

考虑不同峰值加速度、不同地震波、不同振动方向和不同激励方式等因素,并在关注工况之间插入白噪声工况,自由场试验共设置 28 个工况,详见表 6-8。

多点振动台自由场试验工况　　表 6-8

工　况	峰值加速度(g)	地　震　波	振动方向	输入方式
DZ1	0.1	白噪声	双向	一致激励
DZ2	0.25	人工波	水平横向	一致激励

续上表

工 况	峰值加速度(g)	地 震 波	振动方向	输入方式
DZ3	0.25	人工波	水平横向	由西向东
DZ4	0.25	人工波	水平横向	由东向西
DZ5	0.25	El Centro 波	水平横向	由西向东
DZ6	0.25	Kobe 波	水平横向	由西向东
DZ7	0.1	白噪声	双向	一致激励
DZ8	0.75	人工波	水平横向	一致激励
DZ9	0.75	人工波	水平横向	由西向东
DZ10	0.75	人工波	水平横向	由东向西
DZ11	0.75	El Centro 波	水平横向	由西向东
DZ12	0.75	Kobe 波	水平横向	由西向东
DZ13	0.1	白噪声	双向	一致激励
DZ14	0.25	人工波	水平纵向	一致激励
DZ15	0.25	人工波	水平纵向	由西向东
DZ16	0.25	人工波	水平纵向	由东向西
DZ17	0.25	El Centro 波	水平纵向	由西向东
DZ18	0.25	Kobe 波	水平纵向	由西向东
DZ19	0.1	白噪声	双向	一致激励
DZ20	0.75	人工波	水平纵向	一致激励
DZ21	0.75	人工波	水平纵向	由西向东
DZ22	0.75	人工波	水平纵向	由东向西
DZ23	0.75	El Centro 波	水平纵向	由西向东
DZ24	0.75	Kobe 波	水平纵向	由西向东
DZ25	0.1	白噪声	双向	一致激励
DZ26	0.25	人工波	双向	由西向东
DZ27	0.75	人工波	双向	由西向东
DZ28	0.1	白噪声	双向	一致激励

2) 沉管隧道模型试验

在自由场试验的基础上进行沉管隧道模型振动台试验(图6-33和图6-34),研究一致和非一致地震动输入、不同地震波、地震动大小、振动方向以及是否回淤对沉管隧道多点地震动响应的影响,并评估沉管隧道在罕遇地震下的结构安全性。

本次试验中,地震波类型包括人工波、El Centro 波和 Kobe 波,地震波采用水平横向、水平纵向和纵横双向三种振动方式,地震波加速度峰值分别为 $0.25g$、$0.75g$ 和 $1.10g$,它们分别对应多遇、常遇和罕遇设计地震动。图6-35~图6-37给出了缩尺后的三种地震波加速度的响应。此外,通过覆土的变化考虑沉管隧道回淤的影响。试验工况安排如表6-9所示。

图 6-33 沉管隧道模型回填浅覆土

图 6-34 沉管隧道模型回淤深覆土

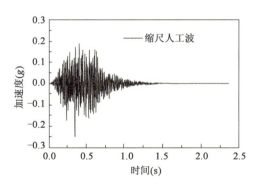
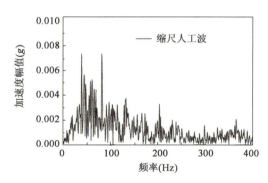

图 6-35 缩尺的人工波地震加速度时程和频谱(0.25g)

多点振动台沉管隧道模型试验工况 表 6-9

工况	峰值加速度(g)	地震波	土层条件	振动方向	输入方向
C01	0.25	人工波	不回淤	水平横向	一致输入
C02	0.25	人工波	不回淤	水平横向	由东向西
C03	0.25	人工波	不回淤	水平横向	由西向东
C04	0.25	El Centro	不回淤	水平横向	由西向东

续上表

工况	峰值加速度(g)	地震波	土层条件	振动方向	输入方向
C05	0.25	Kobe	不回淤	水平横向	由西向东
C06	0.25	人工波	不回淤	水平纵向	一致输入
C07	0.25	人工波	不回淤	水平纵向	由东向西
C08	0.25	人工波	不回淤	水平纵向	由西向东
C09	0.25	El Centro	不回淤	水平纵向	由西向东
C10	0.25	Kobe	不回淤	水平纵向	由西向东
C11	0.75	人工波	不回淤	水平横向	一致输入
C12	0.75	人工波	不回淤	水平横向	由东向西
C13	0.75	人工波	不回淤	水平横向	由西向东
C14	0.75	El Centro	不回淤	水平横向	由西向东
C15	0.75	Kobe	不回淤	水平横向	由西向东
C16	0.75	人工波	不回淤	水平纵向	一致输入
C17	0.75	人工波	不回淤	水平纵向	由东向西
C18	0.75	人工波	不回淤	水平纵向	由西向东
C19	0.75	El Centro	不回淤	水平纵向	由西向东
C20	0.75	Kobe	回淤	水平纵向	由西向东
C21	0.25	人工波	回淤	水平横向	一致输入
C22	0.25	人工波	回淤	水平横向	由东向西
C23	0.25	人工波	回淤	水平横向	由西向东
C24	0.25	El Centro	回淤	水平横向	由西向东
C25	0.25	Kobe	回淤	水平横向	由西向东
C26	0.25	人工波	回淤	水平纵向	一致输入
C27	0.25	人工波	回淤	水平纵向	由东向西
C28	0.25	人工波	回淤	水平纵向	由西向东
C29	0.25	El Centro	回淤	水平纵向	由西向东
C30	0.25	Kobe	回淤	水平纵向	由西向东
C31	0.75	人工波	回淤	水平横向	一致输入
C32	0.75	人工波	回淤	水平横向	由东向西
C33	0.75	人工波	回淤	水平横向	由西向东
C34	0.75	El Centro	回淤	水平横向	由西向东
C35	0.75	Kobe	回淤	水平横向	由西向东
C36	0.75	人工波	回淤	水平纵向	一致输入
C37	0.75	人工波	回淤	水平纵向	由东向西
C38	0.75	人工波	回淤	水平纵向	由西向东
C39	0.75	El Centro	回淤	水平纵向	由西向东

续上表

工况	峰值加速度(g)	地震波	土层条件	振动方向	输入方向
C40	0.75	Kobe	回淤	水平纵向	由西向东
C41	0.25	人工波	回淤	双向	由西向东
C42	0.75	人工波	回淤	双向	由西向东
C43	1.10	人工波	回淤	水平纵向	由西向东
C44	1.10	人工波	回淤	双向	由西向东

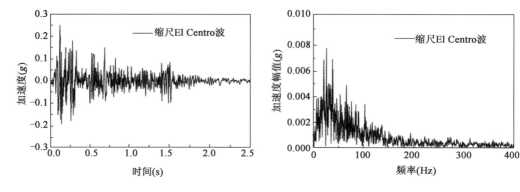

图 6-36 缩尺的 El Centro 波加速度时程和频谱($0.25g$)

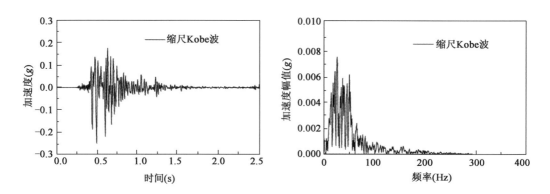

图 6-37 缩尺的 Kobe 波加速度时程和频谱($0.25g$)

6.6.2 多点振动台试验数据及分析

1) 自由场试验

(1) 标准工况

设定 DZ3($0.25g$ 峰值加速度,人工波,非一致由西向东,横向输入)工况为横向输入的标准工况,DZ16($0.25g$ 峰值加速度,人工波,非一致由西向东,纵向输入)工况为纵向输入的标准工况,其他工况与之进行比较。

经全站仪观测发现,自由场试验前后,过渡段和中间段区域网格无明显变化(图 6-38)。

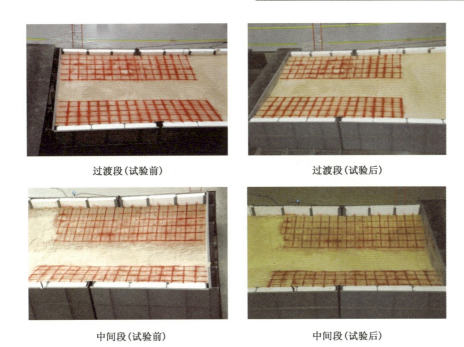

图 6-38　试验前后网格变化

①DZ3 工况加速度响应

图 6-39 所示为 DZ3 工况土体底部加速度响应。由各模型箱箱底的加速度时程曲线可知，土体响应峰值加速度均达到振动台横向输入的 0.25g。从各主动模型箱底部测点的频谱图看出，各测点频谱波形基本一致，主动箱主频均为 38.6Hz，响应频段基本在 35~80Hz 范围内。

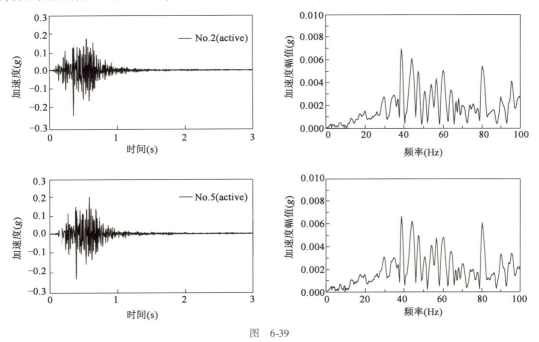

图　6-39

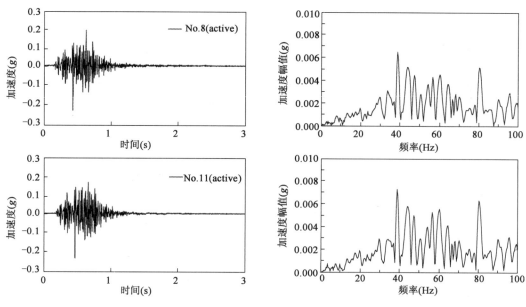

图 6-39 DZ3 工况土体底部加速度响应

图 6-40 所示为 DZ3 工况土体表面加速度响应。由图可知,模型箱表面土体响应加速度峰值基本在 $0.35g \sim 0.6g$。而由于按照海床走势自由场土体沿纵向呈斜坡形式,因此各模型箱的土体表面均不在同一高度,且受非一致激励的影响,各主动箱表面土体频谱波形亦有差异,低频区域响应放大。

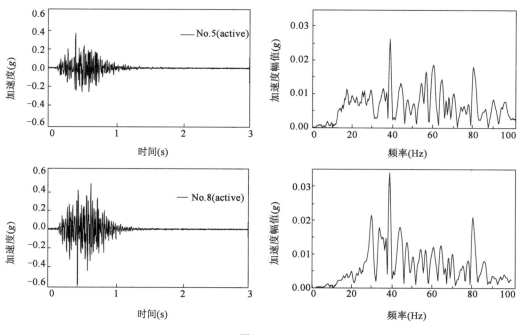

图 6-40

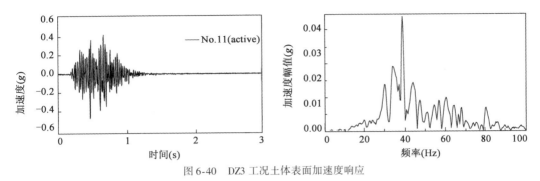

图 6-40 DZ3 工况土体表面加速度响应

②DZ16 工况加速度响应

对于纵向输入工况，图 6-41 所示为 DZ16 工况土体底部加速度响应。由各模型箱箱底部加速度时程曲线可知，土体响应峰值加速度均达到振动台输入的 0.25g。从模型箱底部各测点频谱图看出，4 个主动箱底部测点频谱的波形基本一致，响应频段相同且主频均为 38.6Hz。

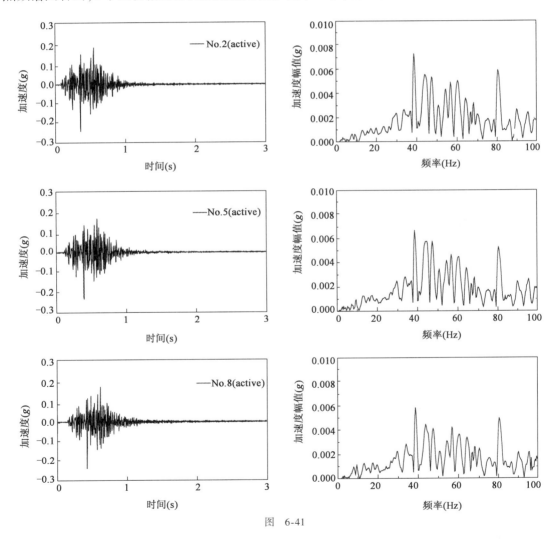

图 6-41

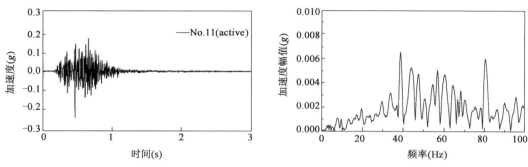

图 6-41 DZ16 工况土体底部加速度响应

对于纵向输入工况,图 6-42 所示为 DZ16 工况土体表面加速度响应。由图可知,各箱体中土体顶面加速度响应峰值基本在 $0.4g \sim 0.6g$,略大于横向输入工况,且各主动模型箱土体顶部测点频谱波形有差异。与横向输入工况相同,低频区域响应放大。

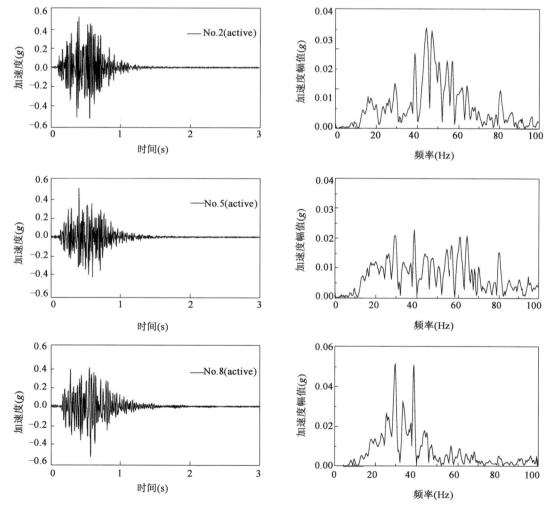

图 6-42

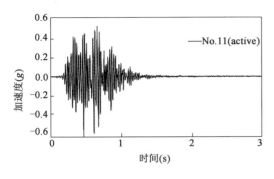 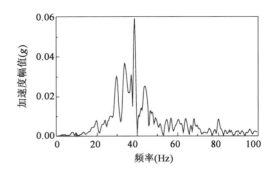

图 6-42　DZ16 工况土体表面加速度响应

(2) 不同地震波的比较

① 横向加速度响应

沿横向分别输入人工波、El Centro 波和 Kobe 波三种峰值 0.25g 的地震波,主动箱底部测点加速度峰值均达到 0.25g,各随动箱加速度峰值在 0.25g 上下波动,但差距很小。总体来看,El Centro 波工况下,土体表面加速度响应最大,Kobe 波工况其次,人工波响应最小。但加速度峰值主要分布规律相似,均是斜坡段区域加速度响应略大于过渡段和中间段区域。如图 6-43 所示。

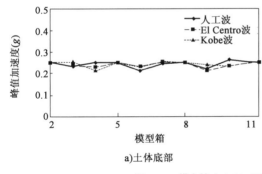 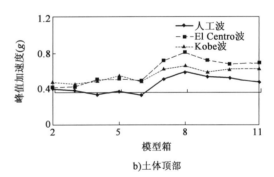

a) 土体底部　　　　　　　　　　　　　b) 土体顶部

图 6-43　横向输入 0.25g 不同地震波的土体加速度响应峰值

对于横向输入工况,考查主动模型箱底部和顶部土体响应的频谱。人工波工况土体顶部相对于底部,低频部分响应峰值有放大,主要响应频段仍为 35~65Hz 且波形相似。El Centro 波工况土体顶部相对于底部,低频部分响应峰值显著放大,部分高频响应频段减小,主要响应频段由 20~40Hz 变为 15~25Hz。Kobe 波工况土体顶部相对于底部,低频区域响应峰值放大,高频区域减小,与 El Centro 波工况规律相似。如图 6-44 所示。

② 纵向加速度响应

沿纵向分别输入人工波、El Centro 波和 Kobe 波三种峰值 0.25g 的地震波,主动箱底部测点加速度峰值均为 0.25g,各随动箱加速度峰值在 0.25g 上下波动,但差别不大。El Centro 波和 Kobe 波工况下,土体表面响应加速度峰值大于人工波工况。2~6 号模型箱区域,Kobe 波加速度响应大于 El Centro 波,而 7~11 号模型箱区域则相反。如图 6-45 所示。

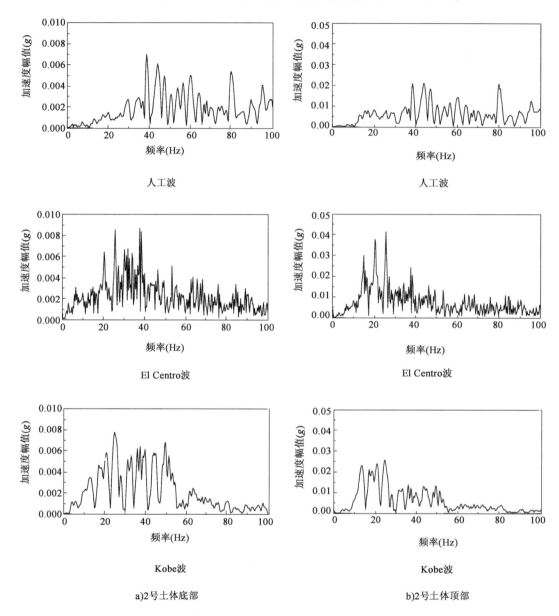

a)2号土体底部　　　　　　　　　　　　　b)2号土体顶部

图 6-44　横向输入 0.25g 不同地震波的土体加速度响应频谱

对于纵向输入工况,考查主动模型箱底部和顶部土体响应的频谱。人工波工况土体顶部相对于底部,低频区域峰值有放大,高频区域峰值减小,主要响应频段从 35~65Hz 变为 35~60Hz。El Centro 波工况土体顶部相对于底部,低频区域峰值明显放大,而高频区域峰值减小。Kobe 波工况土体顶部相对于底部,低频区域峰值放大,与 El Centro 波工况规律相似。如图 6-46 所示。

(3)不同峰值加速度的比较

峰值加速度 0.25g 的人工波工况为 ODE 工况,峰值加速度 0.75g 的人工波工况为 MDE 工况。

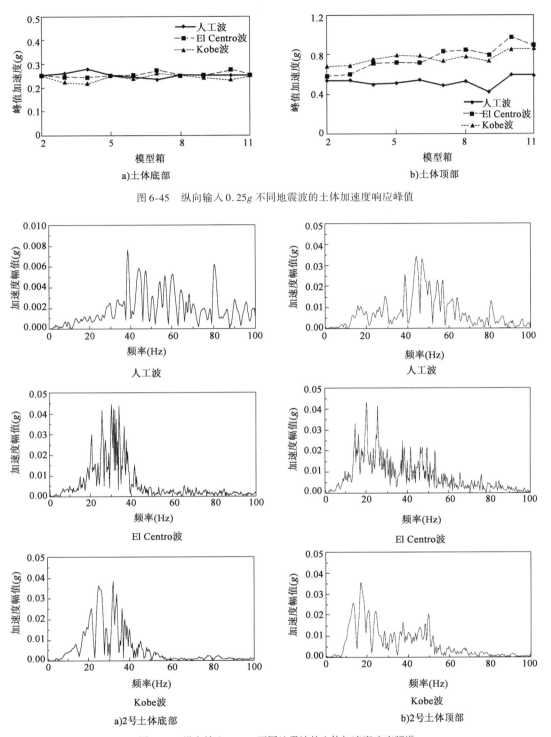

图 6-45 纵向输入 0.25g 不同地震波的土体加速度响应峰值

图 6-46 纵向输入 0.25g 不同地震波的土体加速度响应频谱

① 横向加速度响应

考查横向输入 ODE 和 MDE 工况下模型箱底部和土体表面加速度响应情况。两种工况下模型箱底部加速度响应峰值均达到输入的 0.25g 和 0.75g 目标值。MDE 工况下土体表面加速度响应峰值基本在 0.8g~1.15g, 8 号模型箱内土体表面加速度峰值最大,达到 1.15g。ODE 和 MDE 两种工况下,土体表面响应加速度峰值分布规律相似,而且斜坡段区域加速度响应均略大于过渡段和中间段区域。如图 6-47 所示。

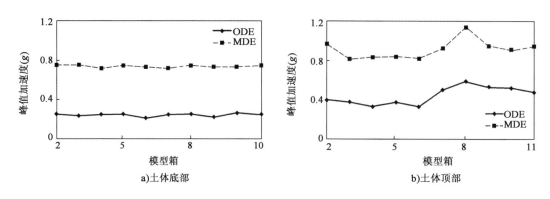

图 6-47　横向输入 0.25g 和 0.75g 人工波的土体加速度响应峰值

对于横向输入 ODE 和 MDE 工况,模型箱底部加速度响应频谱波形相似,主频均为 38.6Hz 且主要响应频段一致。与 ODE 工况相比,MDE 工况下土体表面低频加速度响应峰值放大更多,而高频部分与底部频谱的波形相似。如图 6-48 所示。

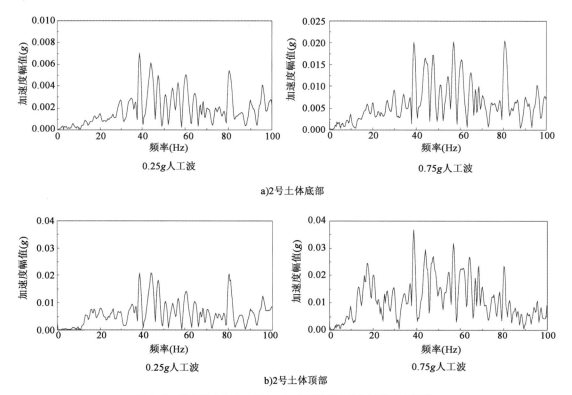

图 6-48　横向输入 0.25g 和 0.75g 人工波的土体加速度响应频谱

②纵向加速度响应

比较纵向输入的 ODE 和 MDE 工况下各测点加速度响应,各模型箱底部加速度响应峰值相差不大。MDE 工况下土体表面加速度响应峰值基本在 $0.85g \sim 1.1g$ 范围内,且斜坡段加速度响应大于过渡段和中间段。如图 6-49 所示。

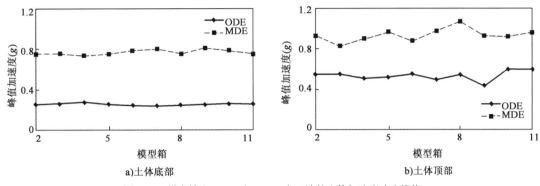

图 6-49　纵向输入 $0.25g$ 和 $0.75g$ 人工波的土体加速度响应峰值

与横向输入工况相似,纵向输入 ODE 和 MDE 两工况底部测点的波形和主要加速度响应频段基本一致。两种工况土体表面测点位置加速度响应低频段均相对于底部放大,而高频区段波形均与底部相似。如图 6-50 所示。

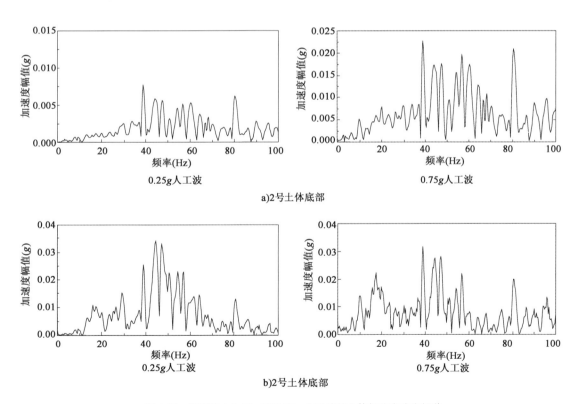

图 6-50　纵向输入 $0.25g$ 和 $0.75g$ 人工波的土体加速度响应频谱

（4）不同激励方式的比较

①横向加速度响应

按照一致激励、非一致激励由西向东传播和非一致激励由东向西传播三种激励方式沿横向输入地震波，由试验结果可见，三种工况下各模型箱底部和土体表面的加速度响应峰值基本一致，模型箱底部加速度响应峰值基本在 $0.25g$ 左右，土体表面基本在 $0.35g \sim 0.6g$ 范围内。如图 6-51 所示。

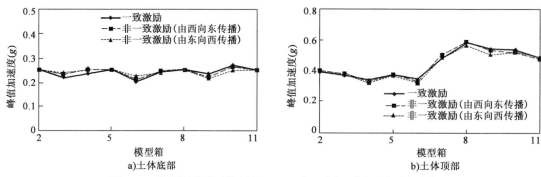

图 6-51　不同激励方式下横向输入 $0.25g$ 人工波的土体加速度响应峰值

一致激励、非一致由西向东和非一致由东向西三种激励方式下，主动箱底部加速度响应频谱波形基本一致，主要响应频段为 $35 \sim 65 \mathrm{Hz}$。主动箱顶部加速度响应频谱波形也基本一致，相对于底部试验结果，顶部低频区域加速度响应峰值放大，但主要响应频段仍为 $35 \sim 65 \mathrm{Hz}$。如图 6-52 所示。

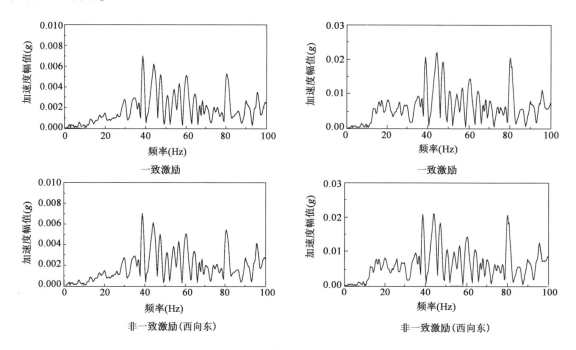

图 6-52

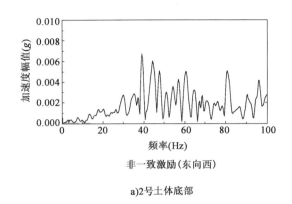
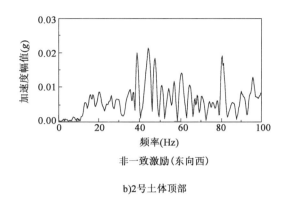

a) 2号土体底部　　　　　　　　　b) 2号土体顶部

图 6-52　不同激励方式下横向输入 0.25g 人工波的土体加速度响应频谱

② 纵向加速度响应

一致激励、非一致激励由西向东传播和非一致激励由东向西传播三种激励方式沿纵向输入地震波，由试验结果可见，三种工况下各模型箱底部和土体表面的加速度响应峰值基本一致，模型箱底部加速度响应峰值基本在 0.25g 左右，土体表面基本在 0.4g~0.6g 范围内，略大于横向输入工况。如图 6-53 所示。

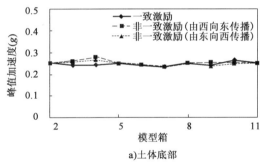
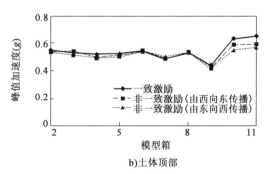

a) 土体底部　　　　　　　　　b) 土体顶部

图 6-53　不同激励方式下纵向输入 0.25g 人工波的土体加速度响应峰值

在一致激励、非一致由西向东和非一致由东向西三种激励方式下，主动箱底部加速度响应频谱波形基本一致，主要响应频段为 35~65Hz。主动箱顶部加速度响应频谱波形也基本一致，相对于底部试验结果，顶部低频区域加速度响应峰值放大，但主要响应频段仍为 35~65Hz。这些都与横向输入工况基本一致。如图 6-54 所示。

(5) 不同振动方向的比较

比较人工波两种不同振动方向的工况，模型箱底部加速度响应均在 0.25g 左右，横向工况土体表面加速度响应峰值在 0.35g~0.6g 范围内，纵向工况基本在 0.4g~0.6g，纵向工况响应略大于横向。如图 6-55 所示。

横向和纵向输入两工况下，主动箱底部加速度响应频谱波形相似，且主要响应频段在 35~65Hz 范围内。两种工况土体表面加速度响应低频区段峰值均有放大，横向工况主频段波形与模型箱底部频谱波形相似。纵向工况下,土体表面加速度响应频谱高频段峰值减小。如图 6-56 所示。

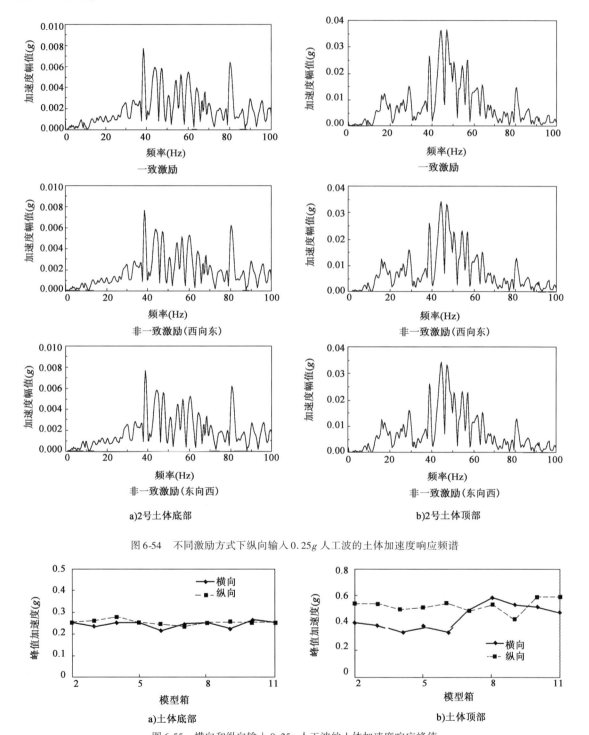

图 6-54　不同激励方式下纵向输入 0.25g 人工波的土体加速度响应频谱

图 6-55　横向和纵向输入 0.25g 人工波的土体加速度响应峰值

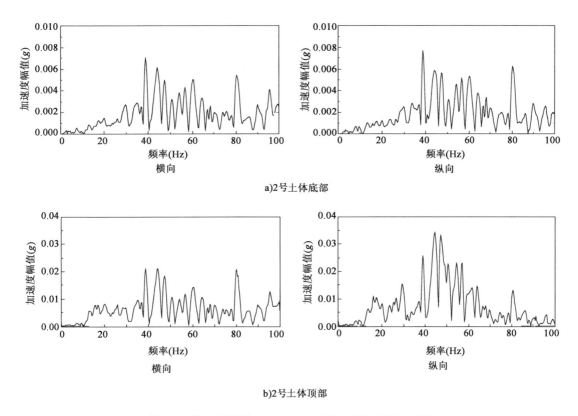

图 6-56 横向和纵向输入 0.25g 人工波的土体加速度响应频谱

2) 沉管隧道模型试验

(1) 标准工况

以 0.25g 人工波的非一致(由西向东)激励下场地不回淤工况作为标准工况,在此基础上考察各种因素变化的影响。

作为对比,图 6-57 和图 6-58 分别绘出了主动台面结构及其底部土体的横向和纵向加速度响应的时程和频谱曲线,图 6-59 给出了结构加速度相对土体的放大系数(图中"2 号"代表 2 号模型箱隧道底部土体响应,"E2"代表 E2 管节隧道模型响应,并以此类推)。由于受周围土体约束的影响,管节结构的加速度响应接近于土体的响应并有适当的放大,其中在 20Hz 左右的土体基频段放大系数基本为 1。

(2) 一致和非一致激励的比较

① 加速度响应

试验模拟的非一致激励为基岩的行波激励,行波波速按相似比换算为 289m/s,相邻台面之间的时间间隔为 0.035s。比较 0.25g 人工波的一致和非一致激励下管节结构的加速度,如图 6-60~图 6-63 所示。由图可知,管节结构的加速度响应主要取决于局部场地效应,而行波效应对结构加速度的波形和幅值影响较小,但时程曲线沿隧道轴线存在明显的时间滞后。

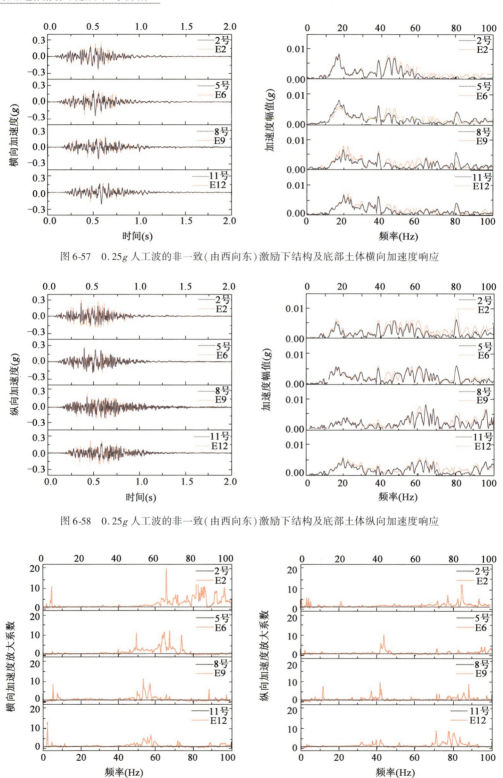

图 6-57　0.25g 人工波的非一致（由西向东）激励下结构及底部土体横向加速度响应

图 6-58　0.25g 人工波的非一致（由西向东）激励下结构及底部土体纵向加速度响应

图 6-59　0.25g 人工波的非一致（由西向东）激励下结构加速度相对土体的放大系数

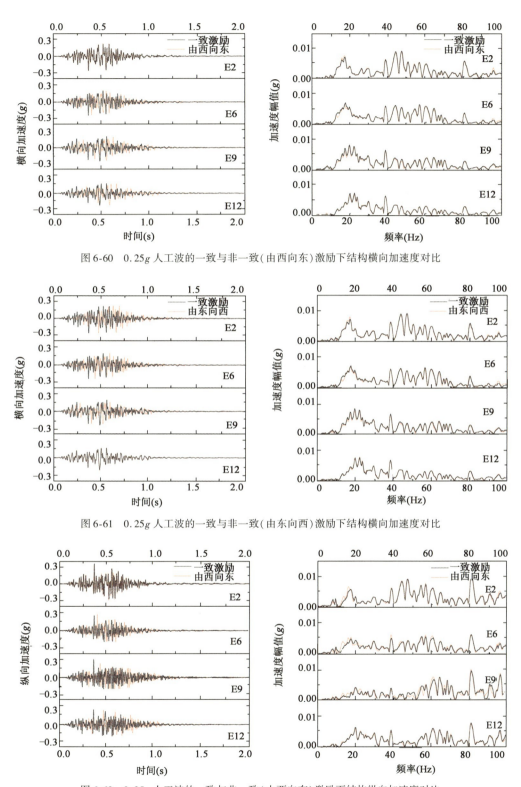

图 6-60　0.25g 人工波的一致与非一致(由西向东)激励下结构横向加速度对比

图 6-61　0.25g 人工波的一致与非一致(由东向西)激励下结构横向加速度对比

图 6-62　0.25g 人工波的一致与非一致(由西向东)激励下结构纵向加速度对比

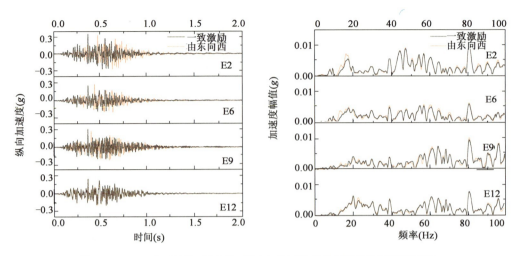

图 6-63 0.25g 人工波的一致与非一致(由东向西)激励下结构纵向加速度对比

②管节接头变形

图 6-64 和图 6-65 给出了 0.25g 人工波一致和非一致激励下的管节接头变形时程曲线(图中"EJ2/1"代表管节 E1 和 E2 之间的接头,变形正值表示接头压缩,负值表示张开)。表 6-10 列出了 0.25g 人工波的一致和非一致激励下的管节接头最大纵向变形量[表中"影响(%)"表示非一致激励的管节接头变形量相对一致激励的变化百分比,正值为增大百分比,负值为减小百分比]。相比一致激励,非一致激励对管节接头纵向变形的影响有增大也有减小。其中由西向东行波非一致激励的接头最大压缩量相对变化为 -61.4% ~ 134.0%,最大张开量相对变化为 -25.3% ~ 71.0%;而由东向西行波非一致激励的接头最大压缩量相对变化为 -56.9% ~ 203.3%,最大张开量相对变化为 -51.1% ~ 80.7%。显然,由于沿隧道轴线有坡度变化,行波传播的方向对管节接头的变形有较大影响。

0.25g 人工波的管节接头最大纵向变形量(单位:mm)　　　表 6-10

管节接头	一致激励		由西向东行波非一致激励				由东向西行波非一致激励			
	压缩	张开	压缩	影响(%)	张开	影响(%)	压缩	影响(%)	张开	影响(%)
EJ2/1	0.048	0.053	0.057	20.1	0.077	45.4	0.062	29.8	0.055	5.0
EJ3/2	0.044	0.021	0.018	-58.1	0.020	-4.2	0.019	-56.9	0.022	4.6
EJ4/3	0.068	0.055	0.100	47.0	0.084	51.8	0.075	10.6	0.064	16.1
EJ5/4	0.046	0.061	0.048	3.3	0.057	-6.9	0.083	78.1	0.093	53.2
EJ6/5	0.008	0.015	0.018	134.0	0.013	-11.7	0.013	70.2	0.007	-51.1
EJ7/6	0.051	0.035	0.061	18.8	0.033	-4.8	0.049	-4.6	0.020	-42.2
EJ8/7	0.005	0.013	0.006	27.9	0.010	-19.2	0.015	203.3	0.014	10.5
EJ9/8	0.033	0.019	0.013	-61.4	0.014	-25.3	0.027	-19.1	0.010	-47.3
EJ10/9	0.014	0.025	0.010	-27.9	0.020	-17.6	0.011	-22.3	0.020	-20.6

续上表

管节接头	一致激励		由西向东行波非一致激励				由东向西行波非一致激励			
	压缩	张开	压缩	影响(%)	张开	影响(%)	压缩	影响(%)	张开	影响(%)
EJ11/10	0.005	0.002	0.005	12.5	0.004	71.0	0.006	37.5	0.005	80.7
EJ12/11	0.053	0.057	0.030	-43.4	0.056	-0.8	0.045	-15.1	0.065	14.1
EJ13/12	0.006	0.015	0.007	2.5	0.014	-7.5	0.008	22.5	0.012	-20.4

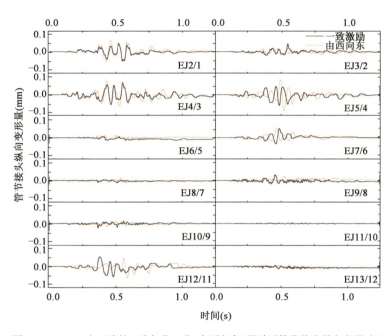

图 6-64　0.25g 人工波的一致与非一致(由西向东)激励下管节接头纵向变形对比

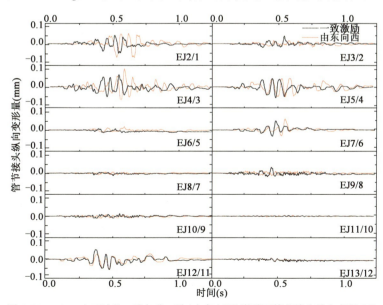

图 6-65　0.25g 人工波的一致与非一致(由东向西)激励下管节接头纵向变形对比

(3)不同地震波的比较

①加速度响应

选取人工波、El Centro 和 Kobe 三种地震波进行试验,结果如图 6-66～图 6-69 所示。

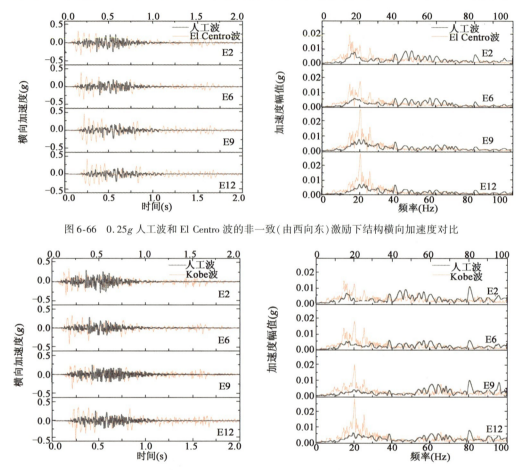

图 6-66　0.25g 人工波和 El Centro 波的非一致(由西向东)激励下结构横向加速度对比

图 6-67　0.25g 人工波和 Kobe 波的非一致(由西向东)激励下结构横向加速度对比

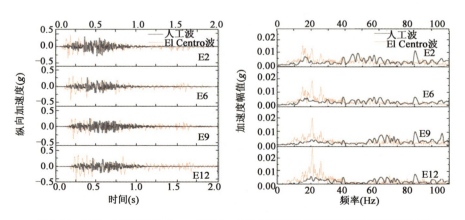

图 6-68　0.25g 人工波和 El Centro 波的非一致(由西向东)激励下结构纵向加速度对比

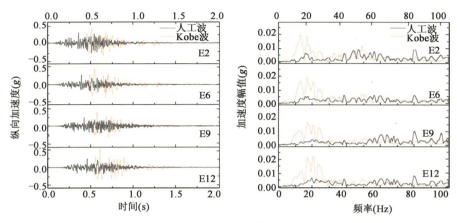

图 6-69　0.25g 人工波和 Kobe 波的非一致(由西向东)激励下结构纵向加速度对比

结果显示,虽然三种地震波的峰值加速度相等均为 0.25g,但由于地震波的频率成分、幅值大小以及地震波持续时间有所差异,导致结构的加速度响应各不相同。相对于人工波,El Centro 波和 Kobe 波工况下结构加速度响应的峰值有明显的增大,主频段(20Hz 左右)也更突出。

② 管节接头变形

图 6-70 和图 6-71 给出了 0.25g 不同地震波非一致激励下管节接头的纵向变形时程曲线,表 6-11 列出了管节接头的最大纵向变形量(表中"E/A"表示 El Centro 波的管节接头变形量与相应人工波的比值,"K/A"表示 Kobe 波的管节接头变形量与相应人工波的比值)。对于管节接头纵向变形,El Centro 和 Kobe 波比人工波有显著增加。其中,El Centro 波的接头最大压缩量为人工波的 1.83~9.62 倍,张开量为 1.72~6.37 倍;而 Kobe 波的接头最大压缩量为人工波的 2.15~11.0 倍,张开量为 2.41~9.17 倍。

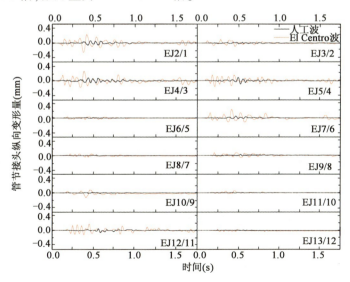

图 6-70　0.25g 人工波和 El Centro 波的非一致(由西向东)激励下管节接头纵向变形对比

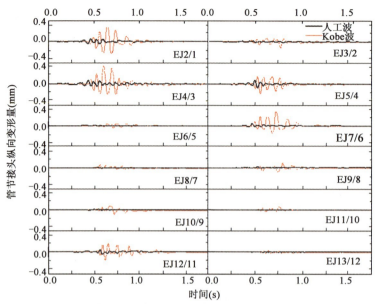

图 6-71 0.25g 人工波和 Kobe 波的非一致(由西向东)激励下管节接头纵向变形对比

0.25g 不同地震波的非一致(由西向东)激励的管节接头最大纵向变形(单位:mm) 表 6-11

管节接头	人工波		El Centro 波				Kobe 波			
	压缩	张开	压缩	E/A	张开	E/A	压缩	K/A	张开	K/A
EJ2/1	0.062	0.055	0.232	3.75	0.247	4.47	0.362	5.85	0.283	5.11
EJ3/2	0.019	0.022	0.096	5.07	0.089	4.09	0.077	4.06	0.137	6.30
EJ4/3	0.075	0.064	0.253	3.37	0.182	2.85	0.436	5.79	0.265	4.14
EJ5/4	0.083	0.093	0.151	1.83	0.160	1.72	0.178	2.15	0.230	2.47
EJ6/5	0.013	0.007	0.035	2.69	0.036	4.85	0.048	3.70	0.052	7.00
EJ7/6	0.049	0.020	0.226	4.65	0.111	5.51	0.343	7.06	0.165	8.19
EJ8/7	0.015	0.014	0.045	2.99	0.044	3.08	0.069	4.66	0.035	2.41
EJ9/8	0.027	0.010	0.075	2.83	0.057	5.59	0.117	4.41	0.094	9.17
EJ10/9	0.011	0.020	0.077	6.90	0.125	6.37	0.094	8.44	0.109	5.59
EJ11/10	0.006	0.005	0.060	9.62	0.023	5.00	0.068	11.01	0.039	8.64
EJ12/11	0.045	0.065	0.171	3.76	0.122	1.88	0.187	4.11	0.200	3.08
EJ13/12	0.008	0.012	0.030	3.80	0.036	3.03	0.030	3.82	0.033	2.74

(4)回淤的影响

沉管隧道模型试验不回淤工况为图 6-33 所示的浅覆土工况,只在管节两侧和上部做适当的覆盖。回淤工况如图 6-34 所示的深覆土工况,是将整个隧道基槽回填至初始海床面。

①加速度响应

0.25g 人工波的非一致(由西向东)激励下不回淤和回淤的结构加速度响应对比如图 6-72、图 6-73 所示。由图可得,在土体基频附近(20Hz 左右),回淤工况下结构的加速度响应幅值明显小于不回淤的工况;而在较高频段(>30Hz)会出现回淤比不回淤的幅值大的情况。由于隧道结构地震响应主要受周围土体约束的影响,且场地土体的响应频率以基频为主,因此,就基频附近的加速度响应而言,回淤情况下结构的响应偏小。

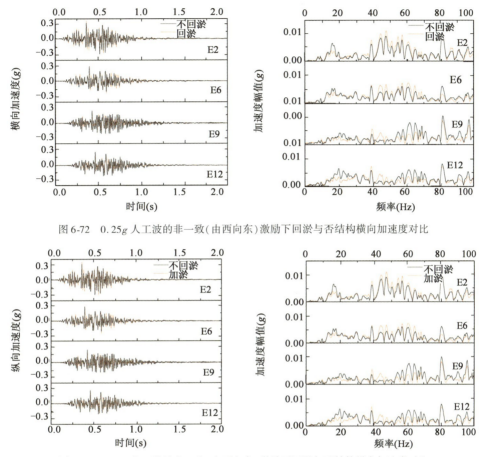

图 6-72　0.25g 人工波的非一致(由西向东)激励下回淤与否结构横向加速度对比

图 6-73　0.25g 人工波的非一致(由西向东)激励下回淤与否结构纵向加速度对比

②管节接头变形

图 6-74 给出了 0.25g 人工波的不回淤与回淤工况下管节接头纵向变形时程曲线,表 6-12 列出了管节接头最大纵向变形量[表中"影响(%)"表示回淤工况的管节接头变形量相对不回淤工况的变化百分比,正值为增大百分比,负值为减小百分比]。可以发现,回淤对管节接头纵向变形的影响有增有减。回淤时,接头最大压缩量相对变化为 -51.0% ~ 202.2%,最大张开量相对变化为 -57.7% ~ 146.4%。

(5)不同峰值加速度的比较

由于 1.10g 地震波荷载下,土体已进入非线性,故 1.10g 地震波仅安排在最后的深覆土工况进行。为比较方便,本节针对峰值加速度分别为 0.25g、0.75g 和 1.10g 的人工波的非一致(由西向东)激励下的回淤工况。这三种峰值加速度分别对应于设计中的正常运营地震工况

(ODE,120年超越概率63%)、最大设计地震工况(MDE,120年超越概率10%)和罕遇地震工况(ROE,120年超越概率3%)。显然,柔性的管节接头是沉管隧道的薄弱环节,因此,应着重考察三种地震荷载下接头的变形,并评估沉管隧道在罕遇地震下的接头安全性。

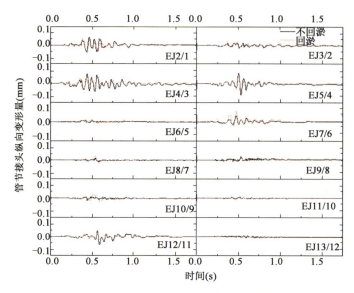

图6-74 0.25g人工波的不回淤与回淤工况下管节接头纵向变形对比

0.25g人工波的不回淤与回淤工况下管节接头最大纵向变形量(单位:mm)   表6-12

管节接头	不回淤		回淤			
	压缩	张开	压缩	影响(%)	张开	影响(%)
EJ2/1	0.062	0.055	0.054	-13.5	0.067	21.3
EJ3/2	0.019	0.022	0.030	55.5	0.019	-14.8
EJ4/3	0.075	0.064	0.079	4.7	0.049	-23.2
EJ5/4	0.083	0.093	0.072	-13.2	0.054	-41.7
EJ6/5	0.013	0.007	0.018	38.8	0.016	121.7
EJ7/6	0.049	0.020	0.083	70.4	0.034	68.1
EJ8/7	0.015	0.014	0.036	141.1	0.026	81.6
EJ9/8	0.027	0.010	0.018	-31.4	0.010	-1.6
EJ10/9	0.011	0.020	0.034	202.2	0.030	53.9
EJ11/10	0.006	0.005	0.017	175.3	0.011	146.4
EJ12/11	0.045	0.065	0.028	-39.4	0.028	-57.7
EJ13/12	0.008	0.012	0.004	-51.0	0.007	-40.5

图6-75~图6-77分别绘出了三种地震荷载下管节接头最大变形。ODE工况下,管节接头最大变形普遍较小,EJ7/6最大压缩为0.083mm,EJ2/1最大张开量为0.067mm;MDE工况下管节接头变形较ODE工况有所增大,EJ4/3最大压缩量为0.175mm,EJ2/1最大张开量为

0.161mm；罕遇地震工况下，管节接头变形继续增大，EJ7/6 最大压缩量为 0.258mm，EJ2/1 最大张开量达到 0.256mm。

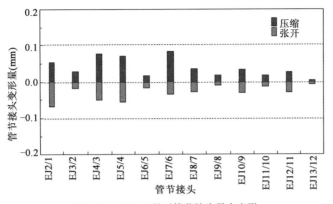

图 6-75　ODE 工况下管节接头最大变形

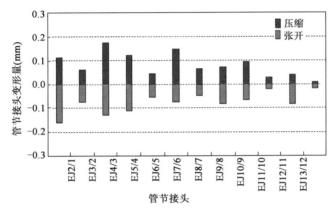

图 6-76　MDE 工况下管节接头最大变形

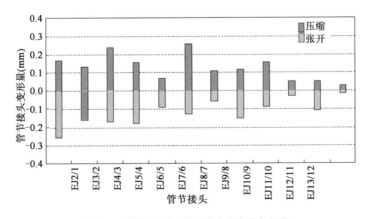

图 6-77　罕遇地震工况下管节接头最大变形

管节接头张开量设计允许值的地震分量为 30mm。将试验数据反推回原型并与设计允许值对比，如图 6-78 所示。三种地震荷载作用下，管节接头最大张开量都小于设计允许值。

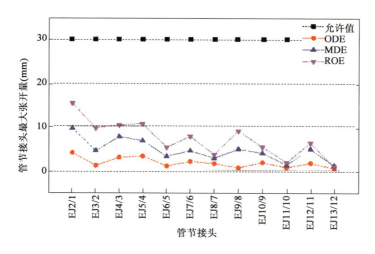

图 6-78 反推原型的管节接头最大张开量

6.7 本章小结

本章以港珠澳大桥海底沉管隧道为研究背景,集成研发了超长沉管隧道多点非一致激励振动台模型试验模拟技术,通过振动台试验揭示了多点非一致激励输入条件下自由场和沉管隧道结构的地震动响应规律。

(1)提出基于多点振动台试验设备的超长沉管隧道离散多点非一致地震输入机制,利用离散四点振动台输入实现多点连续输入的转化。

(2)提出以多物理场相对刚度比为控制指标的动力相似比设计理论。

(3)研发了基于多点振动台试验的可拼装式超长节段模型箱、可滑动式模型箱支撑系统和可转动式模型箱接头连动装置,以及模型箱边界吸能系统。

(4)提出了以土体剪切模量和阻尼比动力特性参数及变化曲线为控制目标,考虑不同围压、密度及模量相似比等多因素变化的最优模型土配置技术。

(5)提出以土与结构相对刚度比为控制指标的沉管隧道结构模型设计方法。

(6)通过自由场多点振动台试验,揭示了多点非一致激励输入条件下自由场斜坡段表面的加速度响应大于岛头段和中间段位置的地表加速度响应规律,试验结果表明,不同的地震动输入方式,如一致输入、非一致输入由西向东传播和非一致输入由东向西传播,对自由场土体表面加速度响应影响很小,而相同条件下纵向地震动输入土体表面加速度响应峰值略大于横向。

(7)通过沉管隧道多点振动台试验,揭示了多点非一致激励输入条件下沉管隧道结构的地震动响应规律。试验结果表明,管节结构横向和纵向的加速度响应均与土体的响应接近并有所放大;行波效应对结构加速度响应的波形和幅值影响较小,但存在明显的时间滞后;EI

Centro 和 Kobe 波输入条件下沉管隧道结构的动力响应比人工波更大；在场地土基频附近，回淤会明显减小结构的加速度响应，对结构抗震有利；在 ODE 和 MDE 设计地震作用下，沉管隧道管节接头张开量均小于设计允许值，表明沉管隧道管节接头在设计地震动作用下满足变形及水密性要求。

本章参考文献

[1] Goto Y, Ota J, Sato T. On the earthquake response of submerged tunnels[C]//Proc. 5th World Conf. Earth. Engng B. 1973.

[2] Okamoto S, Tamura C, Kato K, et al. Behaviors of submerged tunnels during earthquakes[C]//Proceedings of the Fifth World Conference on Earthquake Engineering. 1973(1): 544-553.

[3] 杨林德, 季倩倩, 郑永来, 等. 软土地铁车站结构的振动台模型试验[J]. 现代隧道技术, 2003, 40(1): 7-11.

[4] 杨林德, 季倩倩, 郑永来, 等. 地铁车站结构振动台试验中模型箱设计的研究[J]. 岩土工程学报, 2004, 26(1): 75-78.

[5] 陈国兴, 庄海洋, 杜修力, 等. 土-地铁车站结构动力相互作用大型振动台模型试验研究[J]. 地震工程与工程振动, 2007, 27(2): 171-176.

[6] Chen J, Shi X, Li J. Shaking table test of utility tunnel under non-uniform earthquake wave excitation[J]. Soil Dynamics and Earthquake Engineering, 2010, 30(11): 1 400-1 416.

[7] Yu H., Yuan Y. Analytical Solution for an Infinite Euler-Bernoulli Beam on a Viscoelastic Foundation Subjected to Arbitrary Dynamic Loads[J]. Engineering Mechanics, ASCE, 2014, 140(3): 542-551.

[8] 季倩倩. 地铁车站结构振动台模型试验研究[D]. 上海: 同济大学, 2002.

[9] 史晓军. 非一致地震激励地下综合管廊大型振动台试验研究[D]. 上海: 同济大学, 2008.

索　引

a

暗埋段 Cut & cover tunnel …………………………………………………… 3,49

b

白噪声 White noise ………………………………………………………… 183,190
半刚半柔性接头 Semi-rigid and semi-flexible joint ……………………………… 128
半刚性接头 Semi-rigid joint ……………………………………………………… 127
边界消能 Boundary energy dissipation ………………………………………… 179
表置基础 Surface foundation …………………………………………………… 25
波形钢板 Corrugated steel sheet ……………………………………………… 134
波长 Wave length ………………………………………………………………… 18

c

敞开段 Open approach ………………………………………………………… 3,49,50
沉管隧道 Immersed tunnel …………………………………………………… 1,49,50
沉管隧道模型试验 Immersed tunnel model test ……………………………… 191,207

d

等效单质点-弹簧体系 Equivalent mass-spring system ………………………… 22
等效线性化 Equivalent linearization …………………………………………… 74
地层变形模式 Ground deformation profile …………………………………… 17
地震波 Seismic wave …………………………………………………………… 12
地震动空间变化 Spatial variation of seismic ground motions ………………… 6
地震响应 Seismic response ……………………………………………………… 5
动刚度 Dynamic stiffness ……………………………………………………… 24,41
动力分析法 Dynamic analysis method ………………………………………… 5
动力刚度系数 Dynamic stiffness coefficient ………………………………… 26
动力平衡方程 Dynamic equilibrium equation ………………………………… 35
动三轴试验 Dynamic triaxial test ……………………………………………… 185

动水压力 Dynamic water pressure ……………………………………………… 75
动土压力 Dynamic earth pressure ……………………………………………… 12
多点激励 Multi-support excitation ……………………………………………… 26
多点振动台 Multi-point shaking tables …………………………………………… 164
多自由度体系 Multi-degree-of-freedom system ………………………………… 29

e

El Centro 波 El Centro wave ………………………………………………… 191,193

f

罚函数 Penalty function ………………………………………………………… 90
反力架 Reaction rack …………………………………………………………… 142
反力墙 Reaction wall …………………………………………………………… 142
反应谱 Response spectrum ……………………………………………………… 31
反应位移法 Response displacement method ………………………………… 17,34
非接触式测量 Non-contact measurement ……………………………………… 143
非一致激励 Non-uniform excitation …………………………………………… 6,167
Fourier 变换 Fourier transform ……………………………………………… 36,167
辐射阻尼 Radiation damping …………………………………………………… 41

g

刚度矩阵 Stiffness matrix ………………………………………………… 27,29,35
刚度矩阵比例系数 Stiffness-proportional constant …………………………… 29,72
刚性接头 Rigid joint …………………………………………………………… 126
钢端壳 Steel end frame ………………………………………………………… 135
钢剪力键 Steel shear key ……………………………………………………… 4140
GINA 止水带 Gina gasket …………………………………………………… 4,51,131
固有周期 Natural period ………………………………………………………… 18
管节 Tunnel element …………………………………………………………… 3,49
管节接头 Immersion joint ………………………………………………… 4,6,51,126
管节模型 Tunnel element model ……………………………………………… 186

h

海绵边界 Sponge boundary ······ 41
横向剪切刚度 Transverse shear stiffness ······ 137
回淤 Siltation ······ 9,84,191
混凝土剪力键 Concrete shear key ······ 4

j

基槽 Trench ······ 9
基频 Fundamental frequency ······ 29
基岩 Bedrock ······ 28
极限承载力 Ultimate bearing capacity ······ 7153
几何比尺 Geometric scale ······ 139
加速度 Acceleration ······ 28,176
剪切模量 Shear modulus ······ 15,25,87
接触非线性 Non-linear contact ······ 90
接头刚度 Joint stiffness ······ 6
接头力学模型 Joint mechanical model ······ 135
节段 Tunnel segment ······ 4,50
节段接头 Segmental joint ······ 4,51
节段式模型箱 Segmental model container ······ 169
锯末 Sawdust ······ 185

k

抗震设计 Seismic design ······ 6
抗震性能 Seismic performance ······ 139
Kobe 波 Kobe wave ······ 191,193
控制频率 Controlling frequency ······ 71

l

Laplace 变换 Laplace transform ······ 167
离散多点输入 Discrete multi-point input ······ 81,66
连续输入 Continuous input ······ 167

量纲分析 Dimension analysis ········· 8

m

埋置基础 Embedded foundation ········· 24
MDE 最大设计地震 Maximum design earthquake ········· 92,216
密度 Density ········· 176
模型土 Model soil ········· 81,84
模型箱 Model container ········· 8,176,178

n

拟静力法 Pseudo-static method ········· 5,12

o

ODE 正常运营设计地震 Operational design earthquake ········· 92,216
OMEGA 止水带 Omega seal ········· 4,133

p

频域分析方法 Frequency-domain analysis method ········· 34
破坏模式 Damage mode ········· 154
泊松比 Poisson's ratio ········· 16,25

q

屈曲约束金属阻尼器 Buckling restrained metal damper ········· 158

r

Rayleigh 阻尼 Rayleigh damping ········· 29,42,71
人工波 Artificial wave ········· 74,191,193
人工岛 Artificial island ········· 3,49,66,83
柔性接头 Flexible joint ········· 129

s

砂 Sand ········· 185
时间 Time ········· 176

视波速 Apparent velocity ·········· 12,28
水密性 Water tightness ·········· 128,146,219
速度 Velocity ·········· 12,29,176
随动箱 Passive model container ·········· 169,178

t

弹性模量 Young's modulus ·········· 15
土-结构动力相互作用 Dynamic soil-structure interaction ·········· 5
土-结构拟静力相互作用法 Pseudo-static soil-structure interaction ·········· 12,14
土-结构相对刚度比 Relative stiffness ratio of soil-structure interaction ·········· 175
推压变形 Racking deformation ·········· 12,13,15

w

位移 Displacement ·········· 29
Winkler 地基梁 Winkler foundation beam ·········· 34,39
无量纲频率 Dimensionless frequency ·········· 26

x

限位拉杆 Restricted tensile bar ·········· 155
相似比 Similarity ratio ·········· 173
相位差 Phase difference ·········· 28
行波效应 Wave passage effect ·········· 6,28

y

压剪力学性能 Compression-shear performance ·········· 147
压剪破坏能力 Compression-shear damage capacity ·········· 153
压弯力学性能 Compression-bending performance ·········· 144
一致激励 Uniform excitation ·········· 93
影响矩阵 Influence matrix ·········· 27,35
应力-应变关系 Stress-strain relationship ·········· 173
预应力钢索 Pre-stressed steel cable ·········· 134

Z

振型 Mode shape ·········· 30
振型参与系数 Modal participation factor ·········· 30
振型有效质量 Modal effective mass ·········· 22
振型阻尼比 Modal damping ratio ·········· 29,72
支撑托架 Supporting bracket ·········· 182
质点-弹簧模型 Mass-spring model ·········· 21,50
质量 Mass ·········· 176
质量矩阵 Mass matrix ·········· 27,29,35
质量矩阵比例系数 Mass-proportional constant ·········· 29,72
主动箱 Active model container ·········· 169,178
自由场变形法 Free-field deformation method ·········· 12
自由场试验 Free-field test ·········· 190,194
自由移动式接头 Free moving joint ·········· 130
自振频率 Natural frequency ·········· 29,68
纵向地震响应 Longitudinal seismic response ·········· 49
纵向弯曲刚度 Longitudinal bending stiffness ·········· 137
纵向压缩刚度 Longitudinal compression stiffness ·········· 136
阻尼比 Damping ratio ·········· 29,87,174
阻尼矩阵 Damping matrix ·········· 27,28,35
阻尼系数 Damping coefficient ·········· 41

图书在版编目(CIP)数据

沉管隧道抗震关键技术与创新／徐国平等著. — 北京：人民交通出版社股份有限公司，2018.3
ISBN 978-7-114-14612-1

Ⅰ．①沉⋯　Ⅱ．①徐⋯　Ⅲ．①沉管隧道—防震设计　Ⅳ．①U459.9

中国版本图书馆CIP数据核字(2018)第057780号

"十三五"国家重点图书出版规划项目
交通运输科技丛书·公路基础设施建设与养护
港珠澳大桥跨海集群工程建设关键技术与创新成果书系
国家科技支撑计划资助项目(2011BAG07B01)

书　　名：	沉管隧道抗震关键技术与创新
著 作 者：	徐国平　袁　勇　苏权科　等
责任编辑：	刘永超　黎小东　等
责任校对：	刘　芹
责任印制：	张　凯
出版发行：	人民交通出版社股份有限公司
地　　址：	(100011)北京市朝阳区安定门外外馆斜街3号
网　　址：	http://www.ccpress.com.cn
销售电话：	(010)59757973
总 经 销：	人民交通出版社股份有限公司发行部
经　　销：	各地新华书店
印　　刷：	北京雅昌艺术印刷有限公司
开　　本：	787×1092　1/16
印　　张：	15.25
字　　数：	300千
版　　次：	2018年3月　第1版
印　　次：	2018年3月　第1次印刷
书　　号：	ISBN 978-7-114-14612-1
定　　价：	100.00元

(有印刷、装订质量问题的图书，由本公司负责调换)